细读匈奴七百年

草原帝国的崛起与衰亡

崔克顶 著

Rise

and

Fall

of the empire of the steppes

中国工人出版社

前 言

聊聊匈奴的想法，由来已久。

二十多年前，第一次到草原，我就被那天地相接的雄浑和辽阔所震撼。听当地人讲，以前的草原民族，即便人们喝得大醉不醒，尽管坐在马背上东倒西歪，也绝不会掉下来。而且，他们还是坐在光溜溜的马背上。哪有我们现在看到的价格不菲的马鞍和马镫，更没有那称得上奢侈品的一身骑士装束。

遥远时代的他们，原始而自然地实现了人马合一。他们娴熟地驾驭着当时世界上最快捷的交通工具，纵横驰骋在一望无际的草原，呼啸而过，转瞬就消失在天地的尽头。

如此自由，怎么可能偏安一隅？如此洒脱，怎么可能墨守成规？生活在这里的匈奴部族，注定要掀起一场大范围的风起云涌，去谱写一段改变世界的历史乐章。

然而，辽阔的尽头在哪里？在天边还是在心中？是目之所及还是心之所向？对这个问题的不同回答，可能就决定了人们能够创造的那个辽阔的广度、深度和持久度。

匈奴，对于我们大多数人来说，可能是既陌生又熟悉。

为什么说陌生呢？

一、我们对匈奴的起源莫衷一是；二、匈奴最后的归宿也是扑朔迷离；三、匈奴没有自己的文字，从而没有较为系统地记录自己的历史。

因为没有自己记载的历史，所以导致匈奴的历史在翔实性、全面性、系统性等方面，可能与他们自己的真实表达，多少存在一定的出入。而这些，就客观地造成我们对匈奴比较陌生。

但为什么又说我们对匈奴熟悉呢?

很显然，谁会不知道万里长城呢?而长城最早、最主要的功能就是防御匈奴。所以，就算你不了解匈奴，至少看到长城，也会很自然地联想到匈奴。

这可能就是我们对匈奴既陌生又熟悉的原因。

匈奴，在辉煌之后，最终消融在历史的长河之中。

消逝的民族总是带有一丝神秘的色彩。因神秘而好奇，因好奇而探究，由探究引出的千头万绪，更加扑朔迷离。

匈奴见诸记载的历史：自公元前3世纪头曼时代，至5世纪阿提拉时期，约七百年之久。而匈奴的起源，则可以上溯到夏，甚至更早，至少经过商、周、秦，大约二千年的时间。

匈奴自头曼时期崭露头角；到冒顿时期达到鼎盛；在汉武帝时期，又遭受卫青、霍去病等的严重打击；公元前1世纪中叶，“五单于争立”之后，匈奴分为南北二部；到两晋时期，又由匈奴率先拉开所谓“五胡十六国”的序幕；之后，北魏攻灭姑臧。赫连勃勃与沮渠蒙逊所建立的国家相继灭亡。

匈奴在中国逐渐融合于各民族之中。

而北匈奴，在西汉时，被甘延寿和陈汤攻破；在东汉时，被窦宪和耿夔攻破。他们不得不逐渐西迁，过葱岭（今帕米尔高原）、大宛（今费尔干纳盆地），直到乌孙（今吉尔吉斯斯坦伊塞克湖东南）西北。

4世纪中叶，西迁的匈奴人占据粟特（咸海和里海的北部草原）；4世纪下半叶，匈奴人从罗马帝国的东境侵入欧洲。

匈奴人的兵锋直指今天的匈牙利、意大利、法兰西和德意志等国。一时欧洲震动，民族迁徙，影响深远。

这就是匈奴自起源、崛起、强盛、衰落、复兴、西迁，直至消融的基本脉络，也是本书叙事的前后顺序。

让我们轻书慢卷，徐徐打开一幅有关匈奴的历史长卷，去感受那已经远去的鼓角争鸣，去体味那早已消逝的铁戈杀伐。

这幅历史的长卷，以匈奴的起源、崛起、强盛、衰落、复兴、西迁与消融的全过程为主线，去展现那一段跌宕起伏、汹涌澎湃的历史。

目录

第一章　起源：都是华夏儿女　001

第二章　崛起：立足阴山草原　019

第三章　强盛：冒顿建立游牧帝国　038

第四章　衰落：天灾人祸，四分五裂　107

第五章　复兴：穷途末路的回光返照　175

第六章　消融：民族的融合，崭新的文明　196

第七章　西迁：欧洲再掀风云　242

第一章
起源：都是华夏儿女

匈奴，夏后氏之苗裔

关于匈奴的起源，《史记·匈奴列传》是这样说的："匈奴，其先祖夏后氏之苗裔也，曰淳维。唐虞以上有山戎、猃狁、荤粥，居于北蛮。"

这段话首先说明了匈奴原来也是华夏族的一支。

商汤推翻了夏桀，夏桀的儿子淳维逃到了南巢。此后，他带着一帮夏后氏的所谓残部，逐渐北移，最终过上了游牧的生活。这些人就是后来匈奴的祖先。

追根溯源，他们都是华夏儿女。

但正是司马迁的这段话，让后人的意见分成了两派。

一派，根据这段话的前半段，也就是"匈奴，其先祖夏后氏之苗裔也，曰淳维"。这句话，说清楚了匈奴的祖先，就是淳维和他带走的那帮人。

而另一派，却是根据这段话的后半段"唐虞以上有山戎、猃狁、荤粥，居于北蛮"。这里说的唐虞以上，那时肯定还没有淳维呢。那是不是说明山戎、猃狁、荤粥等部族也带有匈奴祖先的影子呢？或者说，他们与淳维及其追随者又存在着什么样的关系呢？

这的确是一件复杂且令人头痛的问题。

按陈序经[①]先生所说：在整个战国时代，匈奴的历史，甚至司马迁本人可能也没有弄得太清楚。司马迁也只是把我国东北、西北等北边的不同民族都列举了出来。其目的，倒不一定是说这么多的不同民族都是匈奴人或匈奴人的祖先。

即便如此，匈奴在漫长的发展过程中，和这些少数民族肯定也少不了融合。甚至，就算匈奴压根就是少数民族的一员，那无疑也是华夏族的一部分。

那个在东汉对匈奴最有研究、最有发言权的班固，他在匈奴的起源问题上，观点与司马迁完全一致。他们都认为：匈奴，其先祖夏后氏之苗裔也。

司马迁、班固和范晔等史学大家，之所以都把匈奴的起源集中在夏后氏之苗裔淳维的身上，就是因为他们记载历史都遵循一个原则，那就是所有的大事都要选出一个典型人物，以这个人物为代表去叙事。

淳维很可能就是早期匈奴的代表。而日后的匈奴，一定又融合了山戎、猃狁、荤粥等部族。

照此说法，匈奴在漫长的发展之后，又经过商、西周，春秋和战国一直到秦，大约两千年的时间，才真正崛起于历史的舞台。

对于匈奴的起源，现在普遍的说法就是匈奴兴起于商周，鼎盛于秦汉。

那么，自淳维之后到战国的这个时间段内，也就是匈奴的“少年儿童”时期，他们是怎么发展的呢？

关于这个问题，司马迁只用了“千有余岁”，而将一千多年的历史一笔带过。虽然没有详细的文字记载和具体的物证，但我们完全可以从历史的发展脉络，尤其是农耕和游牧两种不同的生活方式中看出一些端倪，解

① 陈序经（1903—1967），字怀民。著名历史学家、社会学家、民族学家、教育家。

开这个谜底。

农耕与游牧

人类的历史，它的组织形式应该依次是原始群、氏族、部落、部落联盟和国家。

而最原始的人类，无疑都是游牧的生活方式，也就是所谓的风餐露宿，饥一顿、饱一顿。很明显，一无技术，二无设备，人类只是会使用工具，而且那时的工具简单到只是捡起随处可见的石头。

不然，为什么分为旧石器时代和新石器时代呢？

旧石器时代的意思，就是只会捡起石头或用来砸，或用来扔。而随着漫长的发展，到了新石器时代，人们才知道把捡起的石头粗糙地打磨一下，使砸或扔的时候更方便、更有效。

而农耕，是一个很需要技术含量的工作，早期的人们怎么可能掌握呢？

简短截说，三皇五帝的时期转瞬而逝。历史进入了夏禹、商汤和周文王所谓孟子说的“三王时期”。随着一代一代在技术和财富上的积累，尤其是经过了大禹治水，大量肥沃而又平整的冲积平原出现了。所谓的天时、地利、人和在这一刻得以汇集，成规模的农耕生活方式开始出现。

农耕促使了国家的出现，国家保护着农耕的发展。

农业社会需要相对的稳定性。因为你要等着种子发芽，禾苗成熟。揠苗助长总归是不科学的。打一枪换一个地方那是游牧民族出于追逐猎物的需要，而这样却不利于农业的发展。所以，你就要去建立固定的住所，以方便去种植庄稼。

在这个过程中，由于需要各种工具，又促进了手工业的发展；因为要互通有无，又促进了商业的发展。这一切都得到蓬勃的发展，一片欣欣向荣之后，胜利的果实，人们一定要保护起来。而且，农业社会最大的好处，就是不会像游牧那样，经常吃了上顿没有下顿。这些结余怎么保护起来呢？这就需要集体的力量，那国家就自然而然地出现了。

由游牧转入农耕，也是大势所趋。安居乐业有谁会拒绝呢？然而，土地，肥沃而平整的土地无疑是农业耕种的首要条件。

那怎么能够得到这样的土地呢？

最原始、最有效的办法，那就是抢，也就是去使用战争手段。那怎么去粉饰和美化这样的战争，战争之后又怎么去处理善后事宜，以保证长治久安呢？周王朝给我们作出了榜样。

追根溯源，人人都是从游牧过来的。谁拳头大，谁胜利了，谁就是夏，谁就是华夏共主，谁就是中国。而跟随他的亲戚朋友，就是诸夏，诸夏就是很多的夏，也是华夏的一分子。

相反，那些反对这个胜利者的，不服气的，甚至要比画比画拳脚的，就被称为戎、狄、羌等，或者干脆称为蛮或胡。

而这些所谓的戎、狄、羌、蛮或胡，就是当时的游牧民族。即便是这样的游牧民族，和当时的夏、诸夏也有着千丝万缕的联系。像周人就姓姬，而他们和姜族就世代通婚。

所以，中国的概念不是一个民族特有的。它是一个超越民族，更超越政治的存在。准确地说，中国是一个地域的概念，或者说是我们古人想象中的地域的概念。因为这个名字的初衷就是指居于世界的中心。就连建造的城池，也是这样以某一个点为中心，向四周扩展延伸开去。当时古人的都城，就建在他们认为的世界的中心。那一定是适合农耕的好地方。具体地说，这些地方就是黄河流域，因为那里地势平坦、水草丰茂、气候宜人。

当时的人们，就以这样的地方为中心去修建城郭。城郭的四周是农田，农田的四周是郊野，郊野的四周挖沟引水、堆土筑堤，这就是封疆。封疆之外就是弃地了。

这也难怪，当时人口稀少，郊野外的地要了也实在没有什么用处。就这样，商业和手工业者在城郭之内，耕种的人在郊野。那些国与国之间，也就是相邻的几个封疆之间的空地，因为荒芜，所以草长莺飞。住在这样的草地上的人，就叫游牧人。

所以，钱穆[1]先生用“星罗棋布”来形容当时的社会。游牧人叫狄，种田人叫华夏，同是中国人。相当于兄弟两个，只是分工不同。

他们本来就是比邻而居，犬牙交错地生活着。弄清楚了这个问题，不仅能了解他们当初的生活状态，也能够明白他们为什么会相互融合。也就是说，不管是华夏还是胡，也不管是农耕还是游牧，他们原本都是华夏民族、中华儿女。

当时华夏人的文化和生活水平较高，而游牧人相对较低。但生活方式不可能一成不变，它总要随着时代的发展而变化。实力的强弱当然也会随之改变。

这样的变化随着牧野之战的胜利，周人登上历史舞台而悄然发生着。牧野之战，不到三十天的时间，周灭了商，接下来就是分封诸侯。

周灭商，因用时很短，本来就杀戮不重，而且分封之时，周人又采取怀柔政策，不但封了宗亲外戚、有功将士，就连古代灭国绝世的，像黄帝、神农等的后人也被找到而一并分封。

诸侯国变多，人口增长，势必就会侵占原来那些郊野之外的广大荒地。而在这些地方生活的游牧人，由于各方面都处于劣势，不得已，渐渐地，他们就被迫进入荒山野岭。

随着形势的发展，所谓的胡人就被这些居于中心地带的诸侯不断蚕食、吞并，越走越远，一直走到了以周朝为中心的这个大圆圈的四周。

这就是我们通常说的在周朝的四周，东、南、西、北四个方向各有东夷、南蛮、西戎和北狄。

这四个地方远吗？

那时的东夷就是指现在的山东、江苏和安徽的东部地区。不但不远，还比邻而居。而且，夷、蛮、戎、狄这样的称呼也只是一个笼统的总称。这并不是说东夷或南蛮分别是一个民族的名称，而是根据他们大致居住的方位，对各民族的一个总称。

---

① 钱穆（1895—1990），字宾四，笔名公沙，中国现代历史学家。

这就是匈奴，尤其是他们少年儿童时期的历史大背景。由于各民族星罗棋布而居，特别是各游牧民族相对地集中居住，他们怎么少得了融合？所以，还有人把鬼方、义渠、楼烦等民族也归入匈奴。这样的说法，也有一定的道理。

战略防御工事——长城

由此，我们能够看到，远古的中国是华夷杂处，兼有农耕与游牧。农耕的人固定在城郭、乡村，名叫华夏。游牧的人在郊野之外，名叫戎狄，他们随处迁移、居无定所。

随着夏、商、周等朝代的更替，我们也能看到，原来的华族，可能成为日后的戎族，像淳维；原来的戎族，也可能成为以后的华族，像商、周、秦等。

历史的发展，特别是自春秋到战国，人口增长、土地兼并，戎狄有被同化的，也有被赶走的。历史，也就是在断续或持续这样的过程。

直到战国的秦、赵、燕时代，三者分别以各自的办法，对周边的戎狄取得了决定性的胜利。这些戎狄部落远走大漠、草原，或休养生息，或融入匈奴。也可以说，正是秦、赵、燕对戎狄部的分化瓦解，才间接促使了匈奴的发展壮大。

之后，秦、赵、燕三国又采取了防御的策略。它们不仅在国与国之间修筑了长城，更重要的是，它们还在西北方面与匈奴接壤的地方也修建了长城。

后来，秦统一中国后，拆除了国与国之间的长城，但对北方各国的长城则将其连成一体，专门用来防御匈奴。

此后，秦始皇更是派大将蒙恬征召三十余万民工，连接、完善并延长了原来的长城，形成了一道西起甘肃临洮，东到辽东的万里防线。这就是我们现在看到的万里长城。

说到长城，有些人认为，这样的防御有些消极。其实，这样的看法是片面的，甚至是错误的。

为什么呢？这里面主要有三点原因：

一是因为防御之敌匈奴的特点。

匈奴作为马背上的民族，可以达到在马上吃饭、睡觉的程度。他们从小骑羊，长大骑马，全民皆兵。人人能参加战斗，呼啸而来，转瞬而去。可谓来无影，去无踪。何况，他们居住的地方对当时的中原人来说，实在没有什么用处，甚至直到西汉时，人们还普遍这样认为。

二是因为当时的生产力，也就是条件所限。

当时对付匈奴的办法，尤其是工具，实在不多。不说对马的熟悉程度，就连马的数量也是捉襟见肘。而用兵车去对阵战马，根本不在一个重量级。

三是长城的实际作用。

在实际应用中，长城每隔一段距离，就会修建一座烽火台，并派人值守，一旦有敌情，就点燃烽火，及时预警。军民看到警报，就会登上长城，居高临下地去打击匈奴。没有敌情时，除了值守的少部分人之外，众多的军民就会去开荒屯田，安心地从事农业生产。

鉴于以上实际情况，长城作为抵抗匈奴南下的屏障，是在长期的战斗实践中总结出来的最有效的办法。所以，毫无疑问，长城不仅是一个伟大的建筑，更是一个伟大的军事战略工程。

更重要的是，长城只阻挡来犯之敌，而它并不阻挡自己迈出去的脚步。中原王朝实力不够时，用长城来防御；实力强劲时，又可以越过长城北上，深入大漠、草原，把匈奴逐出水草丰茂之地。

因为有了长城，中原王朝完全做到了进可攻而退可守。这完全是依据实际情况，在摸爬滚打的第一线，在无数次的成功失败的经验教训的基础上，而总结出来的有效办法。

匈奴的先祖之一——犬戎

就在当时这样的历史大背景下，匈奴，一路辗转迁徙，发祥于我国的阴山山麓，其活动中心位于今天的内蒙古河套和大青山一带。

直到战国的中后期，史书中才有了匈奴这个名字。

匈奴，我们一般认为带有蔑称的意思。而且，人们还认为是相当准确地表示出了他们凶猛的民族特点。但是，匈奴与胡不同。胡的原意是兽类下巴的垂肉，这是非常明显的蔑称。而匈奴，很可能是声音上的本名，但翻译成汉字时却被丑化了。因为他们就称自己为匈奴。而且，在以后西汉给匈奴的印绶上，也刻有匈奴字样。所以，匈奴应该不是纯粹的蔑称。

匈奴的崛起，历经了漫漫长夜。

匈奴的先祖之一——犬戎，那可是一个大名鼎鼎的名字。西周就是因为他们而结束的。然而，犬戎部族在刚开始的时候，也是狼狈不堪。

犬戎的第一次登台亮相，就是与周人先祖的摩擦。其实，周人刚开始也被看作戎狄。但就是因为和犬戎族的不睦，周人很早就从他们的老家，即今天陕西的武功县迁到了周原，也就是今天的陕西岐山。

泾水和渭水之间的周原，是个水美土肥的好地方。壮志凌云的周人，为了确立自己华夏正主的身份，准备向东与商朝开战。开战前，为防止腹背受敌，西边的犬戎就成了炮灰。犬戎的第二次亮相，就在这样的背景下被周人一击即溃。

到了周武王（约公元前 1050 年—公元前 1043 年在位）时，犬戎部族又被不断地往诸侯圈以外赶。没办法，他们不得不用进贡来表示臣服。就这样双方休养生息、和平共处了两百多年。

由此也能看出，古时的生产力是真的不发达，财富和实力的积累是一个多么漫长的过程。

到了犬戎第三次登台亮相时，扮演的仍是一个悲催的角色。这次的对手是著名的周穆王（公元前 976 年—公元前 922 年在位，一说是公元前 1001 年—公元前 947 年在位），就是那个与西王母互生情愫的风流天子。周穆王喜欢旅游，西王母又住在昆仑山的瑶池。瑶池有说是现在的青海湖，也有说是新疆的天池。但不管怎么说，都在西边，路途遥远，恰好中间就隔着犬戎。俗话说，好狗不挡道，犬戎这个命真是苦呀。

不管是挡了爱情的道，还是挡了政治的道，总之，周穆王派军队给犬戎一顿收拾，据说还俘虏了他们几个部落酋长。上次被周武王收拾一顿，服了，进贡了。这次被周穆王收拾一顿，犬戎却翻脸了，不再进贡，也不称臣了。于是，犬戎开始了不断侵扰西周的操作。

攻守之势易也。此消彼长，强弱转变。周王室势力渐微，戎狄不断壮大。可见，实力就是态度和行为的底气。

就这样不断地发展，又过了两代。到了周懿王（公元前889年—公元前892年在位）时，犬戎终于迎来一次久违的扬眉吐气。在他们的不断进攻之下，周王朝被迫迁都犬丘（今陕西兴平）。

这样的重大胜利之后，又过了四代，周宣王（公元前827年—公元前782年在位）即位。周朝迎来了“宣王中兴”，标志就是又把戎狄打趴下了，把他们赶到了太原。但是，好景不长，随着周幽王（公元前781年—公元前771年在位）的即位，犬戎卷土重来。

犬戎之所以会卷土重来，就是因为他们看到了机会。他们看到周幽王是个昏君。周幽王最典型的事例，就是大家熟知的“烽火戏诸侯”。那么，这是一个怎样的故事呢？

按照常理，“宣王中兴”之后，儿子接班，怎么着也不至于这么快就败了家底吧。然而，周幽王却是一个例外，纯粹的荒淫无道。他有一个绝色的妃子，叫褒姒，异常高冷，从来没有笑过。周幽王为了博得美人一笑，用尽了各种办法，就是没有逗笑过这位冷美人。后来，一个拍马屁的臣子献计，说要不要点燃烽火试一试？烽火是干什么用的呢？就是用狼烟去传递警报信息的。也就是周王室如果有难，受到敌方攻击了，就点燃烽火台上的狼烟。浓烟直上，拱卫京师的诸侯看到后，就会带兵从四面八方赶来勤王救驾。

烽火一起，他陪着褒姒正在城楼观山景，却耳听得城外乱纷纷的，原来是诸侯发来的兵。说来也怪，一向冰冷的褒姒还真就笑了。这一笑，可不得了。周幽王可算是摸对了路子，找对了方向，还重赏了那位献计的马屁精。而且，他还隔三岔五地就要玩这么一回。他的目的单纯且明确，就是为了逗美人一笑。

就这操作，美人还真笑了，而且还是一笑再笑。这边笑得开心，那边诸侯们却气得要死。这样的军国大事，岂能如此儿戏。老是瞎喊狼来了，谁能老让你这么消遣呢？

而且，周幽王为了宠溺这个褒姒，竟然违背祖制宗法，废了王后和太子，欲立褒姒的儿子为太子。这一桩桩、一件件的倒行逆施，周幽王也算是在灭亡的路上一往无前地狂奔。

犬戎岂能放过这样的机会，于是和原太子的外公申侯联手，里应外合，一举攻入镐京。在骊山脚下，犬戎成全了这个作死的周幽王。

从此，周幽王再也看不到美人那甜美的笑容了。周幽王固然死有余辜，然而，犬戎取得如此里程碑式的胜利后，怎么可能轻易离开呢？镐京毕竟是个好地方，犬戎不仅一阵烧杀抢掠，而且准备永久地定居下去。

申侯联合犬戎的目的，只是要结果周幽王的性命；杀幽王，目的是要扶保自己的外孙太子宜臼上位。现在目的都达到了，狼却不走了。这可真是前门驱虎，后门进狼，请神容易送神难啊！

好在犬戎这头狼还在幼年，好在周王室威信尚存，好在另外一个戎族部落鼎力相助。这个当时的戎族部落，可不是外人，它就是日后一统天下的大秦帝国。

秦国崛起

秦人的历史，据说可以追溯到颛顼。颛顼有一个孙女叫女脩，女脩生子大业，大业生子伯益。到了伯益这一代，因跟随大禹治水和饲养牲畜有功，被舜帝赐姓为嬴。这是秦的第一个阶段，他们有了姓氏。

第二个阶段，是到了秦非子（约公元前900年—公元前858年在位）这一代。因为他很会养马，恰逢当时的周孝王又怀揣着一个强军梦。生逢其时，秦非子把军事战略资源，也就是养马这项事业做得风生水起。所以，因功受赏，秦非子得以封地称君。这是他们拥有自己封地和爵位的开始，尽管地小爵位低。但再大的海洋也是由一滴滴水组成的，秦当然也不例外。

第三个阶段，就到了我们上面说的周幽王被杀这里了。里程碑式的人物就是那个大名鼎鼎的秦襄公（公元前778年—公元前766年在位）。司马迁说：“秦起襄公。”意思就是：秦就是从襄公这里开始兴起的。从这时起，秦才成为一个国家，一个诸侯国——秦国。

封侯建国。秦，这个西部边陲部落开始冉冉升起。

这自然离不开他们先祖一代代的努力。但居功至伟的是秦襄公。沧海横流中，他驾驶着秦这样一叶扁舟，调整了航向，开足了马力。

调整航向，表现在秦襄公选择的政治站位。

周幽王死，一时之间，各派势力纷争，互不相让。犬戎等少数民族一派，新旧太子及其追随者各一派，天下各诸侯又分成了若干派。鱼龙混杂，形势危急。怎么选择政治站位，这是一个极其考验政治智慧、眼光、胆识和谋略的课题。像强如日后的“兵仙”韩信，排兵布阵、攻城略地，那是何其的干练果决。但就在政治上举棋不定、进退失据，以至于在被害之时，还在后悔没有采纳蒯通让他自立为王的劝谏。但秦襄公却不同，他接到宜臼，也就是后来的周平王（公元前770年—公元前720年在位）的求救信息时，当即审时度势，果断决定与他绑在同一辆战车之上。

开足马力，表现在秦襄公的鼎力相助。

秦襄公决定站队周平王，可不像以后的有些军阀那样，虽然嘴上答应，但就是按兵不动，坐山观虎斗。等两败俱伤之后，他们再依据形势去决定怎么站队。秦襄公那可是倾全族之力，血战犬戎，又帮周平王平复了各派势力。不仅如此，因镐京被战火损毁大半，周平王决定迁都洛邑。也就是迁到现在的洛阳的时候，秦襄公又是自告奋勇，带领全族将士护送保驾。可以说，没有秦襄公，没有秦部族，周朝很可能就止步于公元前770年，亡国于周幽王时期了。

如此大的功绩，受封诸侯也是合情合理。然而，当时周平王给秦襄公的封地却是一张空头支票，怎么回事呢？

周平王东迁洛阳之后，周人的龙兴之地，也就是岐山和丰水一带都被西戎占领了。周平王给秦的封地正是这些被西戎占领的土地。周平王还美其名曰：我把我们的发祥地，也就是老家都封给你们了。那说明我对你们是多么贴心，多么的看重和信任呀。但有一个前提，那里现在是被犬戎占了，我说了也不算。你们要得到那块封地，就要自己去抢，抢来就是你们的。

看看，但凡古代做天子的，都要有点厚脸皮的劲头。

相反，当时的秦襄公和他的族人们，骨子里流淌的却是可贵的奋斗血液。他们一不怨天，二不尤人。军民将士，全族上下一致认为：要得到土地，就要自己去抢，那才是真本事。有了这样的想法和作为，结果肯定不会太差。秦人真是争气，浴血奋战，把自己的领地逐渐扩展到岐山脚下。

此后，秦人一路向东。秦文公（公元前765年—公元前716年在位）时迁都平阳（今陕西宝鸡阳平镇）；秦德公（公元前677年—公元前676年在位）时再迁都雍（今陕西凤翔县）；再后来，大家都很清楚了，秦人迁都咸阳。

“尊王攘夷”

这是一个旧秩序瓦解、新秩序尚未建立的动荡时期；这是一个诸侯争霸、纷争不断的时期。所谓墙倒众人推，破鼓万人捶，越动荡，越有人凑热闹。这边中原诸侯挽胳膊撸袖子谁也不服谁，正在你打我一拳，我踢你一脚的时候，北边的山戎部也按捺不住，来凑热闹了。

齐国因为和山戎部相邻，所以常常受到他们的侵扰。齐釐公（公元前731年—公元前698年在位）时，山戎就越过燕国来攻打齐国。齐釐公判断：以前山戎入侵，都是抢一把就走，这次却深入内地，完全是进入自己的势力范围之内呀。不痛击，恐怕日后他们要大举入侵。为了不让他们再得寸进尺，于是，他向鲁、卫、宋三国借兵，在齐国郊野，合力打败了山戎。但山戎部休养生息一段时间之后，又去进攻与他们邻近的燕国。当时的燕国抵挡不住，就向当时的齐桓公（公元前 685 年—公元前 643 年在位）求救。

齐桓公，大名鼎鼎的“春秋五霸”之首，也就是那个昔日逃亡在外的姜小白。齐桓公接到燕国求救，开始了对山戎的征伐。

齐桓公之所以征伐山戎，至少有三个原因：一是同病相怜，因为齐、燕两国都与山戎接邻，都不堪其扰；二是不好推辞，燕国主动求救，同为诸侯，沾亲带故的，不太好置之不理；三是大国地位，齐桓公是当时诸侯国的霸主，超级大国，也有责任替日渐衰落的周王室维持所谓的“国际秩序”。

其实说白了，齐桓公就是要维护自己的霸主地位。而且，齐桓公北伐山戎，不止这一次。一系列的军事行动，也是他征服四方、建立霸业的重要组成部分。

对于齐桓公北伐的功绩，后来的孔子给出了高度的评价：他说如果没有齐桓公的北伐，我们很可能就会倒退至野蛮人生活的时代。

然而，北方的这些游牧民族，有着顽强且坚韧的生命力。短短二十多年的恢复，戎狄部落又强大了起来。他们开始攻击周王室的都城洛邑，直接威胁当时的天子周襄王（公元前 651 年—公元前 619 年在位）了。

戎狄都强大到这种地步了吗？

那肯定不是。坚固的城堡最容易从内部攻陷。没错，这是一幕萧墙之祸的演出。谁说历史不是惊人的相似呢？周平王翁婿引犬戎攻破镐京才过去多少年呀。

这次的历史背景是到了周襄王时期。当时，周天子的权威早已不在，不论大国小国，谁也不把这个天子当回事。如此情景，但凡有点自尊心的都会憋屈得难受，周襄王就是这样一个憋屈的存在。而压死骆驼的最后一根稻草却是郑文公（公元前 672 年—公元前 628 年在位）。这位老兄不仅无视周襄王的调停，执意攻打卫国，还嚣张地把周襄王派去调停的使臣抓了起来。这算是彻底羞辱了周襄王，贵族都是要面子的，为了这个可怜的面子，周天子要奋起反击了。

周襄王反击的手段也算别开生面，那就是拉拢戎狄打诸侯，就是找来邻居打兄弟。而且，这位邻居原本也和自己不怎么对付。

周襄王想的可能只是出口气比什么都重要。一个王朝到了这种地步，也真是让人心寒。周文王、周武王和周公雄姿英发之时，不知会不会想到今时今日？如果想到今天这步田地，他们还会不会去努力培养那无数的所谓贵族呢？

这边的周襄王除了重金讨好戎狄之外，为进一步搞好关系，还加固了姻亲的纽带。他娶戎狄部落首领的女儿为王后。屋漏偏逢连夜雨。这边诸侯们本来都不拿正眼瞧他，娶的这位王后更甚，竟和他的弟弟通奸。奸情败露，王后被废。那王后的娘家人，索性就与女儿里应外合，攻进京城。

戎狄部族，顺便也进入了中原。周襄王彻底成了丧家之犬。这又是一个引狼入室的例子。周襄王实在没有办法，只好流浪在外，并扯破喉咙四处求救。就这样，喊了近一年的时间，竟没有人搭理他。眼看着奸夫当了新的周天子，在自己复国无望的时候，机遇却悄然而至。

对于周襄王来说，这是一个什么样的机遇呢？

这个机遇就是那个大名鼎鼎的晋文公（公元前636年—公元前628年在位）初登大位。晋文公就是那个逃亡在外的公子重耳。齐桓公逃亡得以复国，晋文公也是通过逃亡得以复国。看来，在当时，国家一旦有乱，暂时的躲避逃亡，不失为一个好办法。因为这样做，既躲避了锋芒，又不损害各方的利益。在保全自己的基础上，还谁也不得罪。更重要的是，通过游历，还能结交一帮所谓“国际友人”，取得支持。等到国内打得差不多了，又能以各方都会接受的身份回国掌权。

于是，周襄王抓住这个千载难逢的机会，派人去向晋文公求援。那肯定少不了一番痛哭流涕的诉说遭遇，自然也免不了一番屈尊降贵的哀告央求。由此也能看出，机遇虽然可遇而不可求，但机遇来临的时候，还是要自己做好准备，要有把握机会的能力。周襄王还是有点这方面的能力的。

这边的周襄王翘首以盼，那边的晋文公也没有怠慢他。晋文公不仅答应帮忙，而且还要往大了帮。也就是说不仅要收拾戎狄部落，他还要学着当年的齐桓公那样，再次打出“尊王攘夷”的旗号。晋文公号召各个诸侯国，都去进攻戎狄。“尊王攘夷”，属于集体行动。他之所以打出“尊王攘夷”的旗号，那是为自己霸诸侯、匡天下而做的铺垫。

一杆所谓正义的大旗，汇集了天下诸侯。而这个旗主，顺理成章就是晋文公。睡觉正愁没有枕头呢，周襄王不失时机地送来一个，晋文公怎么能不欣然接受呢。

一番刀光剑影之后，戎狄被赶走了。他的弟弟，奸夫王子带，就是那个屁股还没坐热乎的新天子被杀，周襄王归国复位。谁是天子不重要，那都早已成了摆设。重要的是，晋文公作为“春秋五霸”的第二个霸主，隆重登场。

就这样，“春秋五霸”轮番登场。扩张领土、炫耀武力那是在所难免的。周边的戎狄就跟着倒了大霉。在这样的历史洪流中，他们备受打击与排挤。

简言之，在以秦晋两国为主力的强力打击下，戎狄部落分化瓦解，四散飘零。

西北方面出现了像犬戎、义渠、林胡、楼烦、山戎等多达一百多个小戎族部落。他们大都沿溪水、山谷一带分散居住，很少与中原地区往来，达百年之久。

边境安宁，中原可没有消停。随着三家分晋（发生于公元前453年），历史进入了战国时代。那是一个高山为谷、深谷为陵，打成一锅粥的时代。这边打，那边就发展。草原部落就是抓住了这难得的历史机遇，又渐渐发展起来了。发展壮大之后，他们又“旧病复发”，按捺不住寂寞，对中原频频挑衅。

义渠的覆灭

西北方面，和戎狄部族挨得最近的是当时的魏、赵、秦、燕四国。

在秦惠文王（公元前337年—公元前311年在位）时，魏国把西河、上郡等大片土地割让给了秦国。西河、上郡都是和戎狄接壤的地方。割让之后，就形成了秦、赵、燕三国紧邻戎狄的地缘格局。所以，这三个诸侯国与戎狄的摩擦最多。

先来看秦国，当时它主要的对手是义渠。

义渠虽是戎族部落，但它不仅擅长骑兵作战，而且能修筑城池用来防御，完全能够做到攻守兼备。更为关键的是，义渠与秦国是世仇。在之前的周幽王时代，犬戎部攻进镐京，义渠就是他们的联军之一。而在秦襄公出兵保驾的时候，义渠部族也是死伤最重。以后的秦穆公时代，几次战争都重伤义渠。但随着秦国后来忙于变法，无暇抽身，义渠又趁机得到发展。

所以，秦对义渠可以说是老相识了。多年的战争，打打停停，和好了又打，打了又和好。总之，在实力相当，谁也没法一口吞并谁的时候，彼此就会不断地试探，不断地妥协。拉锯战往往就是在这样的情况下形成的。

而彻底解决义渠，是在秦昭襄王（公元前 306 年—公元前 251 年在位）时代。具体来说，这事是在秦昭襄王的母亲，也就是那个大名鼎鼎的宣太后手里，才得到了彻底的解决。

宣太后，可能我们有些陌生。但要说她就是芈八子，甚至，我们现代人又给她起了个新名字，叫芈月，那可能大部分人都比较熟悉了。那么，她是一个什么样的人，又为什么能做到秦国几代人都想做而没能做到的事儿呢？

芈八子，也就是后来的宣太后，那可是一个平地起风雷、于无声处听惊雷的角色。

宣太后，楚国人，本来也是贵族成员，但后来家道中落。此时，第一声惊雷炸响，她作为陪嫁人员远嫁秦国。

可到了秦国之后，芈八子又迅速恢复平凡。即便她给秦王生了几个儿子，但地位丝毫也没见提升。因为还是“八子”，这就相当于以后清朝的答应、常在之流的小角色。而且，随着她儿子到燕国做人质，她又将滑入平庸的境地。

秦惠文王去世后，秦武王接班。秦武王孔武有力，是历史上出名的大力士。

可偏偏在这个时候，炸响了第二声惊雷。

秦武王自恃力大，与人比赛举鼎，结果被那个雍州鼎砸断了腿，一命呜呼。芈八子总算从平庸的境地被拯救了回来。因为不管怎么说，她儿子又看到了点希望。尽管希望依旧渺茫，但她总算是脱离了平庸，复归了平凡。

此后，对于芈八子来说，可谓接连响起一连串的惊雷。她的儿子在激烈的王位竞争中胜出，成为秦王，是为秦昭襄王。

芈八子成为宣太后之后，对付义渠的手段可谓出其不意，甚至有点颠覆人们的认知。她先是主动与义渠结盟。结盟就要送礼，这是人之常情，也是外交礼仪。但她送的礼物还包括她自己，而且一送就是三十多年。这三十多年间，她不仅和义渠王如胶似漆，打得火热，而且还给人家生了两个儿子。

然而，战国时代，要的都是结果，谁有空去在意这些狗血剧情。结果是秦和义渠相安无事三十多年，秦的国力得以迅猛发展。

时机到了，秦国终于可以腾出手来，收拾义渠了。

收拾义渠，宣太后也是身先士卒。在她将近七十岁高龄的年纪，给义渠王写了封缠绵悱恻的情书。意思是，我想你想到茶饭不思，等你等得花儿都谢了。生怕人家不来，还说“你是不是嫌弃我容颜憔悴呀？你要不来，我就死给你看”。

也不知道义渠王是情深义重呢，还是这个宣太后真是美丽得夺人魂魄，总之，义渠王见信就即刻启程。

结果，义渠王和他们的那两个儿子，被杀死在甘泉宫的宴席之上。秦国大军趁势横扫义渠，摧枯拉朽，秋风扫落叶一般。义渠从此被灭国，零星部众北逃后，融入了日渐崛起的匈奴浑邪部。

东胡、楼烦等被赶走

秦国如此，那赵国是如何与北方戎狄部相处的呢？

赵国同秦国一样，也是紧邻草原部落，自然少不了发生冲突。他们的一代雄主赵武灵王即位，“胡服骑射”的军队改革也随即展开。

他们在和戎狄的战斗中，认识到了“胡服骑射”的优势。也就是靠改革后的这一支铁军，赵国把当时的林胡、楼烦等部赶到了大北边。这些部族后来也逐渐融入了刚刚崛起的匈奴。

燕国当然不能置身事外。对燕国威胁最大的是当时的东胡。他们之间同样是打打停停，好了再打、打了再好的老套路。

就在他们的蜜月期，燕国派人质去了东胡。这是惯例，和好了总要有所表示嘛。可没想到，这次派去的人质却有了意外收获，并起到了意想不到的效果。

这位人质就是当时的燕将秦开。秦开这名字我们可能不熟悉，但他有个孙子，可谓家喻户晓，即日后随荆轲去刺杀秦王的那个秦舞阳。

秦开作为人质到东胡后，可没闲着。他查看东胡地形，了解对方的军队装备，东胡的作战特点以及风土人情等，都熟记于心。机会都是给有心人准备的。

燕昭王（公元前312年—公元前279年在位）是一位雄心勃勃的君主。上台伊始，他就求贤若渴。秦开闻风而动，偷偷地跑回燕国。一番慷慨陈词的布局谋划之后，燕昭王拜秦开为将，整军待命，开始了征伐东胡的战争。知己知彼，加之准备充分，结果秦开率军连败东胡，东胡北迁西退达一千多里，彻底远离了燕国边境线。

公元前221年，秦灭齐后，中国历史即将进入一个全新的时代，一个由秦帝国一统天下的大一统的时代。

与此同时，北方的匈奴也开始崭露头角，即将在蒙古高原、阴山草原上完成属于他们的大一统，建立起威名赫赫的匈奴帝国。

两大帝国，将碰撞出怎样的历史火花？

第二章
崛起：立足阴山草原

悲情式人物——头曼

自唐虞以上至秦，至少有两千多年的时间；即使自淳维至秦，也历经了千年以上的岁月。

悠悠千年的历史，对于匈奴来说，却像尘封的漫漫长夜一样。这个时期的他们，时大时小、分离别散，至于具体是怎么一代一代延续、传承下来的，实在是搞不清楚了。

然而，长夜的黑幕终将散去。历史前进的车轮，就像东方的第一缕晨曦，当它洒在那广袤的阴山草原的时候，一个人和他身后的一群人，若隐若现地走进了人们的视野。

这个人，就是头曼单于；这一群人，就是匈奴人。他和他的部族，第一次走进了历史，走进了人们的视野。头曼的意思是“万，众多且广大”。头曼单于，也就是万人或众多人的首领。可见，匈奴初登历史舞台，就已身强体壮、羽翼丰满。

头曼单于大约死于公元前209年，比秦始皇晚死一年，在位时间大约四十年，与秦始皇在位时间基本一样。但他们两人却有着迥异的生前和身后事。

秦始皇当年，那是奋六世之余烈，一统华夏，成为威名赫赫的千古一帝。但他的接班人却懦弱无能，以致秦帝国二世而终，由顶峰迅速跌落深渊。

而头曼单于，虽然继承了前人的遗志，但毕竟只是开了个头，真正开始称霸草原的却是他的儿子。

但在秦始皇与头曼单于的对决中，却是以秦始皇的完胜而告终。那时的秦始皇刚刚统一六国，就派大将蒙恬领兵三十万北击匈奴。久经战阵的秦军，长刀重剑、强弓劲弩，所向披靡，不但打败了匈奴，而且捎带手也打残了匈奴的邻邦楼烦及河南地白羊王部。

秦始皇与头曼单于的这一战，不但全部收复了黄河以南的土地，而且，还沿着黄河一路设防，修筑了四十四座城堡。这还不算完，秦朝又广征刑徒，充塞边疆，用于屯田戍边。

也就是在这个时候，大秦修通了自九原到云阳的那条著名的“秦直道”。这是最早的从今天的包头到重庆的“高速公路”。同样，我们说的万里长城也是在这个时期修建完成的。秦取得了对匈奴的里程碑式的胜利。

相应地，一败涂地的匈奴，在头曼单于的带领下又往北边迁移。他们越过茫茫大漠，来到了漠北的苦寒之地。这就是“却匈奴七百余里，士不敢弯弓而抱怨，胡人不敢南下而牧马”的真实历史写照。

然而，在头曼单于时期，这不是匈奴的第一次失败。

早在战国时的赵国时期，头曼单于就领教过名将李牧的厉害。李牧与白起、王翦和廉颇并称“战国四大名将”。尤其是这次与匈奴的战役，更被誉为中国战争史上以步兵大兵团全歼骑兵大兵团的典型战例。

当时的李牧，驻守代地雁门郡（今山西省右玉县附近），负责防御匈奴。然而，每当遇到匈奴的侵扰，他总是收拢人马，退入营垒固守，并不出击，摆出一副胆小怯战的姿态。而且，一连好几年都是如此。这样做，尽管人员物资没有受到什么损失，却受到了赵王的责备。以致当时赵国朝野上下，甚至他的将士们都因求战不得而怨声载道。

尽管如此，李牧却依然如故。赵国人都认为李牧胆小如鼠，匈奴更是深信不疑。在他们多次的试探性进攻之后，面对怯懦的李牧，他们坚信，攻陷赵国的防线指日可待。

于是，秋高气爽之际，“风劲角弓鸣”，匈奴在头曼单于的率领下，发动了对赵国的战争。在这里，我们要说明一点。在当时条件下的战争，日常的侵扰也好，大规模的战争也罢，一般情况下，它不是随时随地就能轻易发动的。这也就说明长城脚下的军民也不是一日数次，或一月数次，随时随地都神经紧绷地去防御匈奴的。

因为秋冬季节才是中原的收获季节。只有在那时，人们才收割完粮食，酿好了酒，织好了布，物产丰富，匈奴才有的抢。而且，匈奴是骑兵，“秋高马肥”，即他们的马在秋天的时候才是最健壮的。唐代岑参的那句“匈奴草黄马正肥”写的就是这种情景。

更重要的是，骑马作战主要用的是弓箭。那时的弓箭是用动物的角熬成胶而制作完成的。马怕湿热，弓箭也怕湿气。再加上漠北的秋冬，万物肃杀，物资匮乏，所以，匈奴一般选在秋冬季节发动战争。

这一次，匈奴倾全国之力，集结十万骑兵，企图一举越过长城，击溃赵军。而李牧，表面上一再示弱，暗地里却没闲着。他一方面修葺长城，完善防务；另一方面选马造车、训练士兵。

李牧用忍耐在等待一个机会，一个全歼匈奴的机会。

当十万匈奴骑兵漫山遍野、人喊马嘶如潮水般攻来的时候，李牧继续示弱，用小股骑兵一再地诱敌深入。直到长驱直入的匈奴骑兵全部进入包围圈，李牧才一声令下，强弓硬弩，万箭齐发之后，左右两翼赵军迅速合围。

至此，胜负已定，剩下的就是最原始的杀戮。可怜这十万匈奴骑兵，就这样葬送在他们盲目的趾高气扬之下。

由李牧和匈奴的这场战争也能看出：决策者正确的判断是多么重要！当然，针对这次战役，也不能全怪匈奴单于头曼。因为李牧伪装得实在太好了，几乎骗过了所有人。匈奴不是不怀疑，他们也进行了很多次试探。这只能说，不是匈奴太无能，而是李牧太“狡猾”。

李牧的这一战，是有历史记载的匈奴与中原的第一场大战。结果是匈奴逃走，十多年不敢靠近赵国边境。不仅如此，李牧乘胜又捎带手地收拾了林胡、东胡、丁零等部。

此时，想来头曼单于也是个悲情式的人物。历史选择把第一缕晨曦投射到他的身上。这就像在漫天迷雾中，由远及近，由模糊而清晰地朝我们走来一群人，走在最前面的就是这位头曼单于。他固然有艰苦卓绝地带领匈奴部族立身草原的功绩，但他与李牧和蒙恬的两次大战，却也几乎令刚刚崭露头角的匈奴惨遭灭亡。

幸好，头曼单于有一个好儿子，那个像秦始皇一样，几乎统一了北方草原，建立了游牧帝国的单于——冒顿。

冒顿弑父自立

冒顿的意思是“勇猛”。而这个勇猛的儿子，却是踩着父亲的尸体上位的。父子兄弟的骨肉相残，历史上屡见不鲜。但像这样旷日持久地演练，并面对面手刃父亲的，即便是在日后匈奴的历史上也是绝无仅有。

这是一个怎样的父子相残的故事呢？

冒顿，是头曼单于的太子，也是头曼与他的大阏氏所生的大儿子。

这里有必要先介绍一下阏氏的称谓。阏氏的发音与胭脂相同，意思可能就是可爱的像胭脂一样的美丽女子。后来，阏氏成为匈奴民族特有的一个称谓，用来专指单于和匈奴王的妻子。因为单于妻子众多，她们又按尊卑分为大阏氏、小阏氏；也有按数字分为第二阏氏、第五阏氏的；还有会在前面加上名号，像后来著名的王昭君就被称为宁胡阏氏，以及日后地位非常尊贵的颛渠阏氏等。

阏氏虽然相当于中原王朝的皇后和王妃，但政治地位上还是有区别的。中原王朝基本上遵循的原则是后宫不得干政。虽然规定是规定，干政的也不在少数，但毕竟有这样的规定。

而匈奴的阏氏却娴熟弓马骑射，深得单于信任，也会参与政事。她们不但可以参与接见外国使团，甚至在战斗中也能够披挂上阵。像日后郅支单于被甘延寿、陈汤所围，他的阏氏们就曾参与守城。即便是日后，匈奴到了欧洲，他们的妻子也参与外交事宜。

目前的冒顿，本来是一个好好的储君。就因为头曼单于的小阏氏生了一个儿子，爱屋及乌之下，头曼单于想废长立幼，把小阏氏的儿子改立为太子。

问题是这位头曼单于太绝情了。为了扫除后患，以便日后小儿子能顺利接班，同时又要推卸责任、掩人耳目，做到杀人于无形，他琢磨出了一个借刀杀人的主意，而且，要杀的还是他的亲生儿子。

当时的匈奴，在和中原的两次大战之后，元气大伤。而漠南草原上，月氏和东胡逐渐强大了起来，东胡在当时最为强大。

三方势力鼎立，两个弱小的国家联合起来，共同对付那个强大的。就像后来三国时孙、刘联合抗曹一样。

匈奴主动与月氏联合，要联合就要表达诚意。又是老套路，表达诚意最诚恳的方式就是派人质。而且，这次头曼单于看起来诚意满满，派了他的嫡长子，也就是冒顿。

这件事，头曼单于做得那是相当冠冕堂皇。对内，国家有难，作为储君的太子责无旁贷；对外，那还用说吗？太子做人质，还用怀疑我结盟的诚意吗？光明正大的台面运作之下，暗流汹涌、杀机四伏。

就在冒顿作为人质到达月氏不久，头曼单于突然翻脸，率军突袭月氏。显而易见，一头雾水、毫无准备的月氏损失惨重。

这种当面叫哥哥，背后掏家伙的操作，正是头曼单于琢磨出的那个借刀杀人之计。很明显，我的背信弃义，你报复在我儿子身上不就行了。但人算不如天算，冒顿不知是福大命大，还是机智勇武，抑或是早有准备，总之，可能各种因素兼而有之吧。如此困境之下，冒顿竟然偷得一匹千里马，躲过月氏的围追堵截，一人一马毫发无损地回到了匈奴。

那边的月氏气急败坏，兴兵找匈奴寻仇，反被匈奴打败，无奈向西逃走。月氏从此对匈奴恨之入骨。

而回到匈奴的冒顿，那简直成了神一般的存在。独闯虎穴，千军万马、重重包围之中全身而退，如此的经历，如此的勇武，就是放到今天，也会让我们浮想联翩，更不要说那时的匈奴了。

匈奴人祭天地，拜日月，崇祖先，信鬼神，这样的信仰，怎么会不令他们把冒顿的经历附上厚厚的一层神秘色彩。再说，智勇兼备的人，本来就是匈奴人极力推崇和效仿的榜样。冒顿的死里逃生，甚至感动，或者说彻底震撼了头曼单于。

面对回到匈奴的儿子，头曼单于似乎忘记了自己的初衷，不但从此打消了废长立幼的念头，更是对这个儿子格外看重。头曼单于给地给人马，一块地盘，一万骑兵，彻底把冒顿武装到了牙齿。

在这里，客观地说，头曼单于为废长立幼，以至于要加害儿子的性命，确实禽兽不如。但看到儿子如此争气，他又能知错就改，却也可圈可点。因为在当时，即便冒顿再勇武智慧，老爹执意要他性命的话，那也不是办不到的事。

这边的头曼单于在表演着舐犊情深，那边的冒顿却在慢慢地反刍着这一幕幕惊心动魄的过往。最后的特写定格在，父亲的目的只是要杀了自己。寒气瞬间直入骨髓，仇恨立刻充满胸腔。

冒顿接下来要做的就是父亲前不久要做的。不同的是，父要杀子，今天变成了子要弑父。而且，冒顿这次准备得更周密，演练得更具体。从结果看，实施得也更果断。

这里没有曲意的逢迎，没有诡诈的伪装，所有的准备和演练只为了那最后的一击。

冒顿使用了一种带有哨子的响箭，叫鸣镝。这种箭射出去时会发出响声，后世的人大多用这样的箭作为练习之用。他之所以用这样的箭，就是因为这能引起士兵对目标的关注，从而在同一时间内集体射杀目标，大大提高射杀的效率。

冒顿为了保证能够对父亲做到一击即中，他开始有意识地训练自己的士兵。他要求士兵，只看他鸣镝射击的方向，而不管是什么样的目标。也就是他的鸣镝射向哪里，士兵的箭就要跟着射向哪里。为了保证他这样的想法能够顺利实施，他开始了残酷的训练。

首先，在围猎时，他把鸣镝射向野兽，那些没有来得及跟他一块射向野兽的部属，被当场斩杀。其次，他又把鸣镝射向他平日异常珍爱的战马，左右部属凡有迟疑没有射向战马的，也被他毫不犹豫地斩杀。最后，他更是出人意料地把鸣镝射向他宠爱的妻子，左右见状，吃惊之余没有射击的，随即就被砍了头。

就这样，目标一次比一次难下手。但冒顿始终坚决要求他的亲兵卫队执行这一条命令，有迟疑者，都付出了生命的代价。自此以后，冒顿的鸣镝射向哪里，无论什么样的目标，他的手下马上就会跟着射向哪里。

训练课目以如此残酷的形式圆满完成。等待的，就是实战的检验了。这些九死一生熬过训练的部属，也没有辜负冒顿的期望。在一次随头曼单于打猎的途中，冒顿寻找机会，张弓搭箭，鸣镝射向了他的父亲。刹那间，箭如雨下，头曼单于瞬间成了刺猬。人们一愣神的工夫，头曼单于已经死透了，死在他儿子及其士兵的鸣镝之下。

这是怎样的一幕人间惨剧！毫无疑问，这是野蛮文化的产物。不管以后冒顿取得什么样的军事胜利，他今天的行为，也没有任何可以开脱的地方，更别说什么借鉴了。

冒顿灭东胡、败月氏

然而，此时的冒顿却是志得意满、杀气腾腾。

头曼单于惨死，事发突然。少数头曼单于的死忠亲信刚想反抗，就被乱箭射死。冒顿马不停蹄，带兵回到单于庭，立即诛杀了反对他的后母、弟弟以及大臣、将士，并自立为单于。

这是公元前 209 年的事。此时，秦始皇刚死了一年。这一年，冒顿单于（公元前209年—公元前174年在位）二十五岁。自此，匈奴的历史进入了全新的时期。

这个时间点，随着秦朝赵高的祸乱朝纲，陈胜、吴广的揭竿而起，中原大地再次进入了战火纷飞的年代。

另一边的草原，月氏、东胡和匈奴三足鼎立。

匈奴不算最强的那一个。因为东胡自战国时与燕国大将秦开一战之后，多年来没有大规模的战争，又一直在漠南这个水草丰沛的地方，兵强马壮，国力最为强盛。

但匈奴也不算最弱的那一个。因为月氏刚被匈奴打败，元气大伤，实力自然比不上匈奴。

如此格局、实力之下，要说此时的冒顿就像一头大漠苍狼一般，带领着他的狼群，就急着要去称霸草原的话，是令人不大相信的，因为野心往往要与实力相匹配。

事实上，主动出击的也并不是匈奴。首先跳出来挑衅的是东胡。显而易见，此时，东胡的实力最强。然而，东胡王采用的是历史上惯用的作死的套路，而且像教科书一样标准。

那么，东胡王是怎么主动挑衅的呢？东胡王的挑衅分三步，被反杀却只用了一步。

故事是这样的：当东胡王听到冒顿弑父自立的消息后，就想趁主少国疑之际，盛气凌人地炫耀一下肌肉。

东胡王的第一步是要马。理由是头曼单于死了，他的那匹千里马闲着怪可惜的，不如送给我吧。第二步是要人。要的是冒顿单于的阏氏，可能是小阏氏。理由也可能是你的女人太多了，不在乎送我一个吧。第三步是要地。要的是他们两国之间的荒地。理由是本来也是荒地，你也不要，就给我算了。

冒顿的应对也很出人意料。那就是要马给马，要人给人。而且，他还召开会议，专门针对此事，让大家充分发表意见。就在给与不给两派争执不下时，冒顿单于一锤定音。宝马和美女那都不重要，重要的是两国的邦交，为了双方的世代友好，送给他们就是了。

而这样的行为却导致了两个结果：

一是对手东胡更加趾高气扬，彻底认为冒顿和他的匈奴部族软弱可欺；二是匈奴内部因受此羞辱而群情激奋，因冒顿软弱而义愤填膺。

这两种结果都是冒顿单于愿意看到的。或者说，这都是有利于他的。这样的结果，不知道是冒顿单于有意为之还是意外收获？因为从他鸣镝弑父的发迹经历来看，他本来就不在乎宝马和美女。或者说，为了更大的目标，去牺牲宝马和美女，于他来说都是常规操作。

然而，从以后冒顿单于的种种表现来看，这一次的给马给人，很大的可能是在有意示弱。

之所以不能确定冒顿的行为是出于无奈还是示弱，或者干脆就是不在乎，原因就是除了冒顿之外，当时敌我双方的当事人都不太清楚。

第三次要地，冒顿单于显然被逼到了墙角。还是在那个为此议题专门召开的会议上，这次，冒顿单于斩杀了同意给地的大臣。他明确表态：地乃国之根本，断没有给人的道理。

接着，冒顿单于立即动员全国的力量。匈奴中凡跨得上马、拉得动弓的，连夜上阵，攻打东胡。匈奴军民的屈辱、义愤瞬间被点燃，他们铺天盖地地杀向东胡。

东胡那边，还沉睡在做梦都能笑醒的甜美梦乡里呢。骄兵必败，哀兵必胜的铁律再次得到印证。东胡王兵败被杀，东胡灭国。东胡人一部分成为匈奴的奴隶，另一部分逃到乌桓山（今大兴安岭南端）和鲜卑山（今大兴安岭北端）附近。这部分人后来以山为名，发展成为日后的乌桓族和鲜卑族。他们逐渐强盛之后，又掀起了一番风起云涌。

此时的冒顿单于，在对东胡的事情上，前后表现的落差太大，懦弱和勇武的形象像过山车一样在匈奴军民心中掠过。辉煌的战绩，使他的臣民彻底打消了对他懦弱的质疑，神一般的形象就这样水到渠成般地在全国确立。

估计此时冒顿单于，可能真的认为自己是日月神附体，要不，怎么稍事休整，旋即就开始了对月氏的征伐呢。

兼并了土地、扩充了军队的匈奴，势不可当。月氏自知不敌，月氏王率众西逃，他们的去向这里暂时不提。

匈奴独霸草原

冒顿单于，无论多么不想去揣测他日后的宏图霸业，此时，他的兵锋所指，就是独霸草原。他那勃勃雄心已经喷薄欲出，他的勇武和崛起已经势不可当。

冒顿单于赶走了月氏，又马不停蹄地转向南边，突袭了楼烦和河南地的白羊王部，杀了他们的王族，收编了他们的军队。接着，冒顿单于又趁中原大乱之际，派兵占领了秦朝时蒙恬收复的全部匈奴故地。随后，冒顿单于又挥师北进，扫荡漠北。

至此，匈奴的冒顿单于时代正式到来。匈奴在冒顿单于的带领下，迅速崛起。

匈奴崛起的主要标志就是他们东破东胡，南并楼烦和河南地的白羊王部，西击月氏与西域诸国，北服丁零与西北的坚昆。

匈奴的疆域面积

至此，我们有必要了解一下匈奴的地理位置以及那里的气候环境特点。了解他们的生存环境，有助于我们理解他们的生活方式和行为习惯。

首先，我们看匈奴在冒顿时期的疆域范围。

东边的东胡，位于现在的内蒙古东部大兴安岭一带；南边的楼烦、河南等地，位于现在的陕西与山西北部。匈奴破楼烦、收河南之后，往南甚至推进到了长城脚下。西面的月氏，在河西走廊，也就是现在甘肃的武威、张掖和酒泉一带。匈奴赶走月氏之后，又陆续向西扩展到了现在的新疆，其疆域一直扩张到乌孙、大宛、大夏和康居等地，这些地方位于今天中亚的咸海与黑海一带。北部的丁零在今天的贝加尔湖附近。坚昆在今天的叶尼塞河上游，也称谦河的附近。

综上所述，当时冒顿时期匈奴的疆域，大体上东至大兴安岭的乌桓山与鲜卑山；南到燕代（今河北西北部和山西东北部靠近内蒙古的一带）、扶施（今陕西榆林，即延安一带），而且向南有些地方已经越过了长城；西至中亚广大地区，边境以阿尔泰山作为天然的边界；北到今天的贝加尔湖一带。

这个“百蛮大国”的匈奴帝国，尽管有大片的沙漠和戈壁，但就整个面积来看，比秦朝和西汉王朝初年时的版图还要大。如此骁勇善战的庞然大物，对于刚刚统一了天下的刘邦来说，怎么能不感到那无形的压力与威胁。汉匈之战，在所难免。这是后话。

匈奴的疆域虽广，但最重要的位置却是他们的本部，也就是冒顿单于及其后代们还没有大规模征伐前的那块疆域。这块疆域以阴山为核心，位于现在的蒙古高原地带。

阴山，位于今天的内蒙古自治区，包括大青山、狼山等山脉。它位于大戈壁的南边，差不多与黄河平行。阴山是匈奴与西汉的交界地，也是中国古代农业文明和游牧文明的分界线。南部为农业区，属于西汉；北部为牧业区，属于匈奴。唐代王昌龄写的“不教胡马度阴山”中的阴山，指的就是这条分界线。

而黄河流经今天的陕西北部和宁夏部分地区时，由于地势的影响，会在这里绕上半个圈，也就是会形成一个“几”字形的河流形状，这就是河套平原。

阴山南部的河套平原土地肥沃，气候宜人。像那首我们熟知的《敕勒歌》，由日后的鲜卑人唱出的“敕勒川，阴山下。天似穹庐，笼盖四野。天苍苍，野茫茫，风吹草低见牛羊”，就是对河套平原优美环境的真实写照。所以，这里也是匈奴与中原王朝的兵家必争之地。

另外，当时的阴山，茂密的森林遍布在连绵不绝的山岭之中。树木不仅可以用来做弓和箭杆，还可以用来做车辆和搭帐篷。更重要的是，这里也是匈奴这样的游牧民族打猎、获取食物的好地方。

靠山吃山，匈奴人的备战和日常生活都要依靠阴山。显然，这里就是他们的生命线。在日后的战争中，匈奴战败，阴山被西汉占领后，匈奴人每次路过阴山都会伤心地哭起来，就是这个原因。

匈奴的地理环境

我们再来具体看看匈奴所在的蒙古高原的地理环境。

匈奴本部的区域，处于高原中的一个大盆地。东边是大兴安岭，东北有肯特山（今蒙古国首都乌兰巴托东侧），南边有阴山、贺兰山，西边是阿尔泰山、杭爱山（古名燕然山），西北是唐努山（在今俄罗斯境内）。

具体来看，东边的大兴安岭自黑龙江北部边境向南至内蒙古中部西拉木伦河上游地区，延绵一千五百公里。大兴安岭的西边就是我们将要说的漫无边际的大戈壁。

肯特山是色楞格河与克鲁伦河的分水岭。由于这个地区的海拔普遍较高，所以地形较为平坦。肯特山的高峰离地面也不过几百米。

西边的杭爱山所占面积相当广阔，雨量充足、森林茂盛。匈奴的漠北王庭，就曾设在杭爱山脉所流出的河水旁边。所以，这里也是匈奴在漠北活动的重要地区。而且，日后东汉时窦宪的“燕山勒石”也在这里。

阿尔泰山，自西北向东南，长约一千六百公里。它与新疆的天山之间，就是现在的准噶尔盆地。乌孙国，就位于这个盆地的西侧。而匈奴的征伐，也是通过阿尔泰山的山口，进入这个盆地。

以上就是蒙古高原山岭的大致分布情况。下面，我们再来简单看一下蒙古高原上主要河流的分布状态。

蒙古高原东北部最大的河流是克鲁伦河。它发源于肯特山麓，流入呼伦湖。沿河一带，多为沙漠。

色楞格河，位于贝加尔湖的南边。它发源于杭爱山北麓，注入贝加尔湖。

西部科布多盆地最大的河流，是科布多河与札布汗河。科布多河发源于阿尔泰山北麓，全长五百多公里，向东南流入哈拉乌斯湖。札布汗河发源于杭爱山南麓，全长八百多公里，注入吉尔吉斯湖。

蒙古高原的中南部，有三条河流：东西两边是翁金河和拜达里格河，中间是图音河。

蒙古高原的西南方向，有发源于祁连山的额济纳河。它流经河西走廊，流至宁夏北部汇聚而成居延海。居延海，有时也叫居延泽，在以后文中会多次提到。因为这里是日后霍去病率军征伐匈奴的重要据点。

总体而言，蒙古盆地，呈现的地貌特点就是四周大部分都是山岭和高原，而中间地势较低。

山岭高原地带为河流的发源地，除正北及西北的一些河流外，其余的多为内流河，中间的区域则是茫茫戈壁。

这个大戈壁，也被称为戈壁沙漠，它就是我们以后不断要提到的漠南和漠北的分界线。我们俗称的"大漠"，指的就是这个戈壁沙漠。而且，这里也是日后霍去病"登临瀚海"的地方。

以戈壁沙漠为界，戈壁以南，阴山以北，我们称为漠南；而漠北，指的就是这个戈壁沙漠以北的广大区域。而这个戈壁沙漠地区，在汉代也被称为"瀚海"。

"瀚海"的范围很广，自东北向西南方向延伸，东西最长处达两千多公里，南北最长处也有一千多公里。之所以称它为戈壁，就是因为它与我们平常印象中的那些沙漠不同。

蒙古高原的这个戈壁，放眼望去，都是土和石头，有些地方还是碎石居多，所以也俗称"石沙漠"。不但人可以走，就连汽车也可以过。有的地方还能长草，这说明它还有地方可以开垦成农田。

虽然如此，但并不等于这里没有细沙和尘土。当北风呼啸的时候，这里会掀起滚滚沙尘。唐代卢纶的"月黑雁飞高，单于夜遁逃"，描写的就是这里尘沙飞扬的景象。而且，他的后两句"欲将轻骑逐，大雪满弓刀"，更是写出了这里独特的气候特点。

大戈壁以北，在每年的九月可能就开始下雪。在漠北的很多地方，即便是夏天，一天之内的温差也很大。以至于住在这里的人们，即使在夏天，也常常带着一件皮大衣。真可谓是“北风卷地白草折，胡天八月即飞雪”。

这些都说明漠北是一个极为寒冷的地方。所以，当匈奴在以后被逐出漠南，越过戈壁到达漠北时，无水草、多沙石的环境迫使他们不得不逐渐西迁，直至改变了欧洲，乃至世界的格局。

匈奴人的生活方式

匈奴人在这样的地理环境和气候条件下，逐渐形成了他们独特的生活方式。他们以放牧、打猎为生，不从事农业生产。这样的生活习惯，以至于到了后来的阿提拉时期，即便已经进入欧洲的匈奴，还被记载“匈奴人不耕种，他们甚至没有摸过犁柄”。

匈奴自单于以下，都以牲畜的肉为主食。他们穿的是兽皮，盖的是毛毡，居无定所，逐水草而居。

作为游牧民族，在畜类中，他们最为看重的就是马。匈奴人的马不仅种类多，而且品质好，所谓上山入涧，如履平地，长途跋涉时又耐力极佳。更关键的是，匈奴人不只是在行军打仗时才骑马，他们平时也常常在马背上，就连吃饭、闲聊和做买卖时也在马上。甚至，他们还能蜷缩在狭窄的马脖子上呼呼大睡。这些特点，也成为他们强悍战斗力的切实保障。

匈奴人天性好战，有利可图时，人人争先、个个奋勇；战局不利时，拔腿就走，从来不以逃跑为耻。

在匈奴这里，崇尚健壮，歧视老弱。青壮年享用肥美的食物；年老体弱的，就只能吃点残羹剩饭。

匈奴的婚姻习俗是父亲死去，儿子可以娶后母为妻；兄弟死去，家人可以娶死者的妻子。

这样的生活方式和习俗，与中原存在着很大的不同。对此，可以提前让后文中的一位重要人物——中行说登场，他有一段对这种生活方式和习俗的辩护。

关于耕战。

中行说认为：汉人就是因为耕种，才会有余粮。有了余粮，就不得不修建城郭用来自卫。稍微富足之后，又大起宫殿，穷奢极欲。可一到战事来临，却都不敢、不愿，也不会打仗了。而匈奴吃肉、喝奶，穿皮毛，逐水草而居。匈奴人身体强壮，又一无所有，一旦开战，即刻全民皆兵，战无不胜。

关于礼仪。

中行说辩称：西汉的礼仪不仅都是繁文缛节，而且日益腐朽，导致左右扯皮、上下埋怨，哪有匈奴人相处和管理起来这么简单方便。

关于孝顺。

中行说更是认为匈奴人不是不尊敬老人。理由是西汉在将士出征时，他们的长辈，难道不是节衣缩食、倾囊相送吗？匈奴之所以把最好的留给青壮年，是因为老人年老体弱，不能承担保家卫国的重任。而只有国家安定，才能更好地保护老人。这怎么能说是歧视老弱呢？

关于乱伦。

中行说的理由更是奇葩。他说这样的习俗完全是为了保证血统不乱，避免种姓不纯。不像汉人那样假正经。不娶父兄的妻子，导致亲戚关系疏远，不但经常改换姓氏，还自相残杀。

以上虽然是中行说的个人观点，但显然也能代表一些匈奴的民意。

匈奴的政务风俗

毋庸置疑，冒顿单于是一个运气非常好的人，或者说他生逢其时。在他之前，不单是匈奴，就连西北方面的各个游牧族群，都被中原各国轮番压制得喘不过气来。

冒顿单于弑父自立之时，恰逢中原大乱。将近十年的时间，中原没有人去关注北边的匈奴。也正是借助这千载难逢的历史机遇，冒顿单于带领匈奴迅速崛起。

匈奴攻灭东胡，西击月氏，南下中原，北服浑庾、屈射、丁零、鬲昆、薪犁。此时的匈奴，人口在一百五十万人以上，拥有的骑兵也至少在四十万人，可谓兵强马壮、国力强盛。

此时的冒顿单于，犹如草原上冉冉升起的太阳，个人威信如日中天。冒顿单于领兵廓清四野，率众回到阴山王庭之后，立即着手整顿政务，建立巩固了一系列政治制度。

首先是官制。

匈奴的最高统治者为撑犁孤涂（或孤屠）单于。撑犁的意思是“天”，孤涂的意思是“子”，单于的意思是“广大”。撑犁孤涂单于，意思就是上天的儿子来主宰这广大无边的世界。这也就是人们习惯简称的单于。

在单于以下设左、右贤王；左、右谷蠡王；左、右大将；左、右大都尉；左、右大当户；左、右骨都侯。匈奴以左为尊，例如同是贤王，左贤王职位高于右贤王。

匈奴诸位大臣的官职都可以世袭，所以，匈奴内部也就相应出现了一些所谓的世袭贵族。匈奴号称的三大贵族是他们早期的呼衍氏、兰氏和后来的须卜氏。须卜氏中还有人在之后被王莽立为单于。

在这样的官制体系中，仅次于单于，也就是所谓一人之下、万人之上的是左贤王。贤在匈奴语中读作“屠耆”，所以又称左屠耆王。这个位置相当于中原的太子，也就是单于的法定继承人。

但要说明的是，左贤王虽为太子，但不一定都是老单于的儿子，也可以选择单于的弟弟作为法定继承人。另外，即便是左贤王，也不一定就能顺利接班，这点与中原有相似之处。

其次是领地的划分。

从左、右贤王以下到当户，各自都有自己的部众和领地。大者统率万骑，小者也有数千骑。左、右贤王和左、右谷蠡王的领地最大，由左、右骨都侯辅政。

匈奴领地分布的格局是单于庭居中。此时的单于领地面对着代郡（今河北蔚县附近）、云中（今内蒙古托克托县附近）一带。

左贤王的庭帐在单于庭的东边，其领地大致位置是自上谷郡到秽貉、朝鲜，也就是自今天的河北怀来到朝鲜之间的区域。

右贤王的庭帐在单于庭的西边，其领地大致位置是自上郡往西，和月氏、氐、羌相接，也就是自今天的陕西榆林到敦煌、祁连之间的区域。

另外，在匈奴的官制中，单于阏氏的地位和作用也很重要。前文中，我们已经简单介绍过阏氏。了解了她们不仅能够干预国内政事，还能参与外交事宜。就是在战争中，有必要时，她们也能够骑马弯弓，参加战斗。

这里要补充说明的是，匈奴不仅称单于之妻为阏氏，也称单于之母为阏氏。这点与中原不同，汉人皇帝有皇后，其母为皇后者称皇太后，祖母为皇后者称太皇太后。而匈奴单于之母、祖母皆称阏氏。

再次是匈奴的律法。

匈奴的法律可以称得上简单明了，有点像刘邦刚入咸阳时的“约法三章”。

第一，企图杀人者，不管既遂还是未遂，也不管蓄谋还是激情，拔刀出鞘超过一尺者，就要被处以死刑；第二，只要犯有盗窃罪，一律没收全部家产；第三，犯罪者，轻的鞭笞，重的处死，坐牢时间最多不超过十天。

从他们的律法也能看出，匈奴人好像没有那么多张家长李家短的麻烦事，关注的也就是财产和生命的安全。而且，有问题则彻底解决，似乎留给人改正错误的余地不大，机会不多。

最后，我们要了解匈奴的生活和文化，就不能不去关注他们的宗教意识与迷信的风俗。

按匈奴的风俗，匈奴分别在每年的正月、五月和八月有一次祭祀，称为“岁有三龙祠”。

正月的是一个小集会。参加的人是匈奴的各位首领，称为“诸长小会”。这次的聚会除了祭祀之外，还要商讨他们这一年中的诸如国计民生的问题。

五月时，是一个大集会。参加的人数很多，称为“大会龙城”。主要是祭祀祖先、天地和鬼神。这是他们的一次所谓统一思想，巩固群体意识形态的大集会。

八月的集会，称为“秋社”。就是在秋高马肥之时，人们聚集在一起，采用一种“蹛林”的仪式来祭祀。也就是用骑着马绕着树林转三圈的形式来祭祀天神，感恩护佑他们今年有了一个好收成。在这次的集会上，他们还会统计匈奴的人口和牲畜的数量，盘点他们这一年的财产状况。

这里需要进一步说明的是，匈奴每年的这三次祭祀，地点都在单于庭附近。这也很好理解，不管是早期以龙为图腾的祭祀，还是日后逐渐发展为对天地、日月神及他们先祖的祭祀，甚至是对其他鬼神的祭祀，都是一种宗教形式和制度。

而宗教制度和政治制度又紧密相连。宗教活动，当然离不开政治中心。单于，不仅是匈奴部族的代表，更是被赋予了“天之子”的身份。

毋庸置疑，单于不仅是政治领袖，也是宗教领袖。相应地，参加每年这三次集会的人，不仅是来拜神，更是来朝拜单于。甚至，从单于的角度来看，参加大会的政治意义远比宗教意义重大。

很显然，借故推托不参加这种集会的诸王，与其说是不愿意拜神，不如说是对单于有了不满情绪。所以，来不来单于庭参加这年度的三次大会，也成为单于检验部族向心力和诸王忠诚度的标准。

从日后也能看出，匈奴内部的反叛，首先就是从不来单于庭聚会开始的。

另外，除了每年的这三次集会之外，匈奴人拜日月也是每天的功课。就像单于一样，他们早上走出毡帐，朝拜初升的太阳。傍晚，他们又要朝拜升起的月亮。由此可见，宗教已经深入他们的日常生活之中。匈奴人相信人死后有神灵，所以他们用棺椁安葬去世的人。殉葬的有金银、衣裘和奴隶等。但他们不立坟墓，不在墓地种树，也不穿丧服。

匈奴人对待身后事，没有像当时的中原人那么讲究，更没有见到他们像建秦始皇陵那样大兴土木。

匈奴人在战争的时候，他们的军事行动会依据星月的光辉来定，月满则出击，月亏则退兵。不仅如此，他们还相信和使用各种巫术。例如，他们会绑住马的四蹄，放到要攻打城池的下面，用来诅咒他们已经捆住了敌人等。

在作战中，匈奴人杀死一个敌人，就能获得一杯酒的奖赏。每人缴获的战利品归个人所有，每人抓到的俘虏也成为个人的奴婢。所以，为了更大的利益，匈奴人作战不仅勇猛，而且善于诱敌深入。在围歼的过程中，匈奴人会迫使敌人投降，以这样的方法追求利益的最大化。

但是，只有这样的利益驱动，而缺少相应的处罚措施，一旦战败，这样的队伍很容易在瞬间土崩瓦解。所以，为了不至于使士兵在战斗中太过于追求个人利益而照顾不到同伴，匈奴又规定：谁能将战死同伴的尸体带回来，谁就有资格继承死者的全部家产。

由此我们也能依稀看到，匈奴的处事风格就是干练果决、简单明了。而且，匈奴人在战场上更是来去如风，驰骋在那广袤无垠的大草原上，难怪给当时的中原人留下了飘忽不定的印象。而这样的飘忽不定，让习惯于大兵团阵地作战的中原人吃尽了苦头。

第三章
强盛：冒顿建立游牧帝国

韩王信投降匈奴

冒顿单于抓住中原大乱、无暇北顾的历史机遇，带领族群经过将近十年的奋斗，使匈奴一跃成为一个政治体制完备、军事实力超强、疆域面积广大的超级游牧帝国。

此时，时间来到了公元前 202 年，历史掀开了新的篇章。这一年，刘邦登基，建立西汉，是为汉高祖（公元前 202 年—公元前 195 年在位）。汉匈几乎在同时，各自完成了属于自己的统一的使命。

西汉与匈奴，农耕与游牧的两大帝国就这样不期而遇。空前的生存压力，使汉匈双方都感受到了前所未有的威胁。没有经过战争的洗礼，任何的分配方案，双方都一定会认为是自己吃了大亏。

此时，西汉与匈奴之间必有一战。这是历史的选择，不以任何人的意志为转移。而个人的意志或者是偶然事件的发生，只会让这场战争稍微推后或提前而已。因为绝对实力之下的利益分配，才是无可争议，或者说是不能去争议的最佳方案。而终于到来的这一战，就是历史上著名的“白登之围”。

大战前夕，匈奴相对实力较强。因为刚刚建立的西汉王朝，几乎是一个百废待兴的烂摊子。

这边的汉高祖刘邦，一边忙着清剿军阀流寇，另一边任用叔孙通开始张罗制定朝仪礼制。那边的冒顿单于，鉴于李牧和蒙恬曾经给予匈奴的痛击，虽然急于去报这血海深仇，但也铭记了自己父亲头曼单于轻举冒进的惨重教训。

面对那巍峨雄壮的长城，冒顿单于命令军队沿着长城的各个关口要塞，开始了试探性的进攻，企图找到一处能够大举进攻和掠夺中原的最佳突破口。

长城虽然坚固，并可以通过烽火传递信息，从而有效防御匈奴的进攻，但也并非尽善尽美，最主要的缺陷就是战线过长，实际上有五千多里的防御线。这就难免会存在顾此失彼的薄弱环节。尤其在此时，长城防线远没有昔日秦帝国的人力和物力的支持。

冒顿单于就敏锐地看到了这个弊端，并迅速找到了突破口。

冒顿单于经过沿长城的试探性进攻之后，把突破长城的最佳位置选在了马邑（今山西朔州附近）。他之所以选择马邑这个地方，最重要的原因就是马邑离他的单于庭比较近，这也是他当时的大本营所在。

这里令人费解的是，马邑的守将骁勇善战，颇有军事才能。不知道是冒顿消息闭塞呢，还是他根本就没有把这样的守将放在眼里？抑或是他经过一番试探性的进攻之后，确定只有这个地方才防守相对薄弱呢？甚至，是不是冒顿单于早就和马邑守将暗通款曲了呢？不管如何，从结果来看，这次冒顿单于又赌对了，或者说他又选择对了。

因为驻守马邑的，正是韩王信。这里，我们先来介绍一下韩王信。韩王信，原名韩信。因为和那个我们熟知的名列“汉初三杰”之一的韩信相比，级别不够，为了区别，史书上一般称他为韩王信。韩王信出身贵族，是战国末期韩襄王的庶孙，生于公元前231年。看看他出生的日子，就知道这是一个苦命的孩子。因为第二年，韩国就被秦国所灭。韩襄王后裔几乎全部被杀，而韩王信却侥幸地活了下来。

韩王信之后跟随张良入关，在刘邦军中效力，由将军到韩国太尉，直至被封韩王。这一路的升迁，姑且是沾了韩襄王后裔的光。但可以肯定，他也不是无能之辈。因为但凡是沧海横流、大浪淘沙的时代，裙带关系最多能保证你饿不死，要想荣华富贵，那都要靠自己一刀一枪地去挣。

但不知这个韩王信是看多了生死悲欢，还是他本来就没有所谓职责或忠诚这样的概念，总之，在当年楚汉之争时，楚军攻破荥阳的时候，和他一起守城的周苛、枞公都因执意不降而被残忍杀害。只有他为了活命，投降了项羽。

此后，可能又嫌项羽分封不公，韩王信寻找机会偷跑出来，再次投靠了刘邦。对于韩王信的再次投靠，刘邦虽然收留了他，但对于这样唯利是图、贪生怕死的墙头草、软骨头，也是不再信任的。

刘邦称帝后，就把韩王信的封地从昔日的韩国旧地改到了代地，也就是现在的山西，驻守马邑。这样做，一方面是把韩王信驱离中原的核心地带，除掉了这个潜在的隐患和威胁；另一方面，因为代地北边紧邻匈奴，也能利用他去对付匈奴。可谓一举两得。

而冒顿单于恰好就选择了马邑作为进攻中原的突破口。

一切的伪装和试探全部结束。公元前200年秋，冒顿单于集结重兵，大举进攻马邑，将马邑团团围住。

这边的韩王信，却旧病复发。面对敌兵压境，他不但不迎战，也不积极备战，反而一方面派人向刘邦求援，另一方面又多次派人去跟匈奴谈判。因为他有反复投降的前科，刘邦本来就对韩王信不信任，又听闻他一再寻求与匈奴谈判，就更加不放心。

于是，汉高祖刘邦写了一封措辞非常严厉的信，警告韩王信：以你现有的兵力，难道守不住一座城池吗？不要为了自己活命而忘记了自己守土有责的使命。

这封信自然戳到了韩王信的痛点。他知道自己多次与匈奴的谈判，已经触碰到了汉高祖刘邦忍耐的底线。就算那功高盖世的韩信，不也是无缘无故地就被刘邦一步步削爵夺权了吗？更何况还在和匈奴眉来眼去的自己呢？刘邦日后能放过自己吗？

于是，此时的韩王信故技重施，索性率众投降了匈奴。在西汉，投降匈奴的文臣武将不少。这里的韩王信是本书中说的第一个。

对于韩王信的投降，不可否认，固然有他自己的原因。他悲惨的家庭和不幸的童年经历，可能都是扭曲他认识职责、忠诚和生死的不可回避的根源。然而，他的不被信任，那兔死狐悲般的切身感受，以及当时的大环境都使他进一步强化了自己那样扭曲的认识。

在个人和大环境的双重作用下，韩王信彻底沦为匈奴进攻中原的急先锋。投降后的韩王信，开城迎敌，长城已经不再是阻挡匈奴人的坚固屏障。

白登之围

匈奴大军长驱直入，越过代地，攻陷太原，一直打到晋阳城下。消息传到京城长安，中原震动。

导火索已经燃烧殆尽，一场大战在所难免。刘邦宣布御驾亲征，西汉的精兵良将倾巢而出。刘邦以樊哙、陈平、周勃、灌婴、夏侯婴等为将军，率精兵三十万，迎战欺负到家门口的匈奴。

两个年轻的帝国，两个帝国最高的统治者，两方最精锐的部队，这是中国历史上规模空前的一次农耕民族和游牧民族的大决战。它关乎着国家的生死存亡，更影响着历史的发展走向。

这是最直接、最原始的实力较量，更是对统帅的国际格局、胸怀、意志和抱负的检验。可惜呀，后来的事实证明，双方都不及格。

汉高祖刘邦的军队，历经秦末和楚汉战争的洗礼而脱颖而出，那自然是意志顽强，经验丰富。开战之初，汉军也是所向披靡，先击溃韩王信的先头部队，又给予匈奴左、右贤王军以重创。

汉军首战告捷后，又长驱直入。这里不知道是汉军擅长阵地战和攻坚战的缘故呢，还是冒顿单于的故意为之？因为冒顿单于本来就是以示弱来钓鱼的高手，昔日他灭东胡用的就是这招。这里，也可能是兼而有之吧。因为匈奴骑兵的确更加擅长旷野作战和围歼战。

不过，随着战斗的深入，冒顿单于佯装不敌，一步步诱敌深入却是事实。刘邦连战连捷，冒顿单于却且战且退。而且，冒顿单于把精兵良马全部隐藏起来，与汉军对阵的都是羸弱的士卒和牲畜。如此情况，汉高祖刘邦也产生过怀疑，他接二连三地派人去打探匈奴的虚实。得到的消息都是，匈奴那里确实都是些老弱残兵，而且牛羊马匹更是瘦骨嶙峋。

那么，真要都是如此的将士，如此的后勤补给，还有什么战斗力可言？但久经战阵的汉高祖刘邦还是非常谨慎，他又一次派娄敬前去匈奴打探真实情况。

这里我们简单交代一下娄敬其人。娄敬，“推大车之鲁人”，他原本是一个靠卖力气吃饭的人。他曾反对汉高祖刘邦建都洛阳，极力主张其建都长安。他从历史、经济、人文和军事等方面作了一通论述。后来，他的这个主张和张良不谋而合，从而得到刘邦的赏识，拜为郎中。由此可见，娄敬其人不但口才好，而且极具战略眼光，看问题能够透过现象看到本质。

所以，这次汉高祖刘邦让娄敬出使匈奴，再次确认匈奴的虚实。而冒顿单于真不愧是位佯装示弱的顶尖高手。就连娄敬这样的观察力，出使匈奴之后，也没有看出匈奴的真正实力。回来后，娄敬把看到的情况如实汇报给刘邦。但同时，他又说出了自己的分析。他说两国交战，按常理，都要虚张声势地夸耀自己的武力才对，但这次出使匈奴，看到的却是一派“羸瘠老弱”的景象。如此反常，反常必有妖。这一定是匈奴设下的圈套，用来引诱和伏击汉军的。

所以，娄敬给刘邦建议：这一仗不能打。

结果，汉高祖刘邦没有采纳娄敬的建议。不但没有采纳建议，汉高祖刘邦还把娄敬羁押到广武，也就是今天的山西代县。这是为什么呢？

这时的汉高祖刘邦本来出于审慎，最后一次派娄敬去匈奴打探虚实。可是最后，他采纳的是娄敬看到的，而没有采纳娄敬分析的。也就是说，他相信了他愿意相信的，摒弃了他不愿意相信的。

这是一个非常有意思的心理现象。针对这个具体的事例，那就是无论你侦察多少次，只要对方伪装得好，你就一直会被蒙在鼓里。当然，非要在看到的实际情况与分析出来的结果之间去抉择的话，确实会扑朔迷离。

但这里面存在一个非常关键的点，那就是这是谁分析的。就像败走赤壁后，曹操说的那句：要是奉孝在，也不至于有今天。假如当时不能与匈奴一战的分析不是出于娄敬之口，而是张良说的，那很大的可能就不会有之后的白登之围了。

这就是我们今天说的鄙视链，其实自古有之。听听刘邦当时骂娄敬的话：齐国的"贱人"，你靠耍嘴皮子当个小官，今天还敢来胡说八道、扰乱军心。

此时的刘邦，自以为做到了知己知彼，满怀百战不殆之心，兵发平城。彼时已经是隆冬季节，北方的天气，更是寒风呼啸、滴水成冰。汉军士兵冻伤手指者足有十分之三。

西汉大军行动缓慢，刘邦却求战心切。于是，他带领一小部分骑兵先行，留下大部分的步兵跟随其后。这里就不得不说，刘邦已在错误的道路上越走越远。

如果说，刘邦没有采纳娄敬的建议，还情有可原的话，那这一次的轻兵冒进，就是酿成大错的开始。尽管一个统帅的抉择，确实不能用事后的成败去武断地衡量。很显然，战与不战的抉择，是统帅在那样的位置和高度去全面权衡的结果，也可以说是"家有千口、主事一人"的权力和责任。

关于这点，七嘴八舌导致的优柔寡断才是更可怕的事情。所以，依据当时的实际情况，战与不战都不是错误的根源，关键是怎么战的问题。如果说匈奴确无实力，你这么着急干什么？如果说匈奴确实是在佯装示弱，你这么着急岂不等于送死？刘邦这样的行为，除了说明他"膨胀"了之外，就只剩下韩信说他仅能带十万兵那样的解释了。

刘邦明明带了三十多万人马，要是胜利了，足可以在朝堂上，甚至在历史上好好打打韩信的脸。这下可好，刘邦就严格按照韩信说的能力上限，带了不足十万人马，直接杀奔匈奴。而这样的操作，确实败局已定。领兵到达平城白登山的刘邦，也就是在今天山西大同的马铺山，很快就被匈奴骑兵团团围住。

再看这时的匈奴，将近四十万的精兵猛将，胯下清一色的宝马良驹，手中的强弩弯刀也是寒光闪闪。

站在白登山上的刘邦，往东边看，看到的是漫无边际的清一色的青龙马，南边又是一水儿的赤黄色的马，西边全是白马，北边又铺天盖地的黑马。

冒顿单于也真是够狠，不仅四面八方地围困汉军，而且连马都给你按颜色的不同分列四周。

此时的刘邦，由剿灭匈奴变成了突围活命。冒顿单于呢？那当然是指挥众军，笑逐颜开地收网。一个在攻城，一个在守城，这也算充分发挥了各自的特长。因为匈奴本来就善攻不善守。而刘邦却是守城的老手，不是攻城的高手。

一番激烈的交战之后，冒顿单于的匈奴士兵以逸待劳，围而不攻。汉军却困守孤山，粮尽水绝。就这样，头顶上，大风漫卷着雨雪；四周，匈奴骑兵的包围如铁桶一般，内无粮草、外无消息地过去了整整七天。

失败的经历对于刘邦来说，早已司空见惯，因为他一辈子几乎就没有打过胜仗，有的只是逃跑和接着逃跑。仅仅借助韩信在垓下胜了一次，就坐拥了江山。

但不管怎么说，刘邦的韧劲还是可圈可点的。就像这次，他还像往常一样，没有气馁，更没有绝望，于无路处寻出路，在绝望处觅生机。

陈平奇谋解围

像刘邦这种人，心黑脸皮厚，方法总能找到。这次的献计者是陈平。

陈平其人，在西汉也算大名鼎鼎。他虽出身寒门，但酷爱读书，擅长交际。秦末天下大乱，陈平积极投身其中，先跟魏王豹，后追随项羽，最后投靠刘邦。

陈平此人特别有意思。虽然才具过人，但他的所作所为似乎都上不了台面。他既不像韩信那样攻必胜、战必克；也不像萧何那样镇国家、抚百姓；更不像张良那样运筹帷幄之中，决胜千里之外。他更像一个阴谋家，一生共出过七次奇计，每一次的效果都出奇的好。

第一次是他初露锋芒，用计离间了项羽和重要谋士范增的关系，导致楚国由此衰败；第二次是他李代桃僵，设计使刘邦从荥阳金蝉脱壳；第三次是及时提醒刘邦，劝立韩信为齐王，防止了韩信自立或投敌，避免了潜在的分裂危机；第四次是伪游云梦、智擒韩信，帮刘邦彻底铲除了心头大患。这次是第五次。

这一次，陈平建议从冒顿单于的阏氏下手，也就是俗话说的吹枕边风。匈奴单于亲征，一般都是阏氏随行。这次也不例外。

陈平的计划分两个步骤：第一步送礼，第二步威胁。

在送礼这方面，刘邦倒是从来都不吝啬，白璧、玉带、夜明珠，金银、珠宝、珊瑚树，反正有的送去，没有的承诺以后再送去。而人在屋檐下，还要威胁对方，这确实是一个技术活儿。但对于陈平来说，却是熟悉的套路，当年他没少干这种事。

于是，陈平先找人画了一幅绝色美女图准备献给阏氏。意思就是，看看，我们中原的女子个个都是这么漂亮。城破之日，你们单于进到中原，得到这样的美女，他还会再宠幸你吗？

计划好了，东西准备停当，刘邦派使臣带着东西来到匈奴的营帐。果然，阏氏按照陈平的计划答应劝说冒顿单于退兵。在劝说冒顿单于退兵的环节，阏氏又创造性地发挥了几条理由。

阏氏的理由总结起来有三点：一是两国的国君不应该这么赤膊相对。那意思是不是打仗这事交给将士们就行呢？二是我们匈奴人住不惯汉人的地方。那意思就是，就算灭了他们的国，我们也不去住呀，费那个劲儿干啥。三是汉王刘邦有神灵相助。那意思是灭不了呢，还是灭了他会招致灾祸呢？

阏氏这么一番说辞后，冒顿单于竟然同意解围了，接受了刘邦的求和。于是，匈奴人将包围圈撤去一面，放刘邦和他的汉军逃之夭夭。

这边刘邦回京，留下樊哙驻军代地，修缮长城，加强防御。那边冒顿单于也率军回到了单于庭。这就是历史上著名的白登之围。

前面说过，如此生活方式不同、文化差异之大、历史节点之巧、投入兵力之重、可能产生影响之远的一次较量，就以这样的方式草草收场。所以，双方的统帅在这一次的考试中都没有及格。

刘邦没有及格，那是毫无争议的事实。就算把这个事件拉长，从派韩王信驻守马邑开始，刘邦就都没有做对过。唯一不能给他打零分的原因，是他最后的逃跑还算可圈可点。而且，刘邦的过人之处就在于他知错能改。

刘邦一回来，就当面向娄敬谢罪，并表示以后一定痛改前非。而且，后来的娄敬还被赐姓刘，这就是历史上的刘敬。刘敬日后又被一路提拔，最后还爵至建信侯。

刘敬是幸运的，遇到了刘邦；中原也是幸运的，刘邦能够顺利地逃走。

但幸运归幸运，我们还是要说说冒顿单于这一次的操作。

首先，阏氏到底能起多大的作用？西汉使者到匈奴能够见到阏氏，并有机会说些体己话，这个应该不用怀疑。因为她本来就参与内政、外交事宜。要说她贪财又怕失宠，这个也算说得过去。关键是她的话能有多大的分量？

冒顿单于显然不是周幽王之流。从鸣镝弑父和示弱东胡来看，他从不痴迷于美女。至少是不吃阏氏们"一哭、二闹、三上吊"的那一套。但冒顿单于退兵，又确实是阏氏从中做的调停。

这就不得不深入分析一下阏氏劝说冒顿单于的三条理由。

所谓两国交兵，不应该两国君主亲自对阵。关于这一点，笔者觉得只是阏氏劝说时的引子。也就是但凡说话，总要先开个头一样，不能一下子就进入主题。因为在统一北方草原的战争中，哪一次不是冒顿单于亲自挂帅，去直面对方的最高统治者呢？

而阏氏的后两条理由，才是打动冒顿单于的关键。就像中原人不习惯草原一样，匈奴人确实也不适应中原的生活。还有，最关键的因素是，阏氏提到刘邦天生富贵，有神灵相助。

关于这一点，今天的人们一般会认为是无稽之谈。然而，在两千多年前，尤其是在匈奴人那里，却是个必须要考虑的关键因素。前面说过，在战争中，甚至连巫术都会煞有介事地去使用的匈奴人，当然酷信鬼神。而从刘邦以前一次次的失败，而又一次次死里逃生的经历来看，冒顿单于深信刘邦有神灵相助。

当然，在这里除了阏氏的游说，还有切实的利益和潜在的威胁存在。

切实的利益方面，不用想也知道，刘邦当时给的和以后答应给的东西，那肯定少不了。冒顿单于这次，无疑是满载而归。

潜在的威胁呢？一方面，这里已经过去了将近十天，刘邦的大队人马估计快到了；另一方面，冒顿单于在合围刘邦之前，曾与那个投降派韩王信的部将王黄、赵利约定，让他们到这里来参与攻打刘邦的战斗。但目前他们还没有如约到达。此时，冒顿单于就不得不怀疑韩王信这些降将的诚意。

也就是说，汉军增援的部队如果再加上降将可能的反戈，就成了冒顿单于不得不提防的重要因素。然而，尽管利益很大，尽管威胁存在，但远远没有大到必须要撤军的程度。

很明显，这样的利益明显没有大到可以使匈奴一劳永逸的程度。要不然，冒顿单于为什么在不久之后又南下抢掠了呢？难道是他们把中原看作牛羊那样，养肥了再杀吗？不排除这种可能。

再说威胁，刘邦的轻兵冒进，本就出乎冒顿单于的意料。冒顿单于的四十万大军，就是针对刘邦的三十多万人马配置的。就算他们赶来救援，以逸待劳的匈奴骑兵也不至于招架不住。

匈奴人这次放走刘邦并撤军，最可能的因素就是他们深信刘邦确实有神灵相助。由此看来，事情的转机和成败有时并不完全取决于实力的较量，一些看起来根本不存在的因素有时反而会起到最关键的作用。

但这事无论如何都是个谜一般的存在。陈平的计谋固然起到了作用，而西汉方面，不管是重金贿赂单于还是以美女要挟阏氏，都不是什么光荣的事。事实上，汉高祖这次的平城白登之困，他们的后辈认为是很大的耻辱。以致到了汉武帝时期，在诏书上还有“高皇帝遗朕平城之忧”的表述。

正因为西汉对此讳莫如深，留下的记载也是只言片语。目前，我们虽不能更加详细地了解冒顿单于退兵的具体原因，但结合以后的情况，几乎可以肯定地说：这次冒顿进犯中原并非出于政治野心，而是出于对经济的要求。

所以，这就是冒顿单于在这次考试中也没有及格的原因。

冒顿单于可能没有想到这次刘邦会领兵亲征。但知道刘邦亲自带兵之后，冒顿单于虽然成功贯彻了既定的战术，却没有及时调整战略，或者说他根本就没有战略。

见刘邦来了，且几乎已经成为瓮中之鳖后，冒顿单于反而害怕了。这就像我们去钓鱼，偶然间钓到一条异常大的鱼后，因为害怕这条鱼太大了，反而放走了这条鱼一样。估计冒顿单于当时最有可能的就是这样的心理状态。

无疑，冒顿单于是幸运的。冒顿单于的幸运就在于他身处历史的最佳幸运期。历史留足时间给匈奴发展，使他带领他的族群由崛起而强盛。历史又在匈奴最强盛的时候，让他不期而遇一个千载难逢、万载难遇的重大机会。

一个入主中原的机会，一个至少能把中原再次拖入战火纷飞的机会。那冒顿单于和他的族群，将会有怎样的荣耀和前景？但显然，他没有做好准备。虽身处历史的转折点而不自知，显然，冒顿单于有雄才而无大略。然而，也不得不说，冒顿单于和他的匈奴部族是务实的。

我们现在常说有的人，他们的能力撑不起他们的梦想。不知从什么时候起，现代人的梦想越来越大，却忽视了去提高和锤炼撑起这样梦想的能力。而匈奴人，广袤、严寒的地理和气候特点，使他们几乎每时每刻都在直面着真实的生存压力。

在匈奴这里，没有坐而论道，没有风花雪月，有的只是对天地自然宗教般的敬畏，对生存与生俱来的强烈渴望。正因为这样的原因，才保证了以后西汉的“和亲”政策在理论上可行，在实践上能够实施。而这，也正是前文中的那个刘敬敏锐观察后得出的结论。

投降匈奴的汉将

总之，这次的白登之战，由于实力的较量，而奠定了初步的利益分配格局。那就是刘邦建立的西汉王朝，再也不想着去彻底剿灭匈奴了。冒顿单于的匈奴，虽然从来没想着去征服中原，然而，通过这次较量，更加增强了他们时不时就来中原打劫的信心。

果然，没过多久，这次的战利品消费得差不多了，冒顿单于又想着南下中原发笔“小财”了。因为不管匈奴如何南下，没有看出来他们指望在中原彻底实现发家致富的愿景。冒顿单于虽无大略，但似乎永远不缺乏雄才，这次的抢掠，他又改换了套路。

白登之战没过多久，冒顿单于又南下了。这次他的操作更绝，如果说以前的打猎都要亲力亲为的话，这次他却只派出了“猎狗”，让“猎狗”们自己去打猎，打回来的猎物再进贡给自己。省时、省力，还省心。这样的“猎狗”就是那些投降匈奴的汉军将士。

冒顿单于任命韩王信为将军，整编了投降后的军队，交给韩王信统领。冒顿单于让他沿长城一路抢掠，抢回来的东西，再交给匈奴一起分享。这样的操作手法，让匈奴坐享其成，收获颇丰。

尤其是在攻打刘仲之后，冒顿单于更加坚定和扩大了这样的操作手法。攻打刘仲，也就是对刘邦二哥的战斗非常顺利。当时的刘仲被封为代王，驻守赵国旧地，那里紧邻匈奴。匈奴大军还没到代郡城下呢，刘仲就弃守封地，风一样地携家眷和财宝逃回了长安。汉军不战自溃。

匈奴闲庭信步一般就占领了云中、雁门、代郡等五十三个县。这样的情景，不要说当年的秦始皇了，就是昔日的李牧如果泉下有知，对这一帮窝囊废后辈不知会做何感想。刘邦封他二哥刘仲在如此关键的岗位，真不知出于何种考虑。看来，和平年代的裙带关系，遇到真刀真枪的时候，那真是会被撕扯得连一片布都不剩。

冒顿单于占领了农耕区这大片的土地，却也给他增添了喜悦之余的惆怅。因为他对中原压根就没有任何政治上的考虑。但他因势利导的鬼点子、小心机却永远是层出不穷。为了不至于每次抢掠都要费时费力地去翻越长城，他决定扶植傀儡，把他们“猎狗”的属性进一步巩固和扩大。

虽然匈奴人住不惯农耕区，但是中原人住得习惯呀。冒顿单于决定扩大招降的范围、降低招降的门槛，扶植、培养一批这样的“猎狗”。在以后，就让他们在夺得的土地上驻扎，定期向匈奴进贡。一旦和中原开战，他们又能充当先锋炮灰，可谓一举两得。

冒顿单于扶植降将来代牧中原这样的方式，确实让西汉不堪其扰。

但经过上一次的白登之战，刘邦清醒地认识到：至少在目前，不能用军事手段来彻底解决匈奴问题，因为国内还有着很多问题等着他解决。这都是些什么问题呢？

说起来，这些也是老生常谈的问题了。不外乎都是些所谓“鸟尽弓藏、兔死狗烹”之类的事情。刘邦如何处理别的人，我们没必要说，这里面主要说几个和匈奴有关的人，那就是韩信、臧荼、陈豨、卢绾等人。

韩信的大名，妇孺皆知，就不用详细介绍了。臧荼，原是战国末年燕国旧将。秦末天下大乱时，他先在燕王韩广手下效力，后又追随项羽。因为争夺封地，臧荼打败并杀了韩广，取代韩广被封为燕王。

楚汉争霸时，臧荼又归顺韩信，投降了刘邦。西汉建立后，刘邦大肆屠杀功臣，首先就是向项羽残余势力开刀。接着就是对韩信削职降爵，步步紧逼。而臧荼不仅是项羽一手提拔起来的燕王，而且还是韩信旧部。这真可谓：刘邦耍刀，刀刀不离臧荼的哽嗓咽喉。臧荼也明白，刘邦收拾自己是迟早的事，与其坐以待毙，不如现在就造反。

造反就会马上迎来平叛，双方都心照不宣。结果，臧荼兵败被杀。而他的儿子臧衍却乔装改扮，趁城破之时逃了出来。无奈之下，臧衍投奔了昔日的死敌，自己的近邻匈奴。

这是公元前202年的事，为两年后的白登之战和日后多位汉将的投降都埋下了伏笔。这也就是前文中猜测的，韩王信和冒顿单于可能早就眉来眼去的根据。因为边关的这些将军，本来就不被刘邦完全信任。

再说这边的刘邦，收拾了燕王臧荼后，是否想到日后他那句“安得猛士兮守四方”的感叹。确实，紧邻匈奴的燕地，朝廷该派谁去驻守呢？

燕地直面匈奴，地理位置和军事意义重大。刘邦深思熟虑之下，封卢绾为燕王。卢绾，不仅和刘邦是同乡，更是同年同月同日出生的发小，两人一块长大。卢绾后跟随刘邦起兵，虽能力有限，但也屡立小功，一路由侍中、太尉、长安侯，直至燕王。

被封燕王的卢绾，这里我们暂且不说，先来说说陈豨。陈豨原来也是韩信旧部。他投降匈奴，就与韩信有关。白登之战后，陈豨奉刘邦将令，统领精兵据守赵国旧地，防范匈奴。而日益受到刘邦排挤、逐步边缘化的韩信，预感到自己悲观的前景。他曾经鼓动陈豨和匈奴搞好关系，以便在合适的时机和匈奴联手，他在中原遥相呼应。

可事实上，日后这样的机会到来时，韩信又瞻前顾后，按兵不动。看来，在古代，军事家和政治家真是两个门派，需要用到的专业和技术更是判若云泥。

韩信在军事上那是何等的杀伐果决，酣畅淋漓，但在政治选择和站位上却又是那么的优柔寡断，进退失据。可以说，这样的机会让他浪费得太多太多了。

然而，这时的陈豨一方面得到“兵仙”一般的老上级的鼓动和支持；另一方面，那个早早就投降匈奴的韩王信，为了个人的利益和更加得到冒顿单于的信任，又不遗余力地游走在西汉边关将士的周围。他的目的简单且明确，那就是极力说服他们投降匈奴。

当然，最主要的原因，肯定是刘邦这边的清洗力度加大，搞得人人自危。陈豨作为韩信旧部，当时又被小人、赵国的丞相周昌告发，说他暗通匈奴。内部急于排挤和迫害，外部又一直引诱和策反，权衡利弊之下，陈豨决定起兵造反。

这又是一个毫无意外的造反和平叛的故事。公元前196年，陈豨举兵造反。刘邦又一次披挂上阵，亲自征伐。也是，西汉到现在哪里还有可以信任的人呢？不亲征又能指望谁呢？刘邦带领一路人马攻打陈豨；另一路，又派开国功臣、棘蒲侯柴武去招降韩王信。

因为此时的韩王信上蹿下跳，十分活跃，上马能抢掠，下马就能搞策反。而且，两样都搞得风生水起。刘邦的想法也对，你韩王信不就是个墙头草吗？许你个平安，给你个保证，先把你招降过来再说。

但是，这一次，刘邦却看走了眼。柴武奉命劝说韩王信归汉无果。两军开战，韩王信至死不降，战败被杀。如此一个墙头草，这么坚决地投降匈奴，也可想见当时刘邦大肆杀戮功臣是多么不得人心。

刘邦攻打陈豨也很顺利。这也是陈平的第六次登场。他审时度势，建议刘邦用重金收买、策反陈豨部将。因为他认为陈豨部将多商人出身，皆唯利是图。果然，陈平此计又收获奇效。

陈豨身边没有了韩王信的协助，很多部将又投降了刘邦。刘邦敢于大胆起用新人，而且，重赏将士也是他的惯用手法。再加上燕王卢绾的军队也离此不远，两军夹击，陈豨抵挡不住，战败。

这里我们接着上面，继续说卢绾。刘邦、陈豨两军对阵之时，陈豨派他的门客王黄去匈奴求救。恰好卢绾也派张胜出使匈奴。张胜出使匈奴的使命是散布谣言，让匈奴相信陈豨已经战败被杀。那意思就是，让匈奴不再发兵去救援陈豨。可没想到，就在这时，戏剧化的一幕出现了。

我们前面说的原燕王臧荼的儿子，就是已经投降了匈奴的那个臧衍，这时候却趁机策反了张胜。为什么会这么顺利就反转了呢？

臧衍的说辞也很简单，那就是他说出了类似于后世司马懿不急于灭了蜀国的原因。他说：你们燕国现在之所以还能受到朝廷的重用，就是因为其他诸侯国在作乱，你们还有对付匈奴的用处。假如陈豨被灭，下一个不就轮到你们了吗？与其这样，为什么不放陈豨一马，和匈奴交好，给自己留条后路呢？

臧衍的这一番话，不仅打动了使者张胜，后来也打动了燕王卢绾。客观来说，卢绾此时还没有想着要投靠匈奴。他想的是留下陈豨，日后在陈豨和匈奴之间，造成一种日日有摩擦、月月有战斗，但就是不伤筋动骨、你死我活那样“连兵不决”的状态。

所谓的“连兵不决”，宗旨就是用看热闹的方式，让西汉皇室始终认为自己这个燕王有用，从而得以自保。具体方式就是参加战斗的卢绾，私下放走了战败的陈豨。并派心腹范齐密会陈豨，让他放弃损失过大的阵地战，改为四处放火、到处骚扰的所谓热闹而没有损失的方式。

陈豨当然心领神会，照此办理。于是，他率领残部逃入深山老林，时不时大张旗鼓地热闹一番。而世上没有不透风的墙，不久，陈豨的一个部将投降了刘邦，将他们“连兵不决”的计划向刘邦和盘托出。

刘邦听说此事，不知会做何感想。但调查的程序是少不了的。那边刘邦接二连三地派使臣，传唤卢绾进京解释原因。这边卢绾当然明白“虎不离山、龙不离湾”的道理，一直称病不去。

眼下的刘邦，在吕后的密切配合下，已经族灭了韩信，诛杀了彭越。按顺序，也该轮到卢绾了。

公元前195年，刘邦派樊哙为将，率军攻打燕国。卢绾不忍与汉军交战，携带家眷投降了匈奴。陈豨也在这次战斗中被樊哙斩杀。

匈奴“以汉制汉”的策略，因为韩王信、陈豨、王黄等人已死，眼看无法实施的时候，卢绾的到来，重新点燃了冒顿单于的希望。但是，卢绾却因为走投无路、归国无门而忧愁郁闷，一年后就病死在匈奴了。

这里，我们看到，即便是墙头草一样的韩王信，最后也是至死不再降汉。陈豨呢，就算起兵造反，也没有彻底地投降匈奴。卢绾更是，虽然为了自保，出卖了国家利益，但在这里，准确地说，出卖的应该是刘邦“家天下”的利益。

但这样的出卖，又是如此让人五味杂陈。可以说，没有刘邦对功臣的大肆杀戮，就没有这么多无谓的算计和背叛。至少，从韩信到卢绾，在他们身上，我们看到的都是被逼无奈走到最后一步，也没有像刘邦那样举起屠刀，毫不留情。

汉初的“和亲”政策

此时的冒顿单于在干什么呢？这一段时间，围绕着汉匈接壤的边境线，烽火连天，造反和平叛，此起彼伏。冒顿单于难道沉醉在温柔乡里了吗？一定有这方面的原因。

因为就在这一段时间，西汉的皇帝刘邦制定并实施了历史上著名的“和亲”政策。

在白登之战后不久，冒顿单于还是不断地侵扰中原。迫于无奈，刘邦又向已经改叫刘敬的那个人请教有没有什么好办法了。

刘邦虽然一副无赖嘴脸，但确实很会用人，他知道刘敬此时的作用远胜那些文臣武将。刘敬也确实对匈奴有着清醒且深刻的认识。他分析了两个方面的形势，得出了一条结论，给出了一条措施。

关于形势。

刘敬分析：其一，天下初定，民心思安，当前不宜武力征服。很明显，他是不好意思直说。我们都明白，刘邦已经败得很难看了，打你是打不过的。其二，从冒顿弑父自立，又娶后母为妻的种种经历来看，他们崇尚的是纯粹的武力，而没有任何的仁义可言。这点，其实刘敬也是遮掩着说的。真正的意思就是，刘敬看准了匈奴对中原没有政治企图，一切全是出于对经济的考虑。由此，他觉得匈奴真正威胁国本的可能不大。

所以，刘敬得出的结论是：可以与匈奴争取到一定时间的相对和平时期，利用这段时间去大力发展国力。但他给刘邦表述的是能够使匈奴在日后，让他们的子孙世代成为大汉的臣子。

不得不佩服刘敬的说话艺术。这一番话不仅没有让刘邦丢了面子，而且还让刘邦急于知道那个具体的措施到底是什么。因为他分析得不仅合情合理，而且那个结论更是让人向往。

刘敬谋划的措施就是“和亲”，而且是把刘邦的长公主送与冒顿单于为妻，那冒顿就成为大汉女婿。公主生的儿子，按刘敬所说，必为太子。太子为大汉外孙，哪有外孙对抗姥爷的道理？那日后，匈奴不就世代为大汉臣民了吗？

以刘敬的睿智和眼光，他会坚定地认为大汉公主生子就必为太子吗？即便为太子，这样的太子就一定会认这个大汉的姥爷吗？这很可能只是他说服刘邦“和亲”的说辞。

“和亲”虽是真，但也就是利用“和亲”争取一个和平发展的机会而已。有了这一段时间，中原西汉的发展速度一定会超过匈奴的发展速度。

但是，总有一些不明事理的所谓明白人出现。然而，这也不是什么坏事。大家充分地发表意见，甚至是针锋相对的意见，也是对方案和措施的补充和完善。

刘邦此人，确实是不到决策的最后一刻，就从不压制人们发表意见。千万别轻视了这一点，即便到了现在，能做到这一点的人也不是太多。

果然，朝堂上，叔孙通，就是那个毛遂自荐替刘邦制定礼仪，并受到刘邦由衷赞赏，而且重重奖励的人。

他提出了三点反驳刘敬的理由：

其一，大汉一统，威震华夏。白登一战，最少也是平手。即使再战，我们的赢面也极大。其二，冒顿豺狼本性，怎么会重视汉朝公主？将来即便是公主之子即位，昔日他的父亲连他亲爷爷都会杀，怎么能指望他去尊敬他的姥爷呢？其三，将来即位的公主之子，如果以汉朝子孙的身份要求皇上分封中原的一块土地给他们，那我们给是不给？又应该怎么应对呢？

看看叔孙通的这三条理由，除了第一条应景地吹牛拍马屁之外，不能说没有道理，但都是浮在表面上的道理。也就是说，他纯粹是从道理的角度去分析，而不是在实力的基础之上。而且，对于目前的窘境，他也没有给出具体的措施。

刘邦以匈奴人贪财好色，又无见识，“和亲”只不过是个诱饵为由，再次征询叔孙通的具体意见。叔孙通的回答是冒顿其人，一贯擅长给别人下套，他又怎么会轻易上别人的当呢？

我们来看这一问一答，当真是非常有意思。

这是一个帝国实权统治者与一个官场老油条的对话；这是一场“务实”与“务虚”的对话；这是一场焦头烂额之下，急于找到解决问题的切实办法，而恰恰遇到一个高谈阔论而又言不及义的人的对话。

刘邦的意思很明显：你说的道理我都懂，但要捕狼，你不得先给点诱饵吗？刘邦的意思已经表达得很清楚了，清楚得几乎等于给你亮了他无赖的底牌。那就是等我喘上这口气来，实力的碾压之下，哪里还会有你说的那些道理？叔孙通不知道是真没听明白，还是没有应对的办法而装糊涂，他等于啥也没说。显然，他没有具体的措施。

但不管怎么说，“和亲”这件事由刘敬建议，刘邦支持，作为西汉初年应对匈奴的基本外交政策，就这样被确定了下来。

虽然有损大汉威严和脸面，但即便是从现在的角度去回看这件事，又能有什么更好的办法呢？你的精兵良将，不都让你因为“家天下”的一己私欲，而斩杀殆尽了吗？

冒顿，也真是数次，甚至夸张地说，十数次地放过了刘邦。从白登之围，到之后的韩信、臧荼、陈豨、卢绾等人物和事件。完全可以说，在刘邦统治时期，还有很多像他们一样的人物，很多像这些事件一样的经历和遭遇。

对于这些，冒顿单于都没有主动、有意识地去把握这些机会。历史的发展，人物的命运，总会有幸运的成分存在。从这点来看，刘邦无疑站在了幸运的一边。而刘邦的这点幸运，很可能与他及时采取了“和亲”的策略有关。决策是艰难的，而实施就相对顺利了。

实施的过程中，除了吕后心疼唯一的女儿鲁元公主，舍不得女儿远嫁之外，朝堂上就再也没有什么障碍了。大家也都清楚，确实没有其他更好的办法。再加上刘邦也没有真心去和冒顿单于攀亲戚，经吕后这一哭一闹，刘邦也就顺水推舟，在刘家宗室中挑选了一位貌美女子，册封为公主，准备远嫁匈奴。

另外，西汉还和匈奴约定为兄弟之邦。每年给匈奴提供一定数量的缯絮酒米食物等，也就是丝织品、棉织品、酒、米等吃的、喝的及用的东西。收拾停当，选好黄道吉日，由刘敬作为送亲特使，出使匈奴。“和亲”政策，一直被后世沿用，这是后话。

而对于“和亲”，汉匈双方倒是谁也没有真正把它当回事。

西汉这边，刘敬除了倡议“和亲”送礼的政策之外，从匈奴出使回来后，又向刘邦提出移民充实边境的建议。一方面，刘敬这一路上看到的都是地广人稀的萧条景象；另一方面，边境移民也是秦始皇早就用过的办法，事实证明，效果不错。

只是这数十年来，天下大乱，这样的政策没有贯彻下去。刘邦当然欣然采纳。西汉这边的意思很明显：一手送礼交好，一手积极备战。一切都是为了休养生息，为和平发展争取时间。

匈奴那边呢？也是一边接受着西汉的美女和礼物，一边仍不断地侵扰抢掠。但毕竟约为了兄弟之邦，收了礼，又和了亲，匈奴的战斗规模和频率自然会有所降低。

也就是在这个时期，以上说到的汉将造反和投降匈奴的事件接连发生。冒顿单于之所以没有插手太深，与“和亲”不能说没有一点关系。

但我们一再说的冒顿单于对中原没有政治企图，还是最主要的原因。

冒顿羞辱吕后

公元前 195 年，刘邦死，他是中国历史上第一位平民出身的皇帝，也是第一位大肆杀戮开国功臣的皇帝。

就在刘邦临死之时，他还争分夺秒地做了两件大事：一个是讨伐英布的叛乱，一个是订立“白马之盟”。这两件事归根结底是一个目的，那就是保证刘家天下既寿永昌。

刘邦亲征讨伐英布之后，又拖着病体，召集文武大臣和吕后一起举行了一个杀白马的仪式。在这个仪式上，参会人员赌咒发誓，盟约三章：一、只要汉朝在，就保证大家的后代吃喝不愁；二、非刘姓不得称王，否则，天下共诛之；三、没有军功的，不得封侯，否则，也是天下共诛之。

仪式倒是挺庄严，参会人员也很肃穆。但转眼一个多月过去，随着刘邦的死，这个“白马之盟”也就如笑话一般消散了。

首先带头违约的就是刘邦的正室，吕后。

吕后也是个运气很好的人，她的运气好就好在她的儿子，也就是接班的那个汉惠帝刘盈（公元前194年—公元前188年在位）死得早。普通人家儿子早亡，白发人送黑发人，可谓是不忍卒读的人间惨剧。但在古代的帝王之家，却会出现相反的效果。

在位仅仅七年的汉惠帝，还算是宅心仁厚，他不幸辞世之后，吕后彻底放飞了自我，利用一切手段，先后扶立了两位皇帝，史称前后少帝。这期间，吕后专权，临朝听政，违逆“白马之盟”，大肆给吕家诸人无故封王封侯，又把吕家外戚安排在军政关键岗位。朝堂上一时乌烟瘴气。

这边西汉统治阶层的又一次大清洗热火朝天，那边匈奴的冒顿单于也开始了投石问路。

公元前192年，冒顿单于给吕后写了一封“情书”。主要意思是：我虽生在草原，但没少到边疆，更想到中原一游。你寡居，我也寂寞，不如我俩一块凑合过日子，共享逍遥快乐。

这里，我们可能不清楚冒顿单于写这封信的目的和意义何在。因为纯粹的羞辱根本不是战斗。从冒顿单于的经历来看，他应该明白这样的道理。或者，他压根就不明白这个道理，而之所以看起来明白，那也只是他碰巧做对了而已。

而对于这样的来信，吕后当然是火冒三丈。她的妹夫，那个杀狗卖肉出身的樊哙也气得失去了理智，当即就主动请缨，愿率大军十万，扬言要踏平匈奴。

但生气归生气，吹牛归吹牛，当时的季布就毫不留情地当面指责他：当初平城白登之战，三十多万人马都归你统领，你踏平匈奴了吗？现在你说只用十万就能横扫匈奴。你是现在在吹牛呢，还是当初在欺君？

一番话，堵得樊哙这个粗人脸红脖子粗。是呀，发泄的话，只能藏在心间。残酷的现实，哪容他有哪怕一丝的争辩。吕后当然也是明白人，忍辱负重原本就是刘邦夫妻得以成功的最大本钱。这种人得势之后，自然也会变本加厉地残忍起来，他们夫妻的轮番演出就是明证。

这里，平复下来的吕后，给冒顿单于回了一封信。大致意思是：单于没有忘了我，还记得给我写信，令我诚惶诚恐。但我还有自知之明，因为我年纪大了，气色差了，牙齿松动，头发稀疏，行动也迟缓，不能亲往服侍，还请单于见谅。这里有两辆车，已经配好了马，送给单于，供你日常使用。

这封信也真可谓是忍气吞声到了极致，也难怪后来的汉武帝在诏书上有“高后时，单于书绝悖逆”这样愤慨的语言。而这一次的书面交锋，也随着单于以不知道汉朝礼仪为借口，并送良马给吕后作为回礼而暂时告一段落。

从事后来看，这次冒顿单于羞辱吕后及汉室的目的很简单，那就是弄清楚西汉权力交接之后，对匈奴的政策有没有什么变化。通过试探，冒顿单于放心了。看来，匈奴方面也非常愿意维持目前的状态和局面。

就这样，在此后十多年的时间里，汉匈之间一直保持着这种“和亲”之下，又骚扰不断的微妙状态。

公元前180年，吕后死。宫廷又是一番血雨腥风。这次又是陈平的最好舞台，也是他一生中七次奇谋的最后一次。周勃、陈平等人发动宫廷政变。那些吕家王侯，以及他们的亲戚连襟等都让周勃、陈平他们以违背“白马之盟”的借口收拾殆尽。就连被吕后扶上帝位的那个傀儡后少帝，也被他们以不是汉室正宗血统的借口废掉。

“和亲”之下的较量

经过利益的权衡，周勃等人迎立当时的代王刘恒为皇帝。这就是历史上的汉文帝（公元前179年—公元前157年在位）。刘恒，是刘邦的第四个儿子。前文中，刘邦曾亲征代地的反叛诸侯陈豨。陈豨被杀后，刘邦就册封八岁的刘恒为代王，驻守晋阳（今山西太原）。

刘恒虽为皇子，但生母薄姬原为魏王豹之妾，后以俘虏的身份进宫，地位低下。所以，刘恒从小就没有养成飞扬跋扈的纨绔之气。后做代王时，封国又紧邻匈奴，所以，刘恒对匈奴十分了解。不用别人说，他也知道，此时汉军还没有彻底降服匈奴的能力。

汉文帝刘恒登基伊始，就坚定地贯彻执行与匈奴“和亲”的外交政策。

汉文帝刘恒和吕后不同。吕后是等着别人羞辱之后，才知道送礼修复关系。这位刘恒，则是主动与匈奴修好关系。但匈奴也确实是喂不饱的草原狼。

汉文帝登基三年后，公元前177年，冒顿单于就唆使匈奴的右贤王南下，占据河南地，侵扰上郡保塞蛮夷，并大肆杀掠百姓。

这里解释一下“保塞蛮夷”，作为汉代史籍中经常出现的“保塞”，它的意思简单说就是塞外民族居住在塞内自保。这里的自保有寻求西汉保护、帮助西汉守边、利用长城等要塞自我保护三个方面的含义。而“上郡保塞蛮夷”指的就是居住在上郡塞内自保的一些少数民族。知道了这些，就分清了汉代史籍中“百姓”的概念，它区别于少数民族，指的是西汉的百姓。

坐上皇位没几年的汉文帝刘恒，琢磨着没有对不起匈奴的地方，你这么个搞法，分明是太有损大汉颜面。再说，经过几年的发展，西汉的国力也在逐步提升中。为了巩固自己的皇位，汉文帝刘恒决定给匈奴还以颜色。

汉文帝刘恒一方面写信谴责冒顿单于这种背信弃义的行为，先在道义上站到制高点；另一方面，他派丞相灌婴领兵八万到上郡高奴（今陕西北部区域），去攻打右贤王的老巢。自己则亲临太原，指挥督战。

右贤王多少年都没有见过汉军如此的气势，他也完全没有想到，汉军这回来真的了。而自己只是抢掠，一点也没有做好打仗的准备。而我们也知道匈奴在这种情况下的作战特点，那就是逃跑，右贤王军一直跑到了塞外。

从这次初期的战斗情况来看，真要交手，汉军也可能占到上风。这说明，汉人的发展速度确实远远超过匈奴人。

可惜，历史没有在此时给予西汉太多的机会。

在这个关键的节点，济北王刘兴居反叛。汉文帝刘恒不得不命令灌婴停止追击右贤王，部队也只得掉头对付济北王的叛军。

在匈奴此次主动侵扰的事件之后，西汉使者理直气壮地指责匈奴，声讨右贤王破坏“和亲”政策的背信弃义之举。一段时间之后，冒顿单于也写信给汉文帝，解释这件事情。

冒顿单于的信有三层意思：其一，冒顿在信中自称“天所立匈奴大单于”，气魄之大、自命之尊已经溢于言表。其二，冒顿单于并不承认入侵的起因在于右贤王。他认为起因是西汉的边吏先侮辱了右贤王，再加上右贤王听了别人的谗言。这明显是借口。其三，冒顿单于说右贤王入侵中原没有请示他。但他已经惩罚了右贤王，派他去攻打西域，现在西域已经平定了。我们要不计前嫌，共享这世代的安乐。

虽然匈奴变相承认了错误，但同时也不忘炫耀一下武力。不管怎么说，为表示诚意，冒顿单于还送了骆驼、马匹等礼物。总之，冒顿单于的总体思想还是愿意与西汉交好、恢复旧约。

这次的入侵事件，也是匈奴的常规操作。而从冒顿单于一边道歉一边炫耀武力的信中来看，无非就是要抬高价码，使经济利益最大化而已。

而西汉这边，内忧未平，国力未定，也实在没有与匈奴举国一战的能力，于是也顺水推舟，作出了妥协和让步，不但没有深究右贤王这次入侵的责任，而且，还以单于征伐西域各国有功的名义，送给了匈奴很多礼物。

这件事情又一次以西汉的退让而告终。

冒顿单于信中说的右贤王征伐西域的事，是冒顿时期最后一次对草原部落发起的战争。

年事已高的冒顿单于，为了扫清草原后患，派右贤王向西突袭月氏，月氏再一次西迁，退到了伊犁河流域。另外，乌孙、楼兰、呼揭等二十六国望风归降，臣服了匈奴。冒顿时期，匈奴独霸了整个北方草原，又控制了西域。

在东北、西北和正北三个方向与西汉接壤后，匈奴如高悬在头顶的一把利剑，时刻威胁着西汉的北方。汉文帝即位的第六年，即公元前 174 年，冒顿单于死。

老上单于杀月氏王

冒顿单于死，其子稽粥即位为单于，这就是老上单于（公元前 174 年—公元前 161 年在位）。老上单于在位十三年。在这期间，他做了两件大事：一是杀月氏王，并帮助乌孙复国；二是不断侵扰汉境。

月氏是匈奴的宿敌，和匈奴有着相同的风俗习惯。在头曼单于时期，他们之间就有过一次交手。冒顿单于时期，又交过两次手。月氏前三次与匈奴的战争，都以月氏的失败而告终，但也仅仅是被赶走。月氏从敦煌、祁连，也就是我们说的河西走廊，一步步地被赶到了准噶尔盆地和伊犁河谷一带。

到达西域的月氏，因为争夺生存空间的缘故，不断侵夺西域诸国。月氏虽然不敌匈奴，但也有近二十万精锐骑兵。这样的实力，相对于西域诸国而言，也算是一个“超级大国”的存在。

此时的西域诸国已经归降了匈奴。而到了老上单于即位之后，乌孙被月氏打败。乌孙王难兜靡被杀，乌孙的领地也被月氏全部占领。乌孙王难兜靡的儿子猎骄靡，此时还是个婴儿，在乌孙旧部的护送下，准备逃到匈奴避难。

据说这一路上除了艰难险阻之外，在猎骄靡的身上还发生了一件神奇的事情。那就是为了躲避月氏人的追杀，乌孙人曾经把这个婴儿藏在了草丛之中。等危险过去，人们回来再看猎骄靡，竟然发现有一只母狼正在给他喂奶，而且还有一只鹰叼着一块肉绕着他飞翔。

在这里，就算假设有这样的事情发生，也多半是那些乌孙旧部从别的地方移植过来的故事。目的很明显，乌孙人如此落魄地逃难到匈奴，要被别人收留，也实在是别无长物了，不如编点天生异象的故事，也好让人家高看一眼。

果不其然，迷信又一次起到了关键的作用。老上单于本就遵循着他父亲扫荡草原的既定方针，怎么能容忍月氏在西域的强势崛起。而且，如今还有乌孙这个有神灵护佑的王子。

所以，扶持乌孙，收留猎骄靡也就成为顺理成章的事。

老上单于决定收拾月氏。这是匈奴第四次发起对月氏的攻击。月氏战败后，残部再一次逃走。他们过大宛（今费尔干纳盆地），西击大夏（今中亚阿姆河以南、兴都库什山以北），定居于现在的阿姆河流域，具体可能在今天的阿富汗北部地区。

这就是后文中，张骞第一次出使西域时，要找的那个大月氏。而留在故地河西走廊的那一部分月氏人，被称为小月氏。

而赶走了月氏的匈奴，把月氏占领的土地又归还给了乌孙，同时帮着乌孙召集旧部，扶植猎骄靡为乌孙昆莫。昆莫就是乌孙国王的意思。就这样，老上单于帮助乌孙复了国。昆莫长大成人，为父报仇又攻破月氏，那是以后的事情。

当时，可怜的是那个月氏王，兵败被杀后，他的头颅还被老上单于做成了酒杯饮器。直到一百多年后，到了呼韩邪单于那里，他与西汉使者在一次盟约的仪式上，还专门拿出这个头颅饮器，以示庄重。

因为匈奴与月氏有着这样的血海深仇，以后的汉武帝才派张骞寻找月氏联合攻击匈奴。这是后话。老上单于在位期间干的第二件大事，就是继续南下侵扰中原。

死心塌地投降匈奴的中行说

老上单于即位之初，汉文帝继续奉行“和亲”政策。西汉选定一位宗室女子，将她册封为公主，远嫁老上单于，随行的不仅有婢女、差役，还有宦官。

一切的规制礼仪都按照西汉的公主配备。然而，这次的随行宦官中有一个叫中行说的人，就是前文中替匈奴风俗辩护的那个人。日后，他死心塌地地投降匈奴，一门心思地对付西汉，对西汉构成的威胁甚至比以前那些投降的武将都大。从中行说的身上，我们也能看到，“汉奸”很可怕，有文化的“汉奸”更可怕。

中行说死心塌地投降匈奴，起因说起来也很简单。

那就是匈奴那里本是苦寒之地，随公主陪嫁，那自然是一去不返。所以，很少会有人心甘情愿地前往。中行说也不例外。但他人微言轻，哭诉无门之后，放下狠话：要我去也行，但我去了一定会给汉朝制造点麻烦。当时有此抱怨的人肯定不在少数，也就根本没有人真正把他的狠话当回事。没想到，他却真的说到做到，而且，远远不止制造了一点麻烦。

中行说，燕国人。复姓中行，姓氏源自荀姓，它的由来可以追溯到晋文公称霸期间。晋文公当时设立“三军三行”，以御史荀林父为中行将。于是，荀姓又分支出一个新的姓氏，就是中行。

晋文公设立“三军三行”，这里面有一个背景。周朝时各个诸侯国的军队按等级都有严格的编制，不能私自扩充自己的军队。但到了春秋及战国时期，所有的规矩都遭到了不同程度的破坏。晋文公称霸时，怎么能不扩充军备呢？为了瞒天过海、掩人耳目，晋文公在三军的基础上，又扩充了三军。但他不能叫“三军”，只好起了个新名字叫“三行”。而且，这“三行”也是打着“尊王攘夷”的旗号，对外宣称是专门用来应对“胡人”的。

在先秦时期，男子有姓有氏，女子则有姓无氏。女子有姓则主要是为了避免近亲结婚，男子有氏则主要是为了区别尊卑贵贱。

以后，西周实行了分封制，人们到了封地，又以封地为氏，也有以官职、山名及河名为氏等。随着时代的发展，人口的增长，尤其到了秦，因为废分封，实行了郡县制，姓、氏的概念渐渐模糊。到了汉代，姓氏基本合二为一了。

汉文帝时期，姓氏存在的基础——分封制逐渐消失，姓氏也没有那么严格的区分了。此时的中行说在朝廷为宦官，可以肯定，他不仅识字，而且还有一定的见识。

这一次的“和亲”，中行说是带着满腹的牢骚和怨恨来到匈奴的。刚到匈奴，他就投降了老上单于。由于他的出色表现，很快就取得了单于的宠信。

中行说在匈奴最初的表现主要体现在三个方面：

第一个方面，传授先进的管理经验。

因为匈奴既无文字，也无记载，口传心授的经验体会难免简单粗放。就连每年一次的秋社，在盘点人口和牲畜的数量时，也不能精确统计。中行说教会了他们“分条记事”的方法，使相对精确的管理有了可能实施的基础。像军队人数、战备物资、个人财产及战后分配等事宜，变得更加清晰和明确。

第二，强化王权，凝聚民族自信。

中行说建议单于，让他把给西汉的国书在规格上加长一寸，相应的封印也全部加大。而且，国书要以“天地所生、日月所置的匈奴大单于敬问汉朝皇帝无恙”这样的句式开头，以显示匈奴单于比西汉皇帝高贵一等。

第三，强化民风民俗，永葆强悍的民族活力。

中行说身为燕人，又久居汉室宫廷，对双方都比较了解，更清楚西汉“和亲”的目的。他很清楚，匈奴各方面都远远落后于汉人，唯有强悍一项，是他们能够与汉人抗衡的资本。而汉人每年送来的东西，对于他们来说，无异于锦衣玉食。逐步汉化的结果，必定会消磨匈奴赖以称雄的强悍民风。而这些，是匈奴人没有想到的。

不得不说，中行说是有长远眼光的。例如，早在战国时的狄戎部，那也曾经民风烈烈。晋国与之交好后，用丝绸锦缎、美酒佳肴去换取他们的牛羊马匹，让他们远战马而亲享乐。几十年的工夫，不用打仗，他们就成为晋国的附庸。

而这时的老上单于也算英明，欣然采纳了中行说的建议，严令部众不吃汉食，不穿汉服。而且，正如前文中说过的那样，中行说对匈奴风俗习惯的辩护，那是毫无原则地一味维护，而对西汉的礼仪，又是不择手段地一概贬斥。

此后的中行说，不断地唆使老上单于南下侵掠中原。而且，他还具体地教导匈奴如何等待进攻的时机，怎么选择进攻的地点。不怕没好事，就怕没好人，在中行说如此“殚精竭虑”地筹划和煽动之下，本来就蠢蠢欲动的匈奴怎么能掩盖得住抢掠的本性。于是，在老上单于时期，匈奴频频侵扰西汉边境。规模比较大的一次，是匈奴进攻到了狄道，也就是今天的甘肃临洮。在中行说的鼎力相助下，这一时期的匈奴呈现蒸蒸日上的景象。政治稳定、国力雄厚的老上单于决意再次率军南下。

公元前 166 年，老上单于亲率十四万匈奴骑兵，大举南侵。匈奴骑兵进攻朝那、萧关，也就是今天的宁夏固原一带。匈奴人杀死了西汉北地郡都尉孙卬，抢掠人口、牲畜和财物无数，后又攻至彭城、雍州、甘泉。此时，匈奴骑兵已经可以遥望到西汉的都城长安了。

这次南侵，匈奴骑兵还纵火焚毁了刘恒的回中宫。这是自冒顿单于与刘邦的那次白登之围后，匈奴最大规模的一次入侵。而且，这一次匈奴骑兵更是深入中原腹地。

形势严峻，汉文帝刘恒迅速调兵遣将迎敌，命中尉周舍、郎中令张武为将军，率领战车千辆，骑兵十万守卫长安；任命昌侯卢卿为上郡将军；宁侯魏遬为北地将军；隆虑侯周灶为陇西将军；东阳侯张相如为大将军；成侯董赤为前将军。征发战车和骑兵前往迎击匈奴。日后的“飞将军”李广此时就在军中。

而这时的老上单于已经在塞内抢掠了一月有余。见西汉大军前来，他无意与汉军决战，就率部退到了塞外。汉军追出塞外，却不敢深入大漠，只好返回关内。

来势汹汹的十多万匈奴人马，肆意抢掠之后，满载而归。倾兵决战的汉军，再一次一拳打到了棉花包上。来去无踪、飘忽不定的匈奴骑兵，对于还处在装备战车阶段的汉军来说，确实也不能将其彻底解决。

这一战，老上单于自然是耀武扬威，十分得意。日后，他又不断地进入西汉边境，杀害、掠夺百姓和牲畜。其中，云中郡和辽东郡受害最严重，连同代郡共有万余人被杀掠。

汉文帝刘恒自然深以为患，却也束手无策，因为当时确实没有更好的办法。刘恒无奈，只好一边派人加强边塞防务；一边主动向匈奴示好，重启“和亲”与岁贡的老办法。

双方遣使并书信往来，多次交涉之后，达成协议：长城以北，属于单于统辖；长城以南，是西汉的土地。为了社稷的安危，百姓的福祉，双方各守疆域，互不侵犯。

当然，汉文帝刘恒又一次派人将“和亲”的公主送到了老上单于那里，并承诺每年都供应匈奴一定数量的吃穿用度物品。这是公元前 162 年的事。汉匈双方又暂时进入了和平期。

很显然，这样的和平期不是协议的作用，而是因为老上单于已经步入了暮年。

贾谊、晁错和冯唐的策略

这里，一定有人会说，中行说，一个区区的宦官，凭他那点见识和才学就能在匈奴那边兴风作浪，而西汉的那些饱学之士，除了一个刘敬，就没有谁针对匈奴再提出什么切实可行的建议和方略吗？

当然有了。匈奴日益成为西汉的顽疾，大汉的臣僚、士大夫们，为消除匈奴大患也是纷纷建言献策。当时的贾谊、晁错等人，在看到老上单于兴兵侵入中原的时候，都禁不住痛哭流涕。但当时西汉几乎没有主战派，这也是一个很奇怪的现象。就连贾谊、晁错等人，也没有力主发兵深入漠北扫荡匈奴。

贾谊，当之无愧的杰出的政治家。他对政治有着独到而敏锐的见解，且格局宏大，谋略深远。贾谊是把政治当作一门专业学问而进行研究的人。

这里，我们重点看看贾谊针对匈奴而提出的方略，他提出了“三表五饵”的政策。

具体来说：“三表”就是信、爱、好。信就是立德，守信义；爱就是爱人之状，具体就是喜爱匈奴人的身体外貌；好就是好人之技，就是喜欢匈奴人独特的技艺。综合起来“三表”就是：内有信义，外有亲近，使匈奴从里到外，从上到下，全方位地感受到西汉扑面而来的真挚的热情，从而让他们彻底放下戒备，心无芥蒂地相信和归顺我们。

“五饵”呢，就是给匈奴人华服豪车、珍馐美味、音乐妇人、高堂奴婢再加上亲近安抚。意思就是，给他们好吃的、好玩的、好听的、好看的、好住的，让他们尽情享受，再加上西汉的亲近安抚。

很明显，用这五种诱饵，加上“三表”，引诱匈奴人来中原，消磨他们的斗志。他们来得越多，匈奴人就越少，我们的隐患也就越小。贾谊的预想是，西汉实施“三表五饵”之策后，匈奴人会争先恐后地来到中原。

当然，企图用这种策略达到对匈奴不战而胜的效果，确实有点幻想的成分。以后的班固就曾对这样的策略有所诟病。但结合以往和以后的无数事实来看，班固在这个问题上，和贾谊一样都犯了书生意气的毛病。贾谊的策略原本没有错，但书生意气表现在他对于这个策略的实施和最终效果的估计上。

贾谊估计采取“三表五饵”政策之后，匈奴之中，大家都心领神会，挤鼻子弄眼儿地相互暗示着准备往中原来。单于呢，见此情景，愁得整天睡不着、吃不下。

更生动的是，贾谊说此时的单于一定是扛个弓、拿把剑，一个人蹲在他们毡房的角落，左瞪一眼，右瞪一眼，心里盘算着，这都是我的仇人。而那些匈奴人来到中原的呢，就像小婴儿终于盼到了慈母一样；而那些还没有来的人，也总觉得后面有只猛虎在赶着他们来一样。

这一段文字，文言文更加精彩。贾谊真不愧是文学大家，单从文字的感染力来说，已是登峰造极。但这是政论，显然，他夸大了事实。而且，他没有拿出秦国时张仪那样可行的具体办法。

班固呢，他可能只关注了这个政策看似幼稚的一面。作为一个史学家，他忽视了历史从来就不是深思熟虑的产物。相反，它就是一路幼稚，甚至幼稚到令人发指的程度而蹒跚走来的。

针对贾谊的策略来说，基本上也没有偏离西汉对匈奴的一贯政策。只不过他在“和亲”加送礼的基础上，更加具体化了而已。重要的是，汉文帝刘恒虽然没有严格按照贾谊说的去实施，但这种策略对于以后匈奴人大规模地降汉也奠定了基础。这是后话。

汉文帝时期，晁错也提出了应对匈奴的策略，和贾谊的策略相比，更为具体和实际。他的办法是奖励屯边，“以夷制夷”。

对于汉人远远多于匈奴人，而且在各方面优势都比匈奴明显的情况下，为什么汉军很难取胜的问题，晁错的解释是：匈奴人吃肉喝奶，骑马，穿皮衣，没有固定的住所，逐水草而居，飘忽不定。他们时而到燕、代，时而到上郡，时而到陇西，看见哪里防守薄弱，就随时抢上一票。对于这样的情况，汉军到底救是不救？不救，边民就会因绝望而投降匈奴；救，派兵少了不行，多派兵，准备的时间就长，加上路途遥远，大军刚到，匈奴人就早已离开了。如果我们屯兵不退，费用又太大。退回来，匈奴人又来侵扰。如此循环，中原就会越来越贫弱，而百姓也是不得安宁。

针对这样的实际情况，晁错又在如何奖励屯边的问题上给出了详细的规划。这里不再赘述。

而晁错提出的“以夷制夷”的策略，主要是利用投降西汉的义渠和其他蛮夷来对付匈奴。具体的想法是：这些已经归降西汉的北方少数民族，人数众多，而且他们的生活习惯、作战特点和匈奴一样。照此特点把他们武装起来，让他们作为先头部队，汉军再以步兵战车作为配合，两方长处相结合，共同对付匈奴。

其实，这个方法和当初冒顿单于利用降将对付西汉的办法类似。只不过，晁错又把它上升到理论的层面。

汉文帝对于晁错的办法，虽然很赞成，但由于各种原因，也没有好好地施行。除此之外，当时的冯唐也提出了应对匈奴的方法，他的主要观点是守边必须要有良将。

冯唐其人，是时运不济的典型代表。以至于专门有一个成语叫“冯唐易老”，来说明他的运气实在是太差了。“冯唐易老”，千万别以为是在说他寿命短，在平均寿命不到四十岁的西汉，这位冯唐历经三朝活到了九十多岁。

冯唐，赵国人，他的祖父在赵国为将时，曾与李牧交好。武将家族的潜移默化，再加上大名鼎鼎的李牧这个榜样的力量，好武的基因，自始至终在冯唐的血脉中流淌着。

因为冯唐为人耿直，不懂变通，一直得不到重用。用他自己的话说就是，国家需要文治时，他好武；社会风气崇尚审美时，他长得丑；好不容易盼来文武兼治的时代了，他又老得走不动道了。真可谓，每一次机会都和他具备的能力完美错过。

一辈子唯一的亮点就是给汉文帝提的这个建议。他向汉文帝推荐的良将是当时的云中太守魏尚。云中郡，原本是赵国的一部分，紧邻匈奴，在现在的内蒙古托克托一带。从冯唐的口中，我们得知，魏尚的人品、能力应该是不错。但就是因为在一次和匈奴的战斗中，斩敌数目错报了六个，被汉文帝革职拿问。

此时，魏尚得到了冯唐的推荐。汉文帝也感到赏赐轻而刑罚重不利于边境战事，就欣然采纳冯唐的建议，让魏尚复任云中太守。这里，冯唐是比之李牧来推荐魏尚的，而魏尚的表现却没有那么亮眼。当然，就像蛟龙离不开大海一样，魏尚也确实没有李牧那样的环境和当时那样的信任。所以，魏尚并没有李牧那样的功绩，也可能是时代的原因吧。

从以上三人应对匈奴的不同策略上，我们也能看出，匈奴方面，一般情况下，不与汉军大规模正面交锋。这一点也不奇怪，匈奴的作战特点本来就是打得赢就打、打不赢就跑；而西汉方面，自刘邦建国至今，对北方边塞的整军战备、屯田戍边等国防事宜也可谓废弛已久。战乱固然是主要的原因，但当时统治阶级内部权力争斗此起彼伏，哪里还有空去关心边境百姓的死活。

公元前161年，老上单于死，他的儿子军臣（公元前161年—公元前126年在位）即位。军臣单于即位之初，汉匈双方的外交格局没有大的变化。西汉继续着“和亲”加送礼的政策。

转过年来，西汉就给军臣单于送去了“和亲”的公主，外加大笔的嫁妆。而匈奴那边，照例还是延续着一边收礼，一边侵掠的一贯政策。

只不过，自冒顿到稽粥直至军臣，他们的态度越来越强硬，侵掠的规模也越来越大。相反，西汉这边，从刘邦到吕后直至汉文帝刘恒，却一次比一次容忍，一次比一次退让。

七国之乱

军臣单于即位三年后，也就是公元前158年，他悍然撕毁“和亲”约定，率军大举入侵中原。这次的入侵与那位“汉奸”中行说有很大的关系。

军臣单于和他父亲一样，对中行说很宠信。消停没几年的中行说又极力煽动军臣单于南下。这次的理由是匈奴新君登基，必须以武力震慑汉室，才能谋取更大的利益。这次是在汉文帝时期，匈奴第三次的大举入侵。匈奴兵分两路，每路各三万骑兵，分别入侵上郡和云中。匈奴一路烧杀抢掠，西汉百姓死伤被俘无数。匈奴一度将战火烧到了甘泉宫，又一次逼近都城长安。

面对匈奴的大举入侵，汉文帝被迫发兵迎敌。又是一番调兵遣将，我们不再赘述。这里，介绍一位日后大名鼎鼎的人物周亚夫。也就是在这一次事件中，周亚夫初露锋芒。他是同样大名鼎鼎的太尉周勃的次子。这次，为迎击匈奴，汉文帝任命当时的河内郡太守周亚夫驻军细柳（今陕西咸阳附近），以拱卫京城长安。

汉文帝亲自慰劳军队，到了灞上和棘门的军营，都直接驱车而入。但来到细柳军营，却是另一番景象。这里的官兵军容严整、戒备森严。即使皇上驾到，没有符节、军令，也不得入营。即使入营，皇上的车队也不得驱车奔驰。汉文帝因此对周亚夫赞赏不已。以至于在临终之时，还叮嘱太子刘启："即有缓急，周亚夫真可任将兵。"以后的事实也证明确实如此。

然而，周亚夫如此刻板的做事方法，也为他日后的不幸埋下了伏笔。这里，我们只能说，没有严格到刻板，就不会成就军事上的周亚夫。但也正因为他不会政治上的变通，才导致他日后无法立足于朝堂。

这可能就是那个时代的军事家和政治家的区别吧。

军臣单于带领匈奴在中原大肆抢掠数月，见西汉大军到来，他就带着抢掠来的大量财物、牲畜和俘虏，满载而归。汉军还是像上次一样，追击到边塞，没有深入大漠就退军了。

这次，战争的双方同样是以往的套路，常规的操作。

匈奴大肆入侵上郡、云中的第二年，公元前 157 年，在位二十三年的汉文帝刘恒死。他的嫡长子刘启即位，是为汉景帝（公元前 156 年—公元前 141 年在位）。

汉文帝在位期间，西汉王室内部相对安定，又由于实行了减半征收农业税的政策，由原来的十五税一，改为了三十税一，并作为定例被延续了下来。所以，农业生产得到发展，百姓生活得以改善。

但汉文帝终其一朝，对于北方的匈奴，却是文治没有使其感化，武功也没有将其打败。

刚刚即位的汉景帝刘启，就收到了军臣单于领兵南下代郡，侵犯中原的消息。苦于没有办法，也实在腾不开手的汉景帝刘启，只有"和亲"一条路可走。

汉景帝派遣御史大夫、开封侯陶青，去代郡和军臣单于商议"和亲"事宜。陶青是刘邦时代的功臣陶舍之子，当时封爵开封侯。而且，御史大夫在西汉初年，地位仅次于丞相。所以，委派这样的人物出使，也可以看出西汉求和态度的诚恳与急切。事实上更是如此。汉景帝分别在公元前 155 年、公元前 152 年，短短几年间，与匈奴两次"和亲"。军臣单于当然欣然接受汉室的美女与财物。

匈奴虽然还是不断侵扰边境，然而毕竟换取了几年的相对和平时期。

而汉景帝刘启如此频繁地示好匈奴，却是无奈之举。因为在他刚刚登基的第三年，即公元前154年，西汉七大诸侯国联合反叛朝廷，史称“七国之乱”。国内政局动荡，汉景帝无力北顾，只好一而再，再而三地示好、安抚匈奴。从结果来看，此举也算是取得了一定的成效。

“七国之乱”的根源是汉高祖刘邦分封诸侯。西汉建国，采用的是分封和郡县并行的政策，但诸侯国的地位高于郡县。日益坐大的诸侯国，渐渐威胁到汉室朝廷的集权统治。

汉高祖刘邦生前，就剿杀过异姓王，临死之时，又订立非刘姓不得称王的所谓“白马之盟”。日后，吕后背约，大肆封诸吕为王。吕后死，汉文帝又是以诸侯王的身份入主的朝廷。

所有这些，无疑都搅动了那一汪平静的春水。正所谓你做得，我凭什么做不得。到了汉景帝时，地方和中央的这种矛盾日益尖锐和明显。

晁错就是在这样的背景下，建议汉景帝“削藩”。开弓没有回头箭，捅了马蜂窝，哪里还有停手的道理？但七大诸侯国的联合，三十多万大军的反叛，也使得汉景帝惊慌失措。

晁错，也就在这时候被汉景帝刘启无辜诛杀。可想而知，在叛乱之初，形势对汉室朝廷是多么不利。但晁错的人头岂能挡得住诸侯对皇权的欲望。

因赵国与匈奴接壤，反叛的赵王遂就曾与匈奴联系，企图联合起兵。这样的套路，与刘邦时那些谋反的大臣们一样，都是企图勾结匈奴。但结果也同那时一样，匈奴都是不肯真正帮他们的忙的。

虽然原因各异，但结果却都是一样。这次，匈奴得知吴楚两国战败后，就不肯再去帮助赵王遂。匈奴没有火中取栗，也是他们的一贯作风，从冒顿时期就是这样。这其中的原因，固然与“和亲”的约束有关系，但更重要的却是我们反复说过的，匈奴关注的只是经济利益。

“七国之乱”，周亚夫力挽狂澜，以其杰出的军事才能，用了不到三个月的时间，就平息了这次叛乱。吴王刘濞被杀，其余六个诸侯王自杀。

军臣时期，匈奴的天灾人祸

西汉这边，还没从“七国之乱”的惊魂中彻底走出来，匈奴那边却又在中行说的怂恿下，拒绝“和亲”，在公元前 148 年进攻燕地。

四年后，公元前 144 年，匈奴又入侵雁门、武泉、上郡等地。西汉军士战死两千多人，牲畜、财物及百姓损失无数。虽然匈奴侵扰不断，但整个汉景帝时期，至少没有出现过像冒顿单于和老上单于时期那样大规模的入侵。

这里面固然有汉景帝刘启的原因。因为他除了实施更加积极主动的“和亲”加送礼的政策之外，还在汉匈边境开通关市，鼓励双方进行商品流通，货物贸易，使匈奴人可以用牛羊马匹向汉人换取他们需要的日常用品。这无疑提高了匈奴人的生活水平，减弱了他们南下抢掠的冲动。

另外，就是汉景帝刘启更加彻底地贯彻执行招募和徙民充实边境的政策，边境汉民人口增长且居住稳定。西汉军民相对团结，人口基数庞大的现实，也使匈奴不得不考虑抢掠的成本。

最关键的是，汉景帝的整军备战。首先，他大力发展养马业。军马养殖颇具规模，当时隶属于官府的马匹就多达四十万匹。还有就是骑兵的建设。他将骑兵分为轻骑兵和重骑兵，分别装备快马弓箭和重甲戈矛，一个用来奇袭，另一个用来冲锋。

而且，汉景帝还刻意培养和提拔了一大批将领，让他们驻守边塞。其中，像李广、程不识和郅都等，就是他们之中的佼佼者。尤其是郅都，出任雁门太守时，一次次重创匈奴，匈奴对他畏惧如神。以至于郅都死后多年，匈奴人都不敢进犯雁门。匈奴人甚至做了个像郅都模样的木偶人，让骑兵们驰马射击，竟没有人能够射中，可见匈奴人害怕郅都到了什么程度。

然而，郅都是不幸的，他不是战死在战场上，而是被自己人杀死在朝堂上。原因就是他的秉公执法，他的正直清廉都不容于当时的汉室朝廷，所以成为皇帝与外戚斗争的牺牲品。就连此时他驻守雁门，都是劫后余生的被贬之举。最终，他也没有逃出宫廷政治的牢笼。因执法严峻，前太子自杀，虽得到皇帝的肯定，但因此得罪了当朝太后。双方博弈之下，郅都无辜被杀。

由此看来，那时候的西汉，不是没有良将，实在是没有明君。准确地说，是没有英明的太后。西汉自吕后开始，外戚干政已成宫廷顽疾。后来的汉武帝在临死之时，赐死钩弋夫人就是这个原因。

应对匈奴的入侵，汉景帝虽然做了很多方面的准备，但边境相对安稳的主要原因却是在匈奴。作为主动进攻的一方，军臣单于即位之后，最大规模的那次入侵上郡、云中，也不过区区六万人，远远不及冒顿时期四十万骑兵和老上时期十四万骑兵的规模。而且，军臣单于在位期间，匈奴投降西汉的事件突然大规模地发生。

这一期间，不但在汉高祖刘邦时就投降匈奴的那些将领的子孙们反水归汉，就连匈奴王中反叛军臣单于而降汉的也不少。韩王信之子韩颓当，虽官至匈奴相国，但仍于公元前 166 年和他侄子韩婴一起率众归汉。归汉后，韩颓当被封弓高侯，韩婴被封襄城侯。前燕王卢绾的孙子，匈奴东胡王卢他之于公元前 144 年率众归汉。归汉后，卢他之被封亚谷侯。

而在公元前 147 年左右，携众降汉的匈奴王就多达七人。他们分别是被西汉封侯的安陵侯于军、桓侯赐、遒侯陆强、容城携侯徐卢、易侯仆黥、范阳靖侯范代、翕侯邯郸。

综合以上匈奴的军力锐减、人员大规模降汉的实际情况来看，军臣时期的匈奴内部可能出现了问题。这里，我们虽然无从得知具体的情况，但一个国家的突然衰落，无外乎天灾和人祸两个方面。

相对极端的气候特点，可能致使匈奴部族受到了天灾的影响。但逐水草而居的生活方式，气候或地质方面的天灾，又似乎对他们造不成致命的打击。这里说的天灾，除了雪暴、饥荒，最可能的就是瘟疫了。

而除了瘟疫，最有可能的就是人祸。匈奴自头曼到军臣，已历经了四代。头曼单于的筚路蓝缕，冒顿单于的强势崛起，老上单于的顺势而为，前三代，一直处于所谓的开疆拓土的征伐中。一致对外、蒸蒸日上的国情显然掩盖或者说压制了匈奴内部的相互猜忌、彼此倾轧。

而随着疆域的扩大、物资的充盈，匈奴内部诸王，开始把注意力转移到对财富的垂涎和对权力的觊觎上。而一旦丧失了拓荒的精神和勇气，紧盯享乐的时候，那一定就是开始了窝里斗的时候。为了一己私利而反叛与清洗，为了个人权势而流血与杀戮，民生怎么可能不凋敝，国力又怎么可能不衰落。

军臣单于在位三十五年。这个时期，可能由于天灾，更可能由于人祸，匈奴走到了由盛转衰的历史节点。匈奴很可能也是在这个时期出现了所谓“人祸”的端倪。

汉武大帝

公元前 141 年，汉景帝刘启死，他十六岁的儿子刘彻即位，这就是大名鼎鼎的汉武帝（公元前 140 年—公元前 87 年在位）。

汉武帝即位之时的西汉王朝，历经高祖刘邦、惠帝、吕后、文帝、景帝数代六十余年的发展，尽管内忧外患、天灾人祸不断，但外敌方面，匈奴大规模入侵的次数不多，小规模的扰乱也仅限于边塞；内政方面，对各个诸侯王的清理已接近尾声。除了外戚有点不和谐的杂音之外，中央集权的统治格局已基本形成。具体来说，此时西汉的内忧无外乎诸侯王和外戚。

自西汉建立，汉高祖刘邦就开始征伐异姓王，以后更是此起彼伏地“削藩”和剿杀外戚。到了汉景帝时期，由于平定了“七国之乱”，诸侯王的势力渐弱。到了汉武帝这里，更是采纳实行了主父偃的“推恩令”。

“推恩令”是主父偃在贾谊的“众建诸侯而少其力”的基础上，进一步完善细化的方案。具体办法就是废除诸侯王以前的嫡长子继承制，改为诸侯王的子孙依次都享有封土，地尽为止。而那些封土广大而子孙少的诸侯王，要虚封国号，留待分封给以后的子孙。

“推恩令”明面上是让诸侯王的每一个子孙都享有国号和封地，都能感受到皇帝给予他们的阳光雨露，而实际上，就是要让这些诸侯王的实力越来越小，无力与中央抗衡，从而真正实现中央集权。

也就是施行了这个“推恩令”，诸侯王的问题才在汉武帝时期得到彻底的解决。而外戚干政的问题，尽管汉武帝使出浑身解数，终其一生也没有真正得以解决。

尤其是此时的汉武帝，少年登基，他的奶奶，太皇太后窦氏把持朝政。因为窦氏出身寒微，能体察百姓的疾苦，又辅佐了文景二帝，明白朝堂理政的不易。所以，她一直信奉“黄老之学”，恪守“清静无为”。一方面，这样的休养生息确实使国力得到极大的提升；但另一方面，也无形中消磨了朝堂上的勇武之气，助长了匈奴侵掠的野心。

所以，尽管窦氏强势，但也不像吕后那样跋扈；尽管刘彻不能施展拳脚，但也不像前后少帝那样沦为傀儡。说到底，窦氏和汉武帝的矛盾是政策之争，没有原则上的分歧，更没有将矛盾激化到不可收拾。

总之，到汉武帝即位之时，经过几十年的休养生息，西汉在国力、物力和人力方面都比以前大有提升。这些都为汉武帝征伐匈奴提供了物质基础。

在整个秦汉时期，要说具备雄才大略的君主，秦始皇算一个，第二个就是汉武帝。他们共同的特点都是功在当代，利在千秋，或者甚至可以说是罪在当代，功在千秋。

汉武帝在位近五十五年。这一期间，对内，在国家主流意识形态上推行“罢黜百家，独尊儒术”，设立太学，并展开一系列的改革；对外，采取扩张政策，北伐匈奴，南破闽越。可谓文治武功，彪炳史册。

汉武帝时期，对匈奴的政策有了根本性的转变。

汉武帝之前，虽说“和亲”加送礼的政策，大家都一致认为是一个权宜之计，但朝堂上下，几十年来一片主和之声，主战的声音几乎没有。而且，所有的战争都几乎是在被逼无奈的情况下进行的。就连这样的被迫迎战，也每次只是追击到边塞即止，汉军从来没有深入过大漠。甚至可以说，汉军从来就没有“寇能往，我亦能往”的想法。

这里面的原因，固然与当时的国力和形势有关，但最主要的原因，恐怕还是当时统治者的战略决策。苟安的政策一经实施，除非有雄才大略的君主和能征惯战的将士，否则，这样得过且过的状态，谁也不会想着去改变。

而雄才大略的君主和能征惯战的将士，却又是可遇而不可求的。我们通常说的培养和历练，那是针对某一项或某几项技能，或者说是为人处世的方式方法而言的。培养和历练出来的是人才，是能胜任某一个岗位工作要求的合适的人才。而那些所谓打破祖宗成法，力图去改变现状、重塑秩序的人，才是人物，得到他们的方法，一是等，二是选。

这样的人，与刻意地培养和历练的关系不大。这里，在君主的层面，汉武帝就是这样的人物；在将帅的层面，卫青、霍去病就是这样的人物。

正因为有了这样人物的横空出世，才有了西汉对匈奴政策的根本性转变。当然，这样的转变经历了防御、试探和进攻几个阶段。与其说这几个阶段是习惯性势力在起作用，或者说是一贯性政策的延续，不如说是对匈奴进攻的军备和舆论的必要准备。因为从以后的每一个阶段来看，汉武帝都没有准备和匈奴妥协。

汉武帝刘彻登基之初，就志在征讨匈奴。他这样的想法主要表现在三个方面：

其一，公元前 139 年，汉武帝派张骞出使月氏。

起因就是当年老上单于打败月氏，并将月氏王的头盖骨制成酒器，月氏人蒙受奇耻大辱。当汉武帝从投降到西汉的匈奴人那里听到这个消息后，就判定月氏人肯定对匈奴恨之入骨。于是，他决定派使者前往月氏，目的就是与其结盟，前后夹击，共击匈奴。这就是所谓的“断匈右臂”。

然而，张骞这一去就是十年之久。因为从长安出发，沿河西走廊，向西进入西域，前往月氏，要途经匈奴境内。途中，张骞不幸碰到匈奴骑兵，随行的一百多人全部被匈奴抓获。当军臣单于得知张骞要出使月氏后，对张骞这样说：“月氏在我国的北边，汉人怎么能去那里呢？如果我们想派人到南边出使南越，你们汉朝会让我们过去吗？”

就这样，张骞一行被匈奴扣留，软禁了起来。军臣单于为了劝降张骞，进行了种种威逼利诱，还把一个匈奴的女子嫁给了他。尽管如此，张骞始终没有忘记自己的使命，留居匈奴十年之久。

汉武帝决意征伐匈奴的第二个主要表现是在公元前135年，他主持了一场关于对匈奴政策的朝堂辩论。在这场辩论中，朝臣各抒己见。

主战派的王恢坚持认为：匈奴人毫无信义。几十年来，总是在“和亲”之后，没多久就翻脸抢掠。汉朝为了暂时的安宁，不得不再加倍地送给他们财物。长此以往，不仅消耗了国力，更会让匈奴人变得越来越贪婪。所以，他建议与其汉匈日后必有一战，不如现在就举兵征伐。

而主和派，当时的御史大夫韩安国的理由，无非就是我们前面说过的。诸如匈奴骑兵飘忽不定的特点，匈奴所在的地域对于汉人来说实在没有什么用处等。他的结论就是打也不好打，即使打下来也没有什么用，不如“和亲”简单方便。

当时，朝堂上的大多数公卿都支持韩安国的建议。也难怪，这毕竟是延续了半个多世纪的国策。而汉武帝，在朝堂辩论之后，于王恢和韩安国之间，最终采纳了后者的建议，并派公孙弘出使匈奴。但汉武帝对公孙弘这次出使所表现出来的对匈奴的宽容迁就大为不满，甚至为此把公孙弘革职。

其实，这次公孙弘出使，沿用的还是以前的套路，无非就是重申“和亲”政策，继续送礼。对于军臣单于提出的将汉武帝的女儿送来匈奴“和亲”的要求，被公孙弘以公主还是个小孩子为由而拒绝了。同时，因为匈奴背盟而撤销的关市，也在公孙弘的斡旋下得以重新开放。再者，军臣单于也因为公孙弘的这次出使，而表现出很大的诚意，时不时地派人带着骏马，转送汉武帝。

由此可见，不是公孙弘出使不力，而是他去干的这个事，即“和亲”本身，原本就是汉武帝不愿意看到的。而汉武帝之所以刚开始同意“和亲”，这里面至少有两点原因：一是因为他奶奶，太皇太后窦氏信奉“黄老之学”，阻挠他兴兵征伐匈奴；二是朝堂重臣几乎全都支持“和亲”。也正是在这样的投石问路之后，汉武帝才能够有针对性地为征伐匈奴做准备。

这其实也就是汉武帝决意征伐匈奴的第三点表现：初期的汉武帝一边继续执行与匈奴的“和亲”政策，另一边却在积极地整军备战。汉武帝一方面在舆论上逐渐冷落了那些主和派，开始有意识地重用那些主战的大臣；另一方面，他让那些投降西汉的匈奴人去训练自己的骑兵，为日后大规模的骑兵作战做准备。

在这期间，汉武帝于公元前 134 年，又任命卫尉李广为骁骑将军，屯兵云中，中尉程不识为车骑将军，屯兵雁门。李广与程不识虽然都是西汉边关名将，但两人带兵打仗的风格却迥然不同。李广行军没有严格的编制、队列和阵势，人人自便。程不识却严格要求编制、队列和阵势，军容整肃。可见，带兵打仗这事，还真不是从表面就能看出实质来的。

马邑之谋

汉武帝完成了征伐匈奴的舆论和军事上的一系列准备，同时，窦太后已死于公元前 135 年。此时，乾纲独断的汉武帝，即将开始对匈奴的试探性进攻。

公元前 133 年，汉武帝又亲自发动了一场朝堂辩论，这次的辩论与上次不同。上次是汉武帝想听听大臣们的真实想法，这次他却是带有明显的倾向性。

这次朝会的起因是军臣单于又一次习惯性地背弃盟约，只不过这次的花样有所不同而已。据说，这次是因为军臣单于欺凌和虐待汉武帝送给匈奴“和亲”的公主。传递这个消息的，是经常在边塞和匈奴人做生意的商人聂壹，他通过王恢将这个消息传递给了汉武帝。

这样的消息，通过如此渠道传到汉武帝这里，令人不得不怀疑军臣单于欺凌和虐待“和亲”公主的真实性。虽然匈奴的背信弃义司空见惯，虽然“和亲”的公主也不见得都非常受宠，但为什么非要去欺凌和虐待“和亲”公主？而且，还是通过一个商人传递给主战派王恢，从而上报给了汉武帝，这其中会不会有什么蹊跷之处？

不管如何，作为一个在边塞做生意的人，一个经常亲历边关战事的人，想鼓动西汉去征伐匈奴，除了他自己想建功立业之外，多少也能反映当时人们，尤其是边塞百姓的民意。那些庙堂的高官怎么能设身处地地感受到边塞百姓常年生活在担惊受怕之中的痛苦？

借着这样的导火索，汉武帝一开始就对他的大臣们说：我们把子女嫁给单于，还陪送丰厚的嫁妆，却遭到单于的欺凌和虐待。而且，匈奴经常背弃盟约，不断地侵掠我们。我想举兵征伐匈奴，你们有什么意见？主战的王恢和主和的韩安国两派再次发生了激烈的争论。双方都是旧调重弹，没有什么新意。这次，汉武帝采纳了主战派王恢的建议，开始了西汉对匈奴的试探性进攻。

这就是历史上著名的“马邑之谋”，从此揭开了汉武帝向匈奴主动进攻的序幕。

马邑，在今天的山西朔州附近，是当时北接匈奴的边塞重镇。此城为当年秦朝大将蒙恬奉秦始皇之命所筑，因为当时在此养马而得名马邑。

聂壹因为经常在这里做生意，又与王恢交好，也就兼职做些刺探情报的工作。所以，他对匈奴的风俗习惯、军力装备、作战特点等情况十分了解。他向王恢建议，可以用计把匈奴骑兵诱骗到马邑。而汉军提前埋伏到周围，到时候来个关门打狗，一举击杀匈奴。

汉武帝决定征伐匈奴，王恢就提出了这个在马邑设伏的方案。汉武帝征询了大臣们的意见，一致认为：一方面目前正是汉匈“和亲”的蜜月期。而且，汉军从来没有大规模主动出击的先例，匈奴防备必然松懈；另一方面，这个方案也可以说是万无一失而又一本万利，既避免了长途奔袭，又发挥出了汉军阵地战的优势。真正是进可攻，退可守。

事实上，也确实如此。至少到目前为止，人们看不出这个方案有什么纰漏之处。这一战如果成功，至少，汉武帝时期的历史要更加精彩。可惜，历史不能假设。

西汉这边，紧锣密鼓地在进行着战争的准备。汉武帝任命御史大夫韩安国为前敌总指挥，统领骁骑将军李广、轻车将军公孙贺、材官将军李息、将屯将军王恢及三十余万人马前往马邑设伏。

汉军的具体部署是由韩安国、李广和公孙贺各率一部主力，分别埋伏在马邑旁边的山中，负责伏击匈奴骑兵；王恢、李息率部埋伏在代郡，负责截击匈奴人的辎重。

这边大军准备停当，那位最关键的人物，就是那个商人兼情报人员聂壹。聂壹早早就来到了匈奴这里。由于经常进行生意往来，匈奴人对他也比较熟悉。他一方面挥金如土地高调炫富；另一方面刻意散布马邑城的财物堆积如山。引起军臣单于的注意后，他又谎称马邑的地方官因为觊觎他的财富，多次试图要将他置于死地。为了自保，也为了自己财富的安全，他愿意潜回马邑城，杀死那个地方官，打开长城关隘，把城中财物献给军臣单于。

聂壹在匈奴的间谍工作非常出色。军臣单于同意了聂壹的建议，并和他约定：让他先潜回马邑，去刺杀马邑令丞。得手后打开城门，军臣单于再率领匈奴骑兵进城抢掠。

回到马邑的聂壹，按原定计划，杀了一名囚犯，并将囚犯的人头悬挂在马邑城头。一切停当之后，他派人报告给了军臣单于。军臣单于大喜，立即率领十万骑兵南下。至此，一切都按原定计划顺利地进行着。

然而，最关键的人物聂壹却在这时犯了一个致命的错误。不知道是计划顺利得出乎他的意料呢，还是他想要把事情做得更加万无一失，总之，画蛇添足的故事在这里真实地上演了。

聂壹让人把马邑的牛羊马匹等悉数赶到匈奴南下的必经之路上。他的本意是用这无人放牧的漫山遍野的牲畜，来进一步迷惑军臣单于，使他更加深信马邑城已经一片混乱，因为这些无人看管的牲畜就是证明。

殊不知，聂壹正在犯下一个常识性的错误。率军南下，走到武州塞的军臣单于，看到这些无人放牧的牛羊马匹，立即生疑。因为这里距离马邑百里之遥，无人放牧的牲畜群怎么可能在这么短的时间内到达这里呢？

聂壹可能不清楚这个常识，但匈奴人怎么会忽视这个司空见惯的现象呢？于是，军臣单于命令部队停止前进，派小股骑兵侦察前方情况。

侦察的匈奴骑兵抓获了正在巡逻的汉军尉史。这个尉史为了活命，就投降了匈奴，并将汉军在马邑设伏的情况和盘托出。军臣单于大惊之下又暗自庆幸，不但下令即刻撤军，还封那个投降的尉史为“天王”。意思就是，是上天让他把这个信息报告给我的。

这边军臣单于撤兵，那边准备伏击的汉军见匈奴人没有进入马邑，就没有出击。负责袭击匈奴辎重的王恢、李息，见主力没有出击，他们也按兵不动。一场本该惊心动魄的伏击战就这样悄无声息地结束了。

“马邑之谋”的失败，与其说是聂壹的画蛇添足在前，尉史的投降泄密在后所致，不如说是因为汉军本来就没有或者说是缺乏与匈奴进行战争的决心、意志和信念。

聂壹立功心切，情有可原，但尉史的泄密，责任却是汉军的部署太过儿戏。一场伏击战，弄得尽人皆知。连一个巡逻的小官，都详细地知道整个计划的来龙去脉，真是令人匪夷所思。更说明问题的是，就算前面出现了纰漏，那军臣单于的十万骑兵也已经来到了武州边塞，匈奴即使在这里退兵，伏击的三路汉军人马为什么不出击？即使主力不出击，那埋伏在代郡的王恢、李息为什么也没有竭尽全力？

对于不出击，各个将领都有足够的理由。像王恢，给汉武帝的解释就是：我们本来计划引诱匈奴进入马邑，形成关门打狗之势，消灭其主力之后，再截击他们的辎重。现在计划落空，我们这里的三万人马，难以抵挡匈奴的十万骑兵。之所以放他们过去，完全是为了保存实力。

从王恢的解释中，我们明显能够感到，他根本没有与匈奴拼死一战的决心和勇气。连他这个坚定的主战派都没有决心和勇气，更不要说韩安国那些本来就是主和派的将士了。

要知道，这次西汉王朝可是调动了三十多万大军。这是自汉高祖刘邦与匈奴的冒顿单于白登之战后，汉军出兵规模最大的一次。而匈奴骑兵充其量不过十万人。也难怪汉武帝雷霆震怒，把力主出兵而又怯战的王恢下狱。王恢绝望之下自杀。汉匈之间的“和亲”也随之中断，匈奴开始更加频繁地入侵边塞。西汉这边也在积极备战，准备进攻匈奴。

战争，是勇者之间的较量。虽然其中少不了谋略和智慧，但完全寄希望于一战而一劳永逸，那无异于痴人说梦。这也许就是“马邑之谋”呈现出来的客观事实。

“马邑之谋”的失败说明，一方面，当时的汉室朝堂还没有在思想上完成战争准备，没有在行动上进入战争节奏；另一方面，还没有所谓“狭路相逢勇者胜”的天才将领横空出世。这需要等待，等待他们出现的时机。

奇袭龙城

汉武帝时期，随着诸侯王和外戚的两大内忧得以解决，他可以放开手脚解决外患的问题。

汉军向南平定百越，就是将秦始皇时期收归中国版图的现在的云南、贵州、广西、海南、广东、福建、湖南等地区还有越南的北部区域，再次纳入中华大家庭。我们重点聚焦西北，尤其是匈奴。

汉武帝时期，汉匈之间第一场真正的对决发生在公元前 129 年。

这一年，匈奴出兵上谷（今河北怀来一带）抢掠。汉武帝一改防御策略为进攻态势。

西汉派遣车骑将军卫青、骠骑将军公孙敖、轻车将军公孙贺、骁骑将军李广，四人各自率领一万骑兵，分别从上谷、代郡（今河北省蔚县）、云中（今内蒙古托克托县）和雁门（今山西右玉县）同时对匈奴发起攻击。

然而，四路人马中的三路均告失败。

公孙贺部一路上没有遇到匈奴人，无功而返；公孙敖部遭遇匈奴骑兵，被打得大败而归，骑兵伤亡多达七千余人；李广部更惨，不但几乎全军覆没，就连李广本人也被匈奴生擒活捉。李广通过装死，趁匈奴放松看管之机，抢得一匹骏马，才狼狈地逃了回来。

唯有卫青一部，从上谷出发，一路杀到匈奴的祭天圣地龙城，也就是当时的单于庭附近。卫青部斩杀匈奴骑兵七百多人，大胜而归。这就是奇袭龙城之战，卫青因此一战成名。

大汉帝国的一代天才将星，就此冉冉升起。

正因为有了卫青的横空出世，所以，汉武帝是幸运的。然而，这样的幸运也是汉武帝不拘一格，大胆起用人才的结果。

卫青原本出身微贱。卫青的母亲卫媪，在丈夫死后，为了生计，带着一儿三女来到平阳侯府为奴。当时的平阳侯是开国功臣曹参的曾孙曹寿。曹寿的妻子就是大名鼎鼎的平阳公主。平阳公主是汉景帝刘启与王娡的长女，也是汉武帝刘彻的同胞长姐。

而这位卫媪老太太可不简单，儿女加上外孙，简直撑起了西汉的半边天。她的三女儿卫子夫，原本是平阳公主家的歌女，被十八岁的汉武帝看中入宫，后生下太子刘据，被立为皇后。二女儿卫少儿生子霍去病，那更是一位超级天才将星。大女儿卫君孺，最是“籍籍无名”，也嫁给了公孙贺为妻，成功跻身顶流社会。

卫青，是卫媪来到平阳侯府之后，与平阳侯曹寿手下的一名小吏郑季私通而生下的私生子。童年时期的卫青，在郑家做牧童，饱受虐待。少年时，他回到母亲身边，在平阳侯府做骑奴，给平阳公主牵马坠镫。此时谁能想到，这位年少的骑奴将来会成为平阳公主的丈夫。

卫青的崭露头角，不得不提到几个女人。因为母亲的关系，平阳公主将他收为骑奴。因为姐姐卫子夫的关系，一方面引起了汉武帝的注意；另一方面，受到了馆陶公主和当时皇后陈阿娇的暗算。

馆陶公主是汉文帝与窦皇后的女儿，汉景帝的同胞姐姐，汉武帝刘彻的姑妈。这个馆陶公主，因为太后母亲和皇帝弟弟的宠爱和纵容，越发强势，并极富政治心机。她想用女儿联姻当时的太子刘荣不成，又转头将女儿陈阿娇许配给刘彻，并联合刘彻的母亲王娡，扳倒了太子刘荣，扶保刘彻上位。

倚仗这样的拥立之功，馆陶公主和她的皇后女儿陈阿娇，在汉武帝刚登基的那段时期，成为汉室炙手可热的人物。后来，因为陈阿娇多年无子，所以非常嫉恨受宠的卫子夫，连带着就准备杀掉卫青。

这两个女人的愚蠢举动，触碰到了汉武帝的底线。此时的卫青，虽然还没有多少分量，但汉武帝不能容忍的是外戚干政。矫枉过正之下，卫青及其一大家子人都被汉武帝大肆封赏。

因祸得福的卫青，进一步走进汉武帝的视野。也就是在这样的背景下，卫青经过几年的朝堂磨砺，才得以出兵上谷，奇袭龙城。

卫青虽然说有此际遇，但真正的功名却也是他一刀一枪挣来的。即便卫青以后位极人臣，也从不居功自傲。他在朝堂上善忍退让，军队中体恤将士。这与他在战场上的烈烈杀伐真是相得益彰、交相辉映。他呈现给我们的不仅是一位扬鞭纵马的铁血将军，更是一位谦恭持重的忠厚长者。

卫青的奇袭龙城，可谓打破了西汉自立国以来，弥漫朝野的匈奴不可战胜的认识。

被时代抛弃的主和派

军臣单于方面当然是气急败坏。公元前 129 年冬天，在几个月前没有占到便宜的匈奴骑兵又卷土重来，在边境大肆烧杀抢掠，其中渔阳（今北京密云一带）的损失最为严重。

汉武帝不得不派遣韩安国屯兵渔阳，防御匈奴。此时的汉武帝，军事攻势与外交手段并重，俨然体现出一位大国君主的雄才大略。

汉武帝派遣出使月氏，不幸被匈奴扣留的张骞，也就是在这个时候，趁匈奴忙于南下侵略的时机，逃出了匈奴。张骞矢志不渝，继续向西，寻找月氏。一路辗转，当张骞终于到达月氏部的时候，月氏人对他“联汉抗匈”的提议不置可否。

时间真的是疗伤的最好良药。月氏自被老上单于打败，月氏王后率部西逃，征服了大夏后，就在这里建立了新的家园。几十年过去，他们渐渐忘却了老月氏王的头盖骨还在匈奴的酒宴上被肆意地把玩，对匈奴的灭国之恨也随着时间的流逝而一点一点地消失殆尽。安逸的生活，使他们根本不愿意与西汉结盟而重新披挂上阵，也不愿意再去向匈奴报血海深仇。

张骞在月氏逗留了一年有余，尽管晓之以理，动之以情，但仍然没有说服月氏人。

具有强烈责任感和使命感的张骞，极具开创精神。在这段时期，他游走于西域各个国家和部落，不但成功地与大宛、康居等国建立了友好关系，而且，还勘察了西域的地形地貌，了解了西域的人文风俗。

更重要的是，张骞根据实际情况，因地制宜地调整了他出使的计划和目的，果断放弃了没有血性的月氏，转而把注意力投向了西域新兴的强国乌孙。

张骞纵横捭阖，怀柔附远，以其天才的开拓和宣传能力不仅说服乌孙“联汉抗匈”，而且，西域各国也从张骞那里感受到了西汉的友好和博大，纷纷表示愿意与西汉通好。

武有卫青、文有张骞这样伟大而杰出的代表人物，汉武帝时期怎么可能不成为西汉的巅峰时代？这期间，匈奴又怎么可能不走上衰落之路？

然而，此时，历史的契机，机遇的天平还没有太过偏向西汉这边。张骞创造性地完成了这次出使月氏的使命，而在返回西汉京师长安的途中，却再次被匈奴抓获。

张骞的经历，汉武帝根本无从得知。为了准确掌握匈奴的军事实力和对汉政策，也为了寻找张骞的下落，汉武帝在派韩安国驻军渔阳的同时，又遣枚皋出使匈奴。枚皋与其父枚乘都是一代辞赋大家。尤其是枚皋，更以才思敏捷能出口成章、下笔成文而闻名于世。派这样一位所谓的辩才出使匈奴，汉武帝忽悠匈奴、假意和平的意图也是十分明显。

事实上，汉武帝这边，正在积极地做着进攻匈奴的准备。舆论上，借着江都王刘非主动请缨出击匈奴的由头，进一步明确：各诸侯王凡压制属下出击匈奴者，格杀勿论；人才上，摒弃门第和出身的传统观念，大胆起用主战的年轻将领；军备上，更是倾全国之力，尽可能地将汉军武装到牙齿。

西汉帝国的战车，已然隆隆开动。而匈奴那边，依然持续不断侵扰边塞，干的一直都是“打家劫舍”的勾当。在如此的备战状态和政治格局的比较之下，尽管每一场战斗的胜负可能会出人意料，但整个战争的走向已经清晰明了。

在韩安国驻守渔阳的第二年，即公元前128年，军臣单于的两万匈奴骑兵又一次南下，侵掠边塞。在战斗的开始阶段，气势汹汹的匈奴骑兵沿长城由东到西一字排开。

在东部的辽西郡，匈奴杀死辽西太守，抢掠百姓两千多人；在中部驻守渔阳的韩安国，被匈奴骑兵包围，所部一千多名骑兵几乎全部战死。幸好燕王及时领兵赶到，匈奴才从渔阳退兵；在西部的雁门郡，匈奴又攻陷雁门，杀死汉军一千多人。

形势危急，汉武帝派卫青、李息率兵增援，斩杀匈奴骑兵数千人，匈奴撤兵。

在渔阳差点老命不保的韩安国，此时从一个俘虏口中得知匈奴已经远去，主和的惯性思维又支配了他的思想和行为。他上疏汉武帝，说匈奴既已远去，又正值农耕季节，请求暂时撤去边塞屯兵，大家应该积极投身农业生产，力图来年丰衣足食。

韩安国，东汉时蔡邕曾说他“起自徒中”，就是他早年曾有过一段狱中的经历。“死灰复燃”的成语就是由他的故事衍生而来。

当年曾在狱中的韩安国，坚信自己日后定会得以平反昭雪。而当时一个姓田的狱卒却反唇相讥：“你那堆死灰就算能够复燃，我也会撒泡尿给它滋灭。”后来，韩安国又得势复起，笑对那个田姓狱卒说：“现在你不撒尿还待何时？”

从这件事情上，我们也能看出，韩安国与韩信一样，都不会与这样无聊的人纠缠，更不会打击报复他们。事实上，韩安国也是老成谋国之士。“七国之乱”时，他曾获得了名将的声誉。他调和皇族的矛盾，保举贤明的大臣等作为，亦坐实了他名臣的地位。

但在风云激荡的历史变革的风口，韩安国的因循守旧已然限制了他的能力和眼光，显得与那个雄才伟略的时代格格不入。而加速韩安国等人被历史淘汰的直接责任人就是匈奴。

按照惯例，匈奴大肆抢掠之后，边关会有一段安宁的时期。因为一方面，他们抢去的东西还没有消耗完；另一方面，也不能竭泽而渔吧。草原上靠天吃饭的匈奴人应该更懂得这个道理。然而，不知道什么原因，可能历史真的走到了汉兴匈衰的时期；也可能正是匈奴这样的操作，才导致了他们开始衰落的结果。或者，当时的匈奴内部可能已经出现了分裂的迹象。

不管怎么说，汉武帝尊重了韩安国的建议，不但没有派兵深入大漠，反而裁撤了一部分边关屯兵。而匈奴，在不到两个月之后，也就是转过年来的公元前127年，军臣单于又命令匈奴左贤王部进攻西汉东北部的上谷、渔阳二郡。

这是军臣单于最后的疯狂，也是他在位期间最后一次南下的军事行动。同时也是卫青第二次深入大漠，痛击军臣单于治下的匈奴。

面对匈奴骑兵出乎意料的大举入侵，可怜的韩安国带领着仅剩的七百余人仓促迎战。士气和战斗力可想而知。忙乱中，韩安国又被匈奴刺伤。不得已，他收拾残部退回塞内防御。

此战，匈奴杀死西汉军民一千余人，抢掠大量牲畜财物满载而归。不知亲眼看到这一次次数千人被俘被杀，辛勤劳作的财物被烧被抢，昔日在朝堂上为了主和而雄辩滔滔的韩安国会做何感想。他在想不要穷兵黩武吗？他明白勒紧裤腰带的目的，就是为了百姓生命和财产的安全，就是为了百姓幸福安康的安居乐业吗？

带着战场上的刀伤，估计还在疼痛的韩安国，他此时的心，是不是已经降到了冰点？但愤怒的汉武帝已经再次下旨，将他调往更东边的右北平驻防。原因就是汉武帝接到匈奴俘虏的线报，说不久匈奴就要从东边再次入侵。

汉武帝这是特意让韩安国再次感同身受一下被匈奴蹂躏的痛苦吗？这样对待一位谋国老臣，也是有点太刻薄了。但不得不说，韩安国老了，同他一样的那批人都老了。这不是生理意义上的老，是谋国之术跟不上时代的发展了。

被匈奴接连重创欺辱，伤病在身的韩安国，又失意于朝廷，被不断贬官降职，没过几个月，就吐血而亡。

这样的结局，对于个人，尤其是对于一位谋国老臣来说，当然是不幸的。但作为一个历史和政治人物，韩安国的死，恰好成为一个时代转折的缩影和注脚。它标志着对匈奴的主和一派寿终正寝，暂时退出了历史舞台。

河南之战

汉武帝要一扫“大汉无中策”，致使“胡马一何骄”的历史颓风，即将上演的是“横行阴山侧，燕支落汉家”的时代大剧。

此时的匈奴，歇斯底里地疯狂接连犯边，也是在作死的路上肆无忌惮。他们似乎一点也没有意识到，新的时代正在悄然来临。没有了就来抢，抢了就跑，就算汉军来了，也并不追击，而且抢得越凶，谈判时得到的利益就越大。

汉匈之间一直沿用，似乎已成惯例和默契的这一格局，即将被汉武帝和他的将士们彻底颠覆。估计此时已处暮年的军臣单于和他的匈奴部族，对这一即将到来的改变，完全没有做好准备。

即便是那个投降匈奴，在早期显得足智多谋的中行说，也不会洞察到这样的变革。在坚强的决心和绝对的力量面前，像中行说之辈的跳梁小丑，无疑将会被隆隆开进的历史战车碾成齑粉。

而从中行说临死之前最后一次献计，用死去的牲畜阻塞汉军道路来看，他不仅天良丧尽，更是黔驴技穷。因为连所谓的“细菌战”，企图让汉军感染上瘟疫的办法都要用上了，他们还会有其他更好的办法吗？

中行说此类“汉奸”，无疑将被牢牢地钉在历史的耻辱柱上。

公元前 127 年，汉武帝派卫青和李息率领五万骑兵出云中，向北深入大漠，痛击匈奴。这次战役，在汉武帝主动出击的指导思想下，卫青因地制宜，采用灵活机动的战略战术取得了辉煌胜利。

这次战役的背景，是汉武帝从匈奴降兵那里得到线报：不久之后，驻守东边的左贤王部要从东边入侵。

汉军决定采用声东击西的战术先发制人。一方面，朝廷大张旗鼓地调派韩安国移防东路；另一方面派五万精锐骑兵从西面深入大漠，袭击驻守在西边的右贤王部。

深入大漠的卫青，敏锐地发现匈奴右贤王部主力涣散，其治下的白羊和楼烦两部更是兵力薄弱。卫青审时度势，一个更大的战略计划迅速成形。他当机立断，采用大迂回包抄战术，突袭匈奴的白羊和楼烦两部。

接着，卫青命令部队转头向西，攻占高阙（今内蒙古航棉后旗西北）。高阙位于两个山沟的交会之处，控制着北方草原通向河套的交通咽喉。紧接着，卫青率军继续向西占领符离（今内蒙古河套北巴彦淖尔市附近）。此后，卫青又向南进军，跃马千里，沿黄河和贺兰山麓到达陇西（今甘肃东南）。

我们看卫青的进军线路，先向北，再向西，最后向南。走出了一个“几”字形，也称倒“U”形马蹄状路线。没错，这样的地貌形状，卫青横扫的就是今天的河套平原，也就是当时的河南地。

水草丰茂、气候宜人的河南地，在秦始皇时代为蒙恬率军占领。在西汉初年的汉高祖刘邦时期，又被冒顿单于带领匈奴人侵占。悠悠八十多年，如今，雄姿勃发的卫青率领大汉将士，金戈铁马，千里转战，歼敌一千余人，俘获数千人及牛羊牲畜百余万头，全部收复河南地。

消息传到京师，举国沸腾。

舆论的力量，本身就具有排山倒海般的特性。主战和尚武的热情，不用动员，自然就成为此时朝野上下的主旋律。

河南地之战，无疑是西汉时期汉匈战争的转折点。

因为河南地的收复，使西汉北部边防线向北推至黄河沿岸。占据了这片肥沃的土地，更为西汉出击匈奴构筑了战略上的桥头堡。

此战之后，西汉在河南地设置五原和朔方两郡。汉武帝还采纳主父偃的建议，修筑了朔方城，征发十万民众移民屯边。

卫青也因此战之功，爵封长平侯，食邑三千八百户。

然而，我们也应该看到，西汉为了保住这样的胜利果实，也实行了一些战略收缩。面对匈奴的疯狂报复，汉武帝就下令放弃上谷的造阳等地。

直到此时，汉武帝与秦始皇那时“振长策而御宇内”的所向披靡还差得很远。而且，就这次河南之战而言，西汉发动的战争规模都不算太大。

卫青确实是幸运的，如果不是军臣单于后期匈奴内部出现问题，那这样的调兵遣将，再勇猛的将士估计也难以完成如此艰巨的任务。卫青幸运的是没有遇到匈奴主力，而没有遇到匈奴主力无功而返的事，不就近在眼前吗？一年多前，同样从云中出兵的公孙贺不就是这样吗？

然而，这次的卫青却创造性、超额度地完成任务，再次建立功业。这难道仅仅是幸运吗？如果说幸运，那只能说卫青生在了一个幸运的时代，一个汉匈此长彼消的时代。

李广难封

相对于西汉的逐渐强盛，匈奴却在走下坡路。其原因，除了天灾，最主要的就是人祸。

公元前 126 年，随着军臣单于的死，谜底也逐渐被揭开。军臣单于在位时，就立了儿子於单为太子。但军臣单于死后，他的弟弟，当时的左谷蠡王伊稚斜（公元前 126 年—公元前 114 年在位）就自立为单于，并起兵攻打太子於单。於单兵败，无奈之下，投降西汉，寻求保护。这样的事情，在匈奴的历史上是第一次出现。因为自头曼单于至军臣单于，一百多年间，匈奴的单于位都是父子相传，没有出现过“兄终弟及”的现象。而且，於单太子的名分早已确定。伊稚斜自立为单于，并攻打太子，无疑是一种反叛行为。

这里值得注意的是，伊稚斜竟然迅速打败了成年的太子於单。由此可见，伊稚斜这样的想法和行为一定是蓄谋已久。很可能匈奴内部已经因为争夺单于位而进行过残酷的较量和站队。这也从另一个角度说明了为什么右贤王部军力涣散，很可能就是在这样的内部战斗中消耗掉气势了。

不论详情如何，公元前126年，伊稚斜继任单于位时的匈奴，内患未消，外患严重。

忙于内斗的匈奴，却给软禁在那里的张骞带来了利好。张骞就是利用这个混乱的时机，逃回西汉。十余年后，出使归来的张骞，虽然没有完成联合月氏夹击匈奴的既定任务，但他开创性的外交工作，也让西汉第一次睁眼看了世界。

当时的西域，也就是今天新疆的广大区域，第一次如此鲜活地进入西汉的视野。取得和经营西域，也因为张骞旷日持久的考察和斡旋而显得并不是那么遥不可及，所以，才有了以后张骞的第二次出使西域。

这里，结合张骞的事例，我们说一下既定目标。在信息相对闭塞、决策相对缺乏科学性的西汉，尤其是军事和外交方面的既定目标，不太可能细化到某一个点。

从实际情况来看，即便是做到了这样的细化，也常常会随着形势的发展而转变。这就对执行这个计划的人提出了更高的要求。这样的要求至少表现在两个方面：一是本身的能力和意志；二是思维，或者叫思路。

能够跻身朝堂，并去执行这样任务的人，除了极个别的情况外，他们本身的能力应该不用太过怀疑。意志就是要求坚忍不拔、百折不挠。关于这一点，那些历史上所谓的人杰，大部分人估计都不缺乏。那剩下的，关键就是思维。你是按照祖宗成法、舆论导向去做事呢，还是沿袭你以前的成功经验，企图复制下一个类似的成功？或者，你会因地制宜、与时俱进，在坚持原则的基础上，开创性地去做事呢，还是干脆就是天马行空、不拘细节地凭借你超强的能力去完成任务呢？

这里的韩安国就是祖宗成法、防御政策的坚定支持者。和他有着同样思维的那些将领们，虽然也领兵御敌，也能力超凡，也精忠报国，但思维模式的僵化却严重束缚了他们的战略眼光、战术手段、军备更新及战斗决心等。

其中的李广，自汉文帝时期，公元前166年匈奴大入萧关时，就从军抗击匈奴。至汉武帝时期，公元前119年，李广自杀。差不多半个世纪的军旅生涯，他历经大小战斗七十余次，可就是难以封侯。以至于后人都替他着急，用“李广难封”来表达遗憾。

的确，李广可谓劳苦而不功高，没有一件拿得出手的功绩，怎么封侯呀。忠心可嘉，能力也有，就因为他缺乏与时代相符的主动出击的思维，导致连一点幸运也没有碰着。以至于后来，连汉武帝都不敢用他做前锋，间接导致了李广兵败自杀。

漠南之战

刚刚收复了河南地的汉武帝，又恰逢匈奴太子於单来降。再加上此时的张骞归汉，带来了西域各国欲与西汉结盟通好的利好消息。人逢喜事精神爽，何况，喜事还接二连三呢。

此时的汉武帝雄心万丈。如果说收复河南地是出乎他的预期，那么，接下来的阴山漠南之战，无疑是在汉室朝廷的战略范围之内。因为阴山就在河南地的北边，那里森林密布，水草丰茂，既是匈奴的繁衍生息之地，也是他们战略军备物资的天然提供地。而且，匈奴单于的王庭就在这里。占领了河南地的西汉，等于直接面对匈奴老巢。

信心倍增的汉武帝，在积极地做着战争准备。为此，西汉还暂停了准备征伐西南夷的计划。为了充盈战备物资，就连西汉民间也开始养马。

由此可见，为了应对匈奴的战争，西汉可谓全国动员。而匈奴那边，因为丢失了河南地，气急败坏。加上伊稚斜刚刚通过反叛上位，也急需通过对外战争树立威信。当然，主要还是因为内战和失地而导致物资匮乏。

这所有原因加在一起，伊稚斜单于带领匈奴骑兵在军臣单于死后的第二年，即公元前125年夏，兴兵犯边。他又率领九万骑兵，分三路各三万人马，分别攻入代郡、定襄和上郡抢掠，杀掠边境军民数千人。这次出兵的规模是自老上单于时期的萧关之战后，规模最大的一次。

从这里也能看出，此时匈奴的战力依然强悍。在这个时期，就连军力涣散的右贤王部，也因为丢失了河南地而恼羞成怒，从而“奋发有为”，多次侵掠朔方城，杀掠军民无数。

面对匈奴的不断入侵，经过两年备战的汉武帝决意对匈奴用兵。这里需要说明一点，匈奴之所以能够不断入侵，而西汉多是被动的应战，倒不是说匈奴就一定比西汉强大，这是由当时的战争方式决定的。匈奴人的生活方式恰好类似于战争方式，他们下马为民，上马就能战斗。而西汉这边，生活和战争是截然不同的两种状态。相比之下，西汉不可能像匈奴那么便捷和迅速地投入战斗。

公元前124年，汉武帝命卫青为统帅，率领十余万人马大举进攻匈奴。从这次的兵力来看，汉武帝显然有着更大的战略图谋。

卫青把汉军的主攻方向定在了西边，也就是匈奴的右贤王部。不管是因为上次河南之战胜利的缘故，还是对西边的地理比较熟悉的原因，总之，这次汉军的主攻方向又一次选对了。

为了掩饰战略意图，卫青首先派李息和张次公率军从右北平出发，猛烈进攻驻守在东边的匈奴左贤王部。这边大张旗鼓的声势果然麻痹了西边的右贤王。右贤王根本没有想到这次汉军能够从东西两面出击，更没想到汉军能深入到距离西汉边境七百余里的他的王庭老巢。

卫青亲率三万骑兵出高阙坐镇指挥，命游击将军苏建、强弩将军李沮、骑将军公孙贺、轻车将军李蔡四路主力人马俱出朔方，远程奇袭右贤王的王庭。

此时的右贤王，由于不断侵扰朔方城，而抢掠了大量牲畜和财物，正在毫无防范地花天酒地。等到卫青率几路人马奔袭数百里，趁着漆黑的夜色，神兵天降一般地靠近右贤王王庭时，右贤王还因为白天的宴饮而大醉不醒。

等到左右亲信好不容易把右贤王弄醒，汉军也已经对他的王庭完成了合围。眼见大势已去的右贤王，仓皇间，带上心爱的美女，在数百匈奴精锐骑兵的保护下，趁着两军激战的间隙，狼狈突围。汉军轻骑校尉郭成率兵追击数百里，由于地理和气候的原因，无奈让右贤王逃之夭夭。可以想见，右贤王逃走后的匈奴骑兵，群龙无首之下，还有什么战斗力可言。

此战，汉军大胜，俘获匈奴一万五千余人，其中右贤王部所属裨王（小王）就多达十余人，缴获的牛羊牲畜多达数百万头，其他财货物资更是不计其数。

匈奴西翼被打残，右贤王部从此没落。

汉军大胜的消息传来，再一次举国欢腾，汉武帝更是迫不及待地要给功臣加封。就在卫青率军凯旋的路上，汉武帝派出的使者就手捧大将军印赶到边塞军中，拜车骑将军卫青为大将军，增加食邑八千七百户。其余各将也被就地大加赏赐，跟随卫青参战的将军几乎全被封侯，像公孙敖、韩说、公孙贺、李蔡、李朔、赵不虞、公孙戎奴、李沮、李息等将都是这场战役后被赐爵封侯的。

这里，连卫青的三个尚在襁褓中的儿子也被汉武帝封侯。他们分别是：宜春侯卫伉，阴安侯卫不疑，发干侯卫登。这是何等的荣耀！然而，卫青对三个儿子的封赏极力推辞，而汉武帝却坚决不准。君臣际遇在这一刻，达到了最高光的时刻。君臣两人，风华正茂，彼此心中的家国情怀将他们紧紧地连在了一起。

两出定襄

战争的胜利，总能掩盖一切不和谐，这也是历史的规律。当然，汉武帝时期，这样的胜利还在继续。

随着右贤王部主力被消灭殆尽，匈奴伊稚斜单于恼羞成怒。但他既无入主中原的格局，也无深入中原的能力。他现在能够做的也就是延续先辈们的一贯策略，那就是不断侵扰西汉边境。不同的是，此战之后，他对西汉边境的侵扰更加凶狠和频繁。

同年秋，也就是公元前 124 年秋天，伊稚斜单于带领匈奴骑兵一万余人进攻代郡，杀死西汉代郡都尉朱英，并杀掠边境军民一千余人。

面对匈奴的反扑，汉武帝强势回应。

转过年来的春天，公元前123年，汉武帝命大将军卫青率军出击匈奴。这次的战略目标直指匈奴单于伊稚斜的单于庭。

在这次战役中，张骞第一次随军出征。因为他出使大月氏时，曾被匈奴扣留，十余年的匈奴生活经历，使得他对匈奴的地理、风俗等情况比较了解。而此战，正是在他为向导下，汉军才得以顺利深入大漠。功不可没的张骞，此战之后爵封博望侯。以至于在张骞之后多年，出使西域的使者仍以“博望侯”的名义开展外交活动。可见，张骞影响力之深远。

此战，年仅十七岁的旷世“军神”霍去病，也首次参加了对匈奴的战斗。

霍去病是卫青的外甥。卫青的二姐卫少儿曾跟随母亲在平阳侯府为奴。年轻的卫少儿曾与平阳县小吏霍仲孺私通，生下私生子霍去病。后父子二人失去联系，直到霍去病成为骠骑将军后，才又与亲生父亲相认。同时相认的还有他同父异母的弟弟，后来西汉的实际掌权人，大名鼎鼎的霍光。

因为后来卫少儿嫁给了开国元勋陈平的曾孙陈掌；更因为卫少儿的妹妹卫子夫被汉武帝宠幸，后来成为西汉皇后，所以，幼年的霍去病作为皇家外戚的一员，得以进入汉室朝廷的视野。虽然如此，但霍去病本人天赋出众，不但酷爱军事，擅长骑射，而且不循常规，不拘古法。就连汉武帝要他多读兵书时，他也以战场需要随机应变的理由而拒绝。这倒不是说，兵书对于将领不重要，这里主要体现的是战斗模式的转变。

霍去病恰好处于以兵车为主的步兵作战模式逐渐向以骑兵为主的作战模式转变的历史时期。他所有的思维、手段和方式也恰好适应了这种转变。英雄就是这样诞生的。

对于霍去病来说，这样的机会就出现在公元前123年。这一年的春天，不管是汉武帝，还是卫青，之所以带上霍去病，本意也都是让他去历练历练，因为谁也不会把帝国的命运交到一个只有十七岁的骠姚校尉手里。

汉军再一次深入大漠。这次卫青亲率大军从定襄（今内蒙古呼和浩特附近）出发，在张骞的向导下，直指匈奴单于庭。

伊稚斜单于接到军报，不敢怠慢，急率本部主力精锐骑兵迎战。两军交战，卫青指挥汉军奋勇杀敌，杀死匈奴骑兵三千多名。战斗之后，卫青率部撤回定襄。

休整一个多月后的汉军，在卫青的带领下，二出定襄，再次向匈奴腹地挺进。

在这一个多月的时间里，伊稚斜单于不但领教了汉军的勇猛，更认识到汉军深入大漠的决心。所以，匈奴这边也在积极地做着战争准备。这次不但单于本部精锐倾巢而出，而且，还紧急征调部署在东翼的左贤王部，使其从东北方向赶来增援。

如此形势之下，双方主力在阴山地区刚一相遇就是一场恶战。此战双方尽遣主力，战况异常激烈。汉军的前军赵信部和右军苏建部伤亡惨重。在战斗过程中，两军合兵一处。无奈汉军这三千多骑兵，又恰遇伊稚斜单于与左贤王两部数万人马的前后夹击。双方鏖战数日，汉军骑兵几乎全军覆没。仅剩的八百骑兵，最后被赵信带着投降了匈奴。

赵信之前本是匈奴的小王，在降汉九年的时间里，曾为西汉立过战功。但在这次至关重要的战役中，赵信再次反水。由于赵信久居中原，又在卫青军中为将，所以，他对汉军的战略部署，尤其是军事实力十分了解。

被围之后，伊稚斜单于就不断地利诱赵信投降。投降之后的赵信，自然受到伊稚斜单于的宠信，不但封他为仅次于单于的自次王，甚至还把姐姐许配给他为妻。而赵信倒也投桃报李，竭尽所能地为伊稚斜单于出谋划策。日后，作为战略转移的匈奴迁徙漠北的主意就是赵信提出的。

按照匈奴的实力和这次战场的形势来说，匈奴本没有惨败到要退居漠北的地步。然而，赵信深知汉军由于地理、后勤及装备等原因，不能轻易深入大漠，所以，他向伊稚斜单于建议：匈奴主力暂时退居漠北，再引诱汉军深入，反包围之下，一举全歼汉军。

此计不可谓不狠，用心不可谓不毒。反叛的人比真正的敌人更可恶，也更可怕，因为他们总能抓住你的要害和软肋。伊稚斜单于倒也算精明，他采纳了赵信的建议。此战之后，伊稚斜单于领兵离开阴山，迁单于庭到漠北，暂避汉军锋芒。他只留下小股精锐骑兵，不断侵扰边境，作为诱敌深入之用。

这边的战场，苏建一人一马狼狈突围。卫青亲率骑兵迎战。一番厮杀，汉军打败左贤王部，又回兵掩杀伊稚斜部。伊稚斜单于见难以取胜，就沿用匈奴的一贯战法，领兵撤退。

此战，卫青率领的主力部队在正面战场，虽然杀死、俘获匈奴人一万九千多人，但伊稚斜单于率领的匈奴主力尚未受到重创。历史的聚光灯，在此时将所有的高光全部投射到年仅十七岁，平生第一次上战场的霍去病身上。

战斗打响之际，卫青遵循汉武帝的意思，命霍去病带领八百精锐骑兵，绕开正面战场，深入敌后。这样的安排，固然是卫青得以成名的大迂回包抄战术的实施，但霍去病以历练为主，因此对他没有太大的战略预期。因为深入大漠，没有补给和接应，关键是仅仅八百骑兵，在动辄数万人的匈奴腹地，又会有什么大的作为？

然而，奇迹就是由霍去病这样的人创造的。他率领这八百骑兵，迂回驱驰匈奴后方数百里，沿途斩杀匈奴骑兵两千零二十八人，并一路挺进，直至攻占单于庭老巢，俘获在那里坐镇的匈奴相国、当户等高官，杀死伊稚斜单于的外祖父籍若侯产，活捉了伊稚斜单于的姑父罗姑比。以区区八百骑兵的战力，纵横大漠，取得如此大的胜利，霍去病一战成名。

战斗结束，卫青不忍处置败军之将苏建，他的理由是苏建以数千人与匈奴的数万骑兵力战一日有余而不降，也算忠心可嘉。而且，处置大将，应该是皇帝的权力，自己怎么敢擅自专权诛杀征战在外的大将呢？

卫青的宽厚和体谅不但赢得了众将的拥护，更赢得了汉武帝的称赞。押回长安的苏建，汉武帝赦了他的死罪，赎为庶人。而作为统帅的卫青本人，也因为在此次战斗中损兵折将，功过相抵。汉武帝对他作出了不奖也不罚的处理。唯独霍去病，因其横空出世，战绩卓著，而被汉武帝爵封冠军侯，食邑一千六百户。

联系到汉武帝的封赏，后人再看两出定襄的这次战役，总觉得胜利来得不是那么酣畅淋漓。尤其是对于卫青来说，和昔日的奇袭龙城、收复河南地，一举荡平匈奴右贤王部的漠南之战相比，似乎没有发挥出他应有的实力。

那是不是存在宫廷斗争在束缚着卫青的手脚呢？这里，我们不完全排除这种可能，但我们也绝不以此为主线或主要因素去观察战争和帝国的走向。

具体到卫青的这次战役。在朝堂上，汉武帝确实有倚重卫青的成分。卫青是外戚，而且还是外戚中一杆响当当的大旗。他不仅谦逊宽仁，还人脉深厚。二姐、三姐、霍去病等人不用说了。就说军中，公孙敖是他的救命恩人，公孙贺是他的大姐夫，一众将士对他敬服有加。

这样的卫青，汉武帝如何不怕？但他不用卫青，环顾朝野，又能指望谁呢？但要说此时的汉武帝就对卫青有很大的戒心，恐怕也为时尚早。因为此时的汉武帝毕竟青春鼎盛，建功立业还是他倡导的主旋律。一个正在走上坡路的帝国君主，自然就会少一点扯后腿的阴谋诡计。

所以，看待这次战役，还是应该回归到战斗的本身。前三次，卫青确有幸运的成分。之所以说幸运，都是卫青恰好找到了匈奴，而又没有碰上其主力。这次，汉军不仅战略目标直指单于庭，而且，又有熟知匈奴地形、习俗和军力的张骞做向导，长驱直入大漠之时，就迅速与伊稚斜主力相遇。

后来，汉军又受到左贤王部的夹击。正面骑兵迎战的汉军，不能说弱于匈奴，但也绝不会强过匈奴太多。因为这样的打法本来就是匈奴所擅长的，而且还在人家的主场。如此的战况和战果，应该也是在合理的范围之内。

至于派霍去病去执行迂回包抄的任务，自然少不了汉武帝着意培养的原因，当然，更少不了卫青的倾囊相授。但不派霍去病还能派谁呢？从多次实战经历来看，多数将领连匈奴都找不到，就是找到了，也打不赢。

而且，这次战役将匈奴主力赶向远离边境线的遥远漠北，不仅边境少受侵扰，还为日后战略反攻匈奴奠定了切实的根基。由此来看，两出定襄的战役，卫青同样功勋卓著。

河西之战

听从赵信的建议，迁徙漠北的伊稚斜单于也有着自己的打算。他的目的不只是暂避汉军锋芒，更重要的是他企图扩大战略纵深。因为依据他的经验，加上赵信的情报，他判断汉军不肯轻易深入大漠，即使深入大漠，因为地理、补给等各方面的原因，汉军也会避免打持久战。

所以，伊稚斜单于无奈之下，也不介意留出漠南的纵深地带，寄希望于在草原上解决汉军。而西汉这边，作为旷世将星的霍去病已经冉冉升起。这给意欲征伐匈奴的汉武帝平添了很大的信心。

秣马厉兵一年多后，公元前 121 年，汉武帝派霍去病远征匈奴。这是自西汉建立以来，第一次在没有匈奴侵扰的情况下，主动地远征匈奴。这也是“寇能往，我亦能往”的第一次真正实施。

同时，这也是汉武帝有意，更可能是无意间作出的最正确的战略部署。因为伊稚斜单于之所以北撤，核心目的就是吸引汉军追击。而汉军置伊稚斜本部主力不顾，而是派军首先向东攻打左贤王部。

就像卫青当年一样，霍去病的这次远征很可能没有既定的战略目标。从霍去病仅仅率领一万骑兵，又从他进军路线的灵活程度来看，不像是为了某个既定的目标。从以往的战例来看，汉武帝也没有，更不具备通盘考虑、逐步推进的能力和格局。

事实上，能够主动征伐匈奴，大胆起用新人，就已经树立了汉武帝雄才大略的口碑。而且，这样的方向和政策也才是君主应该干的事。

这次也一样，出于起用新人的目的，让霍去病独自担纲，深入大漠，也算是汉武帝历练年轻将领的领导艺术的体现。由此能看出，汉武帝时期能够涌现出卫青和霍去病这样的天才将领，也绝不是偶然的事情。

霍去病在这年的春天，率军一万从长安出发，沿渭水河谷一路向西进军。汉军从陇西（今甘肃临洮附近）出关，翻越乌盭山（今屈吴山），讨伐遬濮部落（也称须卜部），又渡过狐奴河（今石羊大河），接连扫荡了天水陇西一带匈奴的五个部落。

而且，汉军所到之处，只惩办首犯，不掠夺匈奴的财物，不屠杀顺从的匈奴人。紧接着，霍去病又率军转战六天，翻越焉支山（今甘肃山丹县内），向西北方向挺进千余里。和匈奴的浑邪王和休屠王部短兵相接。一番厮杀，汉军全歼了参战的匈奴骑兵，致其死伤八千九百多人。匈奴的折兰王和卢胡王被杀，浑邪王的儿子、相国、都尉等多人被抓获。

比较有象征意义的是，霍去病还夺取了休屠王的“祭天金人”。此战，汉军如风卷残云一般，一直打到敦煌才班师。

毫无疑问，霍去病这次的战绩大大出乎汉室朝野的预期。同样，这也标志着这位旷世将星的逐渐成熟。等待他的，将是更重的担子，也是更大的舞台。

霍去病也因功被汉武帝加封食邑两千户。这次固然是霍去病带领众将士取得的胜利，但同样也是卫青战略战术的延续。舅甥二人一脉相传般地将大迂回机动包抄这种新形势下的新战术运用得炉火纯青。

同时，霍去病更是青出于蓝一般地将这种战法提升到了一个新高度。他在长驱深入大漠的过程中，以敌养战；在战斗的过程中，更加机动和灵活。所以，他可以较长时间地滞留大漠而较少地依赖后勤补给，并可以利用所谓的“特种部队”发起闪电战而较迅速地结束战斗。

像昔日的卫青一样，霍去病，这块三昧真火炼出来的纯金，汉武帝迫不及待地要派上用场了。同年的夏天，即公元前 121 年夏，休整了几个月的霍去病，就再次受汉武帝派遣出征匈奴。

这次汉军的战略目标直指河西之地。河西，因在黄河以西而得名，也就是我们今天说的河西走廊。之所以称它为走廊，是因为它位于甘肃祁连山南麓，是一块自东南到西北，长两千多里的狭长谷地。这里不仅土地肥沃、水草丰茂，而且和内蒙古高原与青藏高原首尾相连，更是当时西汉通往西域的必经之路。

尤其是张骞归汉，与汉武帝彻夜长谈之后，汉武帝睁眼看了世界。经营西域，已经成为汉武帝跃跃欲试的目标。恰逢霍去病横空出世，打通河西走廊，便成为这次战役的既定方针。

这次，汉军分东、北两线进兵，担任主攻的在北线，主要攻击伊稚斜单于本部。为防止像上次两出定襄时一样，被左贤王部增援而两面受敌，这次，汉武帝又派博望侯张骞和郎中令李广率军从右北平出发，用来牵制在东面的左贤王部。

这里，汉武帝派张骞本没有错，因为他了解地形，熟悉匈奴。但不让他跟随霍去病深入大漠，而只让他和李广一起去牵制左贤王，的确令人费解。难道霍去病英勇到根本不需要这么好的向导和参谋吗？还是汉武帝担心李广再一次找不到路，反而认为李广更需要张骞呢？

这次自右北平出兵的李广，带领四千骑兵作为先头部队。张骞率领一万骑兵殿后。李广也真是命苦，上次随大将军卫青两出定襄，抗击匈奴，许多将领都因功封侯，偏偏就是他所率部队没有功劳。

这次，李广率军进入大漠数百里就碰到左贤王部主力，被四万匈奴骑兵团团包围。乍逢此变的四千汉军恐慌不已。李广为壮军威，命他的儿子李敢带头冲锋。李敢倒也不负父望，带领几十名骑兵，冲杀穿梭于匈奴的包围圈。几个来回之后，李敢还故意高喊匈奴很容易对付，以此来安定汉军的恐慌情绪。

由此可见，当时的情势是多么危急。李广又把汉军布成圆形阵势，所有人围成一圈，面向匈奴。但面对匈奴箭如雨下的猛烈进攻，汉军还是死伤过半。就这样，激战到天色渐暗，汉军将士都已经面无人色。唯独李广，却还是从容不迫地整军冲锋。

休整一夜，直到第二天，双方重新开战时，博望侯张骞才带着大部人马赶到。虽得以解围，但李广部却几乎全军覆没。战斗失败的主要责任由张骞承担，因为他行军迟缓，未能在约定日期到达指定位置。

此战之后，张骞被判死刑，赎为平民。李广在这次战斗中，由于表现勇敢，罪罚相抵，再一次没有得到封赏。

反观北线出击匈奴的汉军。由于河西走廊地形狭窄，再加上匈奴的作战特点，所以，大兵团正面作战的方式很难达到歼灭敌军主力的目的。为避开正面交锋，汉军必须出奇制胜。

既定的战略方案是霍去病部和公孙敖部分别走南线横穿沙漠，和走北线经戈壁进军至匈奴后方，两军约定会师居延泽。在这个水源丰沛的地方，进行休整，然后再两军合一，采用奇袭的方式，歼灭休屠王和浑邪王部主力，一举收复河西之地。

走南线的霍去病，从今天的甘肃宁县附近出发，率领精锐骑兵向西北挺进，在灵武（今宁夏银川附近）渡过黄河，跨越贺兰山，横穿今天的巴丹吉林大沙漠，到达居延泽，等待与公孙敖部会师。然而，走北线，即从今天的甘肃临洮附近出发的公孙敖部，由于在茫茫大漠中迷了路，并没有按时抵达会师地点。

自断一臂的汉军是退是进？是战是等？退则前功尽弃；等则夜长梦多；不战不进，不但失去奇袭的战略意义，还有可能招致匈奴主力的反包围。

像迷路，或找不到敌军的情况，在以往的战役中，在西汉多位将军的身上时有发生。这确实存在着客观原因。大漠本就气候异常、地形复杂、方位难辨，加上匈奴人下马为民、上马为兵，转瞬呼啸百里之外的特点，也令本就不太熟悉大漠和匈奴的汉军头痛不已。以前汉军不轻易深入大漠，即便深入，也多是无功而返。

此时，霍去病为了不贻误战机，当机立断，决定独自承担进兵和扫荡匈奴的重任。这样的决定，这样的胆识，这样的勇气和责任，怎么可能天不佑之。

雄姿勃发的霍去病，率领着他的铁骑，在居延泽由西北转向西南，沿额济纳河南下，长驱深入两千多里，绕道攻至匈奴的后方。神兵天降一般的汉军，迅速攻破小月氏。

前文说过，月氏曾与东胡、匈奴三足鼎立于大漠。冒顿单于崛起时，西破月氏，之后月氏举国迁往中亚，就是后来的大月氏。其中未能迁走的一小部分月氏人留了下来，臣服于匈奴，称为小月氏。经过四十多年的融合与发展，河西走廊一带归属匈奴的浑邪王和休屠王管辖。

霍去病横扫小月氏，大获全胜。望风而降的有单桓王与酋涂王等部；负隅顽抗的如稽且王等部，不但全军覆没，而且本人还被汉将赵破奴生擒活捉；落荒而逃的如呼于耆王等部，被汉军校尉高不识率军聚歼。

霍去病领兵，一直追击到祁连山下，击破匈奴增援的大军，再向西横扫诸羌部落。他凭一己之力，一举打通河西走廊。

此战，匈奴河西诸部的力量遭到前所未有的重创。汉军斩杀匈奴三万多人，活捉匈奴单桓王、酋涂王、稽且王、呼于耆王等王，以及他们的母亲、妻妾、王子等多达五十九人；俘获匈奴相国、将军、当户、都尉等共计六十三人；投降汉军的匈奴也达两千五百多人。

此时，领军进攻西汉边境代郡和雁门的伊稚斜单于，不仅本部进攻受挫；左贤王部也因受李广、张骞牵制而无法增援；更接到休屠王和浑邪王部在河西惨败的消息。

三线受敌，匈奴败局已定。伊稚斜单于无奈，只好领兵撤回漠北。而汉军由于千里转战，也损耗极大，没有能够继续深入漠北，追击伊稚斜单于本部主力。

大获全胜的霍去病部，被朝廷大加封赏。其中功勋卓著的赵破奴、高不识和仆多等将分别爵封从票侯、宜冠侯及辉渠侯。霍去病本人更是被加封食邑五千四百户，地位、声誉直追大将军卫青。而贻误战机的公孙敖按律当斩，赎为庶人。

霍去病无疑是一位天才将领，但他的天才表现也是根植在他武装到牙齿的军事装备之中。他的骑兵和战马是西汉帝国军队中的顶尖配置。率领着这样一支帝国精英部队，也是他敢于深入转战、孤军冲锋的底气和保障。

河西之战的失败，匈奴单于伊稚斜气急败坏。追究失败的责任，浑邪王和休屠王难辞其咎。公元前 121 年，注定是个热闹的年份。春夏两季，霍去病两次横扫河西。到了这年的秋天，秋后算账的时候到了。

伊稚斜单于借匈奴秋社之际，专程派人通知浑邪王和休屠王到单于庭参会。这两位被霍去病的汉军打残的可怜虫心知肚明，此一去，哪里还能有回来的道理？辗转反侧的算计之下，二王决定率部投降西汉保命。在一番讨价还价的利益磋商之后，汉武帝派霍去病去接受匈奴的投降。

这次受降规格隆重、规模盛大，仅动用的兵车就有两万多辆。汉军的目的：一方面是要向匈奴秀一下肌肉，展示一下国威军力；另一方面，也是对全副武装而又屡次背信弃义的匈奴做好必要的防范。

果不其然，霍去病率军渡过黄河与匈奴相接之际，不少匈奴浑邪王部小王纷纷率部逃走。休屠王也临时反悔，携众逃亡。霍去病当机立断，除了自己一马当先地冲向匈奴之外，又命令部队追杀逃走的匈奴，斩杀匈奴八千多人，汉军无一伤亡。

浑邪王为了保命和显示投降的诚意，亲自诛杀了休屠王。霍去病凭借其刚毅、果断以及勇猛的强硬手段，有惊无险地完成这次受降的使命。匈奴一共有四万多人归顺了西汉，西汉对外号称纳降十万，以彰其威。

浑邪王被封为漯阴侯，他属下的四个小王也都被封为列侯。一众匈奴的将士民众被分为五个属国，安置在河南地，用以拱卫西汉边境的五个要塞。

汉武帝为了鼓励更多的匈奴人降汉，厚待了这些投降的匈奴人。此举虽然招致朝野上下的各种反对，但对于分化匈奴也起到了很大的作用。

像乌桓，作为在冒顿时期被灭国的东胡后裔，一直以来，不得不臣服于匈奴。当他们看到降汉受到如此优待时，也发生了动摇。在日后的漠北之战时，他们趁左贤王败退漠北之机，举部归顺了西汉。汉武帝将他们安置在上谷、渔阳、右北平、辽西和辽东五郡的外围，利用他们作为防御匈奴的前哨。

打通河西走廊，相当于打开了通往西域的门户。大汉帝国又在河西走廊设酒泉、武威、张掖、敦煌四郡。这标志着西汉领土向西扩展了近两千里。

第四章
衰落：天灾人祸，四分五裂

汉武帝全国动员，积极备战

匈奴接连失去河南地与河西之地后，不得不退回祁连山和焉支山以北。如果说上次的退居漠北，还有战略转移成分的话，那么这次汉军不按赵信的预期，而转攻河西之地，致使匈奴退守漠北，却是无奈之举。

然而，匈奴的主力尚存，他们还在坚持赵信的策略。匈奴仍不断侵扰边境，诱使汉军深入大漠，企图在家门口对汉军围而歼之。由于赵信死心塌地地追随伊稚斜单于并出谋划策，加上此时的匈奴部族人才凋零，他自然备受伊稚斜单于倚重。

伊稚斜单于在阗颜山仿造西汉建筑式样，修筑了赵信城，赏赐给赵信居住。赵信建议伊稚斜单于伺机入侵西汉边境抢掠，以达到休养生息、积蓄力量的目的。

依据前几次的战争经验和对汉军的了解，他们判断：汉军短时间内，不会轻易深入漠北。于是，在公元前120年秋，伊稚斜单于在赵信的怂恿下，派数万骑兵大举入侵右北平和定襄。

前面两战之后，西汉尽得河南地与河西之地，汉武帝又徙数十万关东贫民到此屯田戍边。汉军相应地撤走了一半的防守兵力，致使这两个地方防守薄弱。匈奴趁此机会，在右北平和定襄两地杀掠数千百姓，抢掠大量财物。

面对匈奴的肆意挑衅，西汉相应作出的判断是：匈奴之所以敢于不断侵扰边境，就是因为赵信为伊稚斜单于出谋划策。他们以为汉军不能久留大漠，不敢对漠北轻易用兵，也助长了他们肆无忌惮地不断犯边。为了彻底解决问题，也为了出其不意地奇袭匈奴，汉武帝决定深入漠北，聚歼匈奴主力。如果说前几次战役有或被迫应战，或出于练兵的目的，或缺乏明确的战略目标的话，那这次却是目的最为明确的一次。那就是聚歼匈奴主力，斩杀或活捉伊稚斜单于。一言以蔽之，这次的漠北之战就是要彻底消灭匈奴，清除北方地区的边患。

为此，西汉这边开始的战争准备，可谓全国动员。

国家政策层面：汉武帝下诏实行币制改革，又令“初算缗钱”，实行盐铁专卖，以筹集战争所需的大量物力和财力。

下面，我们简要介绍一下这些政策，以便于我们从另一个层面来看待战争。首先我们来看币制改革。我们知道，自物物交换进入到使用货币交换的阶段，就会出现通货膨胀。通货膨胀的既得利益者一般是货币发行方。

汉初，不仅币制混乱，还放开民间铸钱。前文中“七国之乱”的首倡者吴王刘濞，还有汉景帝时期的邓通都曾开山铸钱，富甲天下。加之那些富商巨贾囤积居奇，又在金融上耍尽手段，致使民贫国弱。为了打击投机商人，增加中央财政收入，汉武帝时期，一共进行了六次币制改革。

币制改革的目的无非是以下三点：其一，提高铸币的防伪技术，使其名义价值与法定重量恢复一致，避免民间私自仿造或熔炼重铸，从中牟利，中饱私囊；其二，用并非货币的银锡，也就是相当于用现在纸币的形式，强制定以高价，借机盘剥那些大商人的财富，用以增加中央财政收入；其三，力图恢复承担物物交换的铸币的功能，也就是按国民生产总值发行货币，使其恢复和承担货币应有的功能。

综合以上三点，既有作为政府的无奈之举，也有故意盘剥工商业者的明显企图。但也能看出，遵循经济、币制的规律和原则，也是汉武帝时期不断调整、摸索和追求的目标。

当然，这得益于国家的统一和政府的强大。全国一盘棋，政令贯通，是实现币制统一的基础。另外，这也得益于铸造技术的提高。技术含量高、做工精致、轻重适宜的铸币，不仅更加方便流通，而且很难伪造，这基本上断绝了私人铸币的源头。

更加重要的是，汉武帝不拘一格地起用人才。像商贾之子桑弘羊，就因其出众的经济才能，得以执掌中央财政大权三十余年，为帝国经济，尤其是货币的适量发行做出了不可磨灭的贡献。

再看汉武帝的“初算缗钱”政策。“算缗”是西汉朝廷向商人征收的一种财产税。汉武帝征收的这种财产税高达6%，相比之前征收的稍多于1%的政策，这次为了战争的需要，朝廷加征了五倍还多。而且，相较于以前财产税难以收缴的情况，这次，汉武帝又颁布了严厉的“告缗”法令。所谓“告缗”，就是凡有人隐瞒不报，少缴或不缴财产税的话，人人都可以检举揭发。查实者，所有财产充公，举报者有赏。不仅如此，凡家中有轺车（即小马车）的，有五丈以上船只的，都要缴税。也就是说，家中凡有车、船的，不管是私用还是货运，都算在个人财产的范围之内，要按比例缴税。

突然提高的缴税比例和如此严格的缴税政策，自然让那些有钱人怨声载道。以至于唐代的杜甫在诗中就有“军须远算缗”之句，意思就是不要这样去筹备军需物资。

然而，开疆拓土、保家卫国说到底还是为了百姓，甚至是为了千秋万代之后的百姓。而且，这次征税的主要对象是那些大的工商业主和放高利贷的人。

古代的中国，以农立国，一向就有重农轻商的传统，这有一定的道理和时代的意义。因为商人一般通过囤积居奇、贱买高卖和高利贷等方式来盘剥农民。市场上，他们是商贾，积聚财富之后，到农村，就会变成地主。他们大规模兼并土地，导致农民进一步贫困，甚至流亡。如此循环，不但导致没人种地，而且还会激化农民阶级和地主阶级的矛盾，引发严重的社会问题。

更重要的是，他们这些人拥有大量资财，过着奢靡无度的生活。而且，唯利是图的他们，趁火打劫，大发国难财。为了解决财政危机，也为了巩固统治，更为了直接筹备对匈奴的战争，汉武帝任用“兴利之臣”，采纳御史大夫张汤和侍中桑弘羊的建议，首先向商人开刀。

这就是公元前119年，汉武帝颁布和实施“初算缗钱”政策的原因。

后人可能认为汉武帝的“初算缗钱”政策，打击或抑制了西汉工商业的发展。我们不否认这样的观点。但任何事情，都要放在当时的社会和历史大背景下去观察。在全民动员、全国皆兵的形势下，主要向那些富商巨贾和放高利贷的人多收点税，本也无可厚非。毕竟那时候，大战在即，作为国人，要有钱捐钱，有力出力。

相较于绝大多数要交税的人的群情激奋、万般阻挠而言，有一个人值得我们认识一下，他就是卜式。卜式是河南洛阳人，幼时父母双亡，家境贫寒，他抚养幼小的弟弟长大成人。后来，他把家里的田地、房屋及财产都给了弟弟，自己只带走一些羊羔，进山放牧。十多年后，依靠放牧的积蓄，他又买了田地房屋。而这时，他的弟弟却耗尽家产，一无所有。于是，卜式又屡次把家产分给弟弟。

由此可见，卜式不仅勤劳能干，而且宽厚仁慈。当他得知朝廷因征伐匈奴而国库紧张时，卜式更是主动为国捐出自己的一半家财用于支援战争。并同时表示：自己这样做没有任何索求，只是觉得朝廷讨伐匈奴，贤能的人应该为大节而死；有钱的人应该捐些东西出来，这样的话匈奴就可以灭掉了。

卜式的如此行为，自然流露的铿锵话语，正是西汉那个时代的普遍声音，理应回响在横扫匈奴的万千铁骑之间；理应书写在以卫青、霍去病为代表的那一大批英雄们的功劳簿上；理应铭刻在开疆拓土的历史丰碑之上。

不仅如此，事隔一年之后，卜式见朝廷为安置投降的匈奴人，及迁徙贫民而开支过大，财力不足时，又主动捐钱二十万给河南太守，以救流民。对比于当时那些富豪争相隐匿财产的丑态，卜式无疑具有强烈的家国情怀。

汉武帝的盐铁专卖政策，其实质是为了增加中央财政收入，而对盐和铁实行的垄断经营。

盐铁垄断经营古已有之，管仲就曾专门对盐铁的经营有过论述。只是到了汉初，为了休养生息，才对民间开放盐铁经营。经过近百年的发展，到汉武帝时期，经营盐铁的商人不仅富比王侯，而且奢靡成风。更由于他们的垄断，出现了盐铁产品质量下降、价格昂贵的弊端。

事实上，就是没有对匈奴的征伐，盐铁经营收入归国有，也只是时间问题。那时的统治者，怎么可能容忍这帮商人控制帝国的经济命脉。再说，当时的大部分商人也的确少了点家国情怀，他们更看重那些所谓的亭台楼阁和西风“瘦马”。从另一个角度来看，容忍这样的人，也是对国家的不负责任。

除政策层面之外，为了这场战争，汉室朝廷又对全国百姓进行了总动员：从民间征发战马十四万匹，准备的粮草更是不计其数。而且，动用数十万步兵和民夫负责转运辎重，以保障后勤供应。

漠北之战

经过充分的准备，汉军在卫青和霍去病的带领下，精锐尽出，倾国之战就此打响。

这次战役，主力放在霍去病一部，主攻伊稚斜单于本部。卫青领兵负责剿杀左贤王部主力。历史有时候就是这么出人意料。就在整装待发之时，汉军从几个俘获的匈奴人那里得知，伊稚斜单于当时正领兵驻守在匈奴的东部。

于是，汉武帝调整进攻部署，霍去病由西部改到东部出代郡，寻找伊稚斜单于本部主力作战。而卫青则由原定的东边换到西部出定襄，牵制和打击匈奴左贤王的主力。

这样的换位本无可厚非，只是根据敌人主力的方位而相应作出部署上的调整。然而，从日后战斗的实际情况来看，汉军及朝廷对匈奴的兵力及部署是多么的不了解。因为自右贤王部被打残之后，匈奴在东边发起的侵扰西汉边境的所有战斗，几乎都是左贤王部所为。而虚张声势，打着伊稚斜单于旗号的匈奴，却屡次让汉军误以为是伊稚斜单于率本部亲征。

由此，也能印证前文中说的，汉武帝不可能在以前的每次战役中，都有明确和具体的精准打击目标。所以，尤其在汉武帝前期，在对匈奴的征伐中，会更加体现将军的灵活机动和随机应变的能力。

相比于许多将军因迷路，因找不到敌人主力，因找到也打不赢等原因而无功而返、损兵折将的情况，那卫青和霍去病真的就是如“战神”一般的存在。

此时，卫青和霍去病分东西两线，各领兵五万，进军大漠。改道西线的卫青，率领李广，重新起用的公孙敖，以及公孙贺、赵食其、曹襄、常惠、遂成等部从定襄出发。

而走东线出代郡的霍去病，率领的赵破奴、安稽、卫山、李敢及投降西汉的匈奴等部，都是汉军中的精锐部队。而且，军中不设副将，不带大量辎重，以方便直接指挥和机动歼敌。

匈奴这边，汉军的大举北征似乎正中赵信下怀。他的谋划本来就是引诱汉军深入大漠。但他没想到，汉军来得这么快，更令他想不到的是，汉军做了这么充分的准备，可谓倾国来战。

但不管怎么说，此时的赵信还是信心满满。他随即建议伊稚斜单于将主力集结在漠北以逸待劳。因为他判断：汉军远道而来，不善马战，不熟地形，可谓“强弩之末，不能穿鲁缟者也”。然而，他要面对的是“战神”卫青。

卫青进入大漠向西进军途中，从抓获的匈奴俘虏口中得知：伊稚斜单于的本部人马并未东去，仍在匈奴西部的漠北。情报的失误、主攻方向的改变，使原本负责配合策应作战的卫青部，将要直面匈奴伊稚斜单于的主力。

这就是战争，战场形势瞬息万变，要求统帅具备极高的机动性和灵活性。卫青当然不缺乏这样的素质和应变能力。他依据新的形势，迅速调整部署，命公孙敖部为先锋，曹襄殿后。自己亲率主力大军穿越大漠，千里行军，直扑伊稚斜单于本部主力。

这次战役，因李广年近花甲，汉武帝本无意起用。但李广本人杀敌心切，一再请战，并执意承担先锋的重任。汉武帝勉强答应，将其安排在卫青帐下，作为前将军随军出征。

由于此次是倾国之战，为保证万无一失，临行之时，汉武帝特意密旨卫青，慎重使用李广。目前战场形势突变，原本侧翼机动的卫青部要承担主攻的任务。不敢掉以轻心的卫青，命李广和赵食其带兵迂回东路绕到匈奴背后，以策应主力作战。

这样的部署，彻底激怒了李广。立功心切的李广，见自己没能被委派执行主攻的任务，一再抗命。将令之下，负气进军的李广，在仓促间连一个靠谱的向导也没有带。结果可想而知，李广、赵食其部又一次迷失在茫茫的大漠之中。直到战斗结束，他们才找到回家的路。

就在卫青以统帅的名义要李广提交迷路原因的报告时，李广羞愤自杀。一代名将李广，以这样的结局陨落，实在令人惋惜。凶手是谁？是汉武帝还是卫青，抑或是李广本人？都不是，归根结底，这个凶手就是李广自己的心魔。战场，尤其是大漠上的战场，形势瞬息万变，机会层出不穷，多少次发生了既定目标的突然转移，行军路线的机动变化，就连这次，不也是主力变成侧翼，侧翼承担主攻吗？

再看领兵疾进，深入漠北的卫青部，毫无意外地进入匈奴单于伊稚斜部的包围圈。一场正面硬碰硬的战斗在所难免。没有任何的花巧计谋，没有任何回旋和退让的余地，狭路相逢勇者胜，双方筹备已久的倾国之战就此打响。

卫青依据战场形势，首先指挥汉军以“武刚车”环绕四周为营，稳住阵脚。“武刚车”，是在原来兵车的基础上进一步改进的车型，类似于今天的坦克装甲车。它不仅以厚厚的皮革覆盖在车身的四周及车顶，而且还绑缚着面向四周的尖矛利刃。汉军藏身车中，不仅可以控制车辆移动，还能从中发射弩箭。

在“武刚车”的掩护下，卫青派五千精锐骑兵发起冲锋。伊稚斜单于当然不甘示弱，摆出一副志在必得的架势，一面指挥匈奴士兵不断缩小包围圈，一面派出一万骑兵阻挡汉军的冲锋。

一场鏖战，从日出到日落，双方直杀得难分难解。激战至黄昏之时，突然刮起大风，一时间沙砾扑面。在如此恶劣的天气条件下，对阵的双方将士甚至迎面都相互看不清楚。

卫青趁此天气突变之际，因势利导、当机立断，迅速派出两队人马，从匈奴的左右两翼迂回至匈奴的背后，对匈奴实施了反包围。

卫青的临场指挥，汉军的迅猛行动，瞬间改变了战场的形势。被内外夹攻的匈奴顿时乱作一团，死伤无数。伊稚斜单于见大势已去，无力回天，无奈弃部率领数百亲兵突围。他们朝西北方向，向大漠的深处逃去。

由于当时激战正酣，风沙太大，再加上在如此正面硬攻的惨烈战斗之下，汉军也损伤过大。等卫青得知伊稚斜单于逃脱后，马上派轻骑兵去追赶，尽管追击了两百余里，但也为时已晚。

伊稚斜单于逃走后，匈奴被汉军打败。卫青率军向北一路追击，第二天，到达并攻克了阗颜山（今蒙古国纳柱特山）的赵信城，夺取了匈奴大批屯粮辎重。休整一天后，卫青下令将带不走的辎重屯粮全部烧毁，领兵南归。

此战，卫青率领汉军斩杀匈奴士兵一万九千多人。而逃入大漠的伊稚斜单于，如惊弓之鸟一般地躲避汉军的追击，与部众失去联系达十多天之久，致使匈奴人都以为伊稚斜单于已死。为稳定军心，右谷蠡王自立为单于。直到后来找到伊稚斜单于，右谷蠡王才取消了单于的称号。可见，当时的战况是多么惨烈，而追击搜捕伊稚斜单于又是多么困难。

正在伊稚斜单于焦头烂额地收拾残部的时候，东线战场又传来左贤王部几乎全军覆没的消息。这自然是霍去病干的。

霍去病率领汉军五万精锐，轻兵疾进。大军横穿沙漠，向北挺进两千余里，与匈奴左贤王部主力相遇。霍去病指挥汉军发动猛烈进攻，大败左贤王部。此役斩杀北车耆王，俘获屯头王、韩王等三人，杀死匈奴将军、相国、当户、都尉等八十三人，共歼敌七万零四百四十三人，匈奴左贤王部几乎全军覆没。左贤王率亲兵弃军逃走。

霍去病挥师一路追杀，到达狼居胥山（一说在今蒙古国肯特山）。他登山祭天，又在姑衍山堆土祭地，一直打到今天的大戈壁。这也就是我们今天广为传颂的“封狼居胥山，禅于姑衍，登临瀚海”。这是霍去病一生之中最高光的时刻。

以绝对胜利者的姿态，如此高调地宣扬国威军威之后的霍去病，领兵凯旋。这里有必要说明的是，霍去病此次“封狼居胥”中的狼居胥山可能在宁夏西北，也就是今天的内蒙古河套地区黄河北岸的狼山附近，而不太可能是有些人认为的今天的肯特山。而“登临瀚海”中的瀚海则是前文说过的戈壁沙漠，而不太可能是今天的贝加尔湖。

因为出代郡两千余里，既到不了肯特山，更到不了贝加尔湖。即便能到，当时汉军的装备也支持不了如此来回征战。即便能够支持，这样的远征也没有实际的战场意义，毕竟追杀左贤王部不需要如此深入。就算如此深入，从战略层面来看，也不会起到任何影响和作用。

但是，无论山在哪里，海在何处，此时的霍去病和他的远征将士，已经将丰碑铭刻进永不磨灭的历史之中，永远散发着璀璨的光辉。

漠北之战，是汉武帝时期对匈奴发动的规模最大的一次战争。这一战，匈奴两路人马被歼九万余人。自此，匈奴左、右贤王的东、西两路被基本消灭。

梳理一下，卫青共七次出击匈奴，斩获五万余人；霍去病六次出击匈奴，斩获十一万余人；浑邪王率众投降西汉的人数应在四万以上；至于当初，伊稚斜因与太子於单争夺单于位而引起的内乱，虽然不清楚具体的伤亡数字，估计也不会少。以匈奴“控弦之士”三十万来计算，自军臣单于死后到公元前119年的这七年间，匈奴士卒的损失应该在三分之二以上。

漠北大战后的匈奴

由此可见，军臣单于时期的衰落迹象，在伊稚斜单于时期迅速变为现实，成为匈奴从强盛走向衰落的起点。如果说伊稚斜单于之前领兵退守漠北，还有战略转移成分的话，那这次匈奴远遁，却是真正的“漠南无王庭”。

“亡我祁连山，使我六畜不藩息；失我焉支山，使我妇女无颜色”的哀歌，更真实唱出了匈奴人的无奈和苦涩。漠北大战后，危害西汉百余年的匈奴边患基本得到解决。

凯旋的汉军将士，得到朝廷的封赏。汉武帝加封卫青、霍去病为大司马。这里，汉武帝着意重赏霍去病，加封食邑五千八百户，帐下将官多人封侯。而对于卫青，因兵力损耗过大，部下将军无一封侯。但遗憾的是，在卫青和霍去病他们生前，再也没有能够征伐匈奴。之所以没有再大规模征伐匈奴，普遍的观点是认为汉武帝时期的这几次大战，尤其是后来的漠北之战，兵力物资，尤其是战马损失过大，以至于不能再大举征伐匈奴。

但我们不能忽视的是，尽管没有征伐匈奴，但汉军征伐朝鲜、西羌和西南夷的战争丝毫没有耽误。而且，西汉对匈奴的战争也屡次被提上议事日程。之所以没有付诸实施，那完全是因为霍去病的突然去世，再加上卫青可能因为常年征战，身体一直多病。

千军易得，一将难求。从日后对匈奴小规模的战斗中也能看出，失去了卫青、霍去病这样“战神”一般的将领和统帅，西汉对匈奴的战斗将会怎样惨不忍睹。

漠北之战后的汉武帝，为巩固战争的胜利成果，派人在今天的内蒙古乌拉特中旗附近修筑了光禄城，在今天的宁夏居延县附近修筑了居延城，在今天的甘肃民勤县附近修筑了令居城，并设置官吏，开挖沟渠，招募数万关东贫民，以此为根基，不断向北拓荒屯田。

匈奴大败之后，赵信城被毁。赵信诱兵深入、一举歼灭汉军的计谋也随之破产。但赵信还是百折不挠，再次为伊稚斜单于出谋划策。这次他转变策略，建议伊稚斜单于向西汉请求“和亲”休战，以便换取时间，恢复国力。

此时的西汉，也因为连年的战争而消耗过大，双方都有点打不动了，坐下来谈谈也是顺理成章的事。汉武帝经过朝堂廷议之后，确定了自己的原则立场，那就是停战可以，“和亲”也行，但前提必须是匈奴以外臣的身份臣服于西汉。

带着这样的条件和目的，丞相长史任敞出使匈奴。而伊稚斜单于方面，虽然刚刚遭受重大打击，但他希望的讲和休战只是权宜之计，从来没有想过要向西汉投降。

而出使接受匈奴投降的任敞，使伊稚斜单于感受到了巨大的羞辱。盛怒之下，他下令将西汉使者任敞扣押起来。汉武帝见伊稚斜单于战败至此还态度如此强硬，也大为震怒，不但相应扣押了在长安的匈奴使者，而且准备再次筹划深入漠北征伐匈奴的战争。

然而，国运的天平这一次没有向西汉倾斜。从漠北回来一年多，即公元前 117 年，年仅二十三岁的霍去病因怨恨李敢刺伤舅舅卫青，在一次狩猎时射杀了李敢。汉武帝为了息事宁人，派霍去病远走朔方守边时，后者不幸染病去世。

一颗天才将星就这样如流星般陨落，曾被他照得雪亮的西汉夜空，因他的去世而渐渐复归了寂静和黑暗。但他那句饱含家国情怀的“匈奴未灭，何以家为”的铿锵话语，必将连同他的功绩一起闪耀在历史的星辰大海。汉武帝极度悲伤之下，也只有通过隆重的葬礼来对这位旷世英雄作出最后一次表彰。他下令将霍去病的墓地修成祁连山的形状；送葬的铁甲军列阵，沿长安城一直排到茂陵东的霍去病墓地，前后绵延百里之遥。

务实的乌维单于

汉武帝因霍去病的突然去世，不得不放弃了再次征伐匈奴的计划。同时，西汉也拒绝了伊稚斜单于求和而不投降的要求。就这样，汉匈双方暂时进入一个不战不和的僵持状态。

在这一时期，双方在休养生息的基础上，都作出了战略上的调整。匈奴那边，伊稚斜单于困居漠北，既害怕汉军再次深入大漠实施远距离奇袭，又实在无力领兵南下抢掠。心灰意懒、年事已高的伊稚斜单于很快走到了人生的终点。

公元前 114 年，在位十三年的伊稚斜死了，即位的是他的儿子乌维（公元前 114 年—公元前 105 年在位）。当时的乌维单于已经成年，又亲历过和汉军的几次大战，所以他既秉承着伊稚斜单于时期对西汉的基本政策，又能够认清现实。

乌维单于即位初年，在赵信的建议下，一边带领匈奴休养生息，一边不断向西汉发出求和的信号。他多次遣使向西汉请求“和亲”。汉武帝在伊稚斜单于死后，也需要适时调整对匈奴的策略。为详细了解匈奴的虚实，趁此机会，西汉派大臣王乌出使匈奴。

王乌，原本就是北地人，熟知匈奴风俗。来到匈奴后，他就按照匈奴的规定，把符节放在单于庭外，再用墨把脸涂黑，才进帐去见乌维单于。这就是“去节黥面”。这种仪式，本来是早年的中行说为了羞辱汉使而定下的规矩，多年来，汉使也不总是严格执行。这次乌维单于见王乌主动“去节黥面”入见，十分高兴。

酒宴之上，乌维单于甚至假意许诺愿意派太子去长安作人质，以表达与汉“和亲”的诚意。接到王乌汇报的汉武帝，认为匈奴已经衰落，愿意投降西汉。于是，西汉再次派杨信出使匈奴，商谈具体投降事宜。

杨信以纳降的姿态来到匈奴，既不“去节”，也不“黥面”。面对毫不妥协的杨信，乌维单于无奈，只好在单于大帐的外面接见了他。结果可想而知，一个根本没想投降，一个来商谈的却是投降事宜。而且，双方首先就在礼仪上引发了矛盾。

谈判中，具体争论的焦点集中在“和亲”应以什么为先的问题。杨信认为，按照匈奴的诺言，应该先送太子到长安。乌维单于辩称，按照“和亲”惯例，西汉应该先送公主和嫁妆来。

没有诚意的谈判，破裂是唯一的结局。汉武帝盛怒之下，找来王乌回话。于是，王乌再次出使匈奴。乌维单于再次要起了两面派的手段。他不但热情地款待王乌，还信誓旦旦地表示：不但太子可以去长安为质，就是自己也打算亲自到长安，与汉武帝结为兄弟。

这些骗人的话，不但王乌信以为真，就连汉武帝也深信不疑。

总之，相信乌维单于会来长安的汉武帝，表现出了极大的热情。他下令在长安为乌维单于修筑了豪华的宫邸，作为单于前来朝见时的下榻之处。

宫邸落成后，面对西汉的催促，乌维单于为拖延时间，争取休养生息的机会，就找借口先派一位匈奴“贵人”到长安，一来先向汉武帝问好，二来看看单于宫邸的修建情况。

然而，事情就是这么凑巧。这位匈奴“贵人”初到长安没多久，就一病不起，经百般救治，最后还是客死异乡。西汉这边，自然既惋惜又尴尬。事已至此，为表示抚慰之情，汉室朝廷授予路充国两千石的印绶，让他护送这位“贵人”的灵柩回漠北，同时馈赠匈奴数千金作为吊唁礼金。

西汉这样的做法，可谓礼数周到、仁至义尽。而乌维单于那边，正愁睡觉没有枕头呢，这下可算找到了借口。他一口咬定是西汉害死了这位“贵人”，不但扣押了路充国，还开始派兵侵扰西汉边境。

至此，汉武帝终于明白：以前匈奴的什么“和亲”、送太子作人质，还有亲自到长安等全是谎言，目的不过是拖延时间，企图恢复国力。

乌维单于和他父亲一样，虽然国力衰弱，但仍不愿向西汉称臣。他们贪恋的只是西汉的巨额财富，要求的仍是和西汉的对等地位。

乌维时期的汉匈关系，战争虽然不是重点，但双方也不是完全没有动过干戈。早在公元前 112 年，乌维单于就秘密联络羌人以及西域的楼兰、车师等国，共同进攻西汉的河西之地。

十余万羌人挥师攻打安故，包围了枹罕。乌维单于的匈奴骑兵攻入五原郡，杀死五原太守，大肆抢掠。汉武帝为打击匈奴，彻底扫清河西之地的反汉势力，于第二年，即公元前111年，派将军李息、郎中令徐自为率领十万汉军，平定西羌叛乱。同时，汉武帝派出公孙贺和赵破奴各率一万精锐骑兵，分别从九原和令居出发，寻找匈奴主力决战。

十万羌人的叛乱很快得以平定。汉武帝随即在羌人的聚居地设置了护羌校尉，用来监督和管理这些臣服的羌人。然而，出九原两千余里的公孙贺，进入大漠数千里的赵破奴，却没有发现一个匈奴士兵，最终无功而返。

这里，羌人的战斗力相对较弱自不必说。单就汉军深入大漠数千里而“皆不见匈奴一人而还”来说，一方面可见匈奴士兵的锐减程度；另一方面，也能够看出乌维单于在极力避免与汉军决战。漠北之战的惨败，他肯定还记忆犹新。由此也能看出，乌维单于是一个比较务实的人。

乌维单于这种务实的程度，甚至超过了汉武帝。汉武帝性格中还是有点好大喜功的成分。因为在这一年，汉军同时平定了南越、东越、西南夷和朝鲜等地，虽然匈奴未灭，但汉武帝已经开始有点趾高气扬了。于第二年，即公元前110年，汉武帝亲统十八万大军出巡边塞，“行自云阳，北历上郡、西河、五原，出长城，北登单于台，至朔方，临北河。勒兵十八万骑，旌旗径千余里，威震匈奴”。

这里与其说是威震匈奴，不如说是耀武扬威。西汉空耗大量的军力财力，就为了陪着皇帝进行这么毫无意义的千里巡游。没有点好大喜功的性格，绝对干不出这事。辱骂和恐吓绝不是战斗，而且，对大漠苍狼一般的匈奴而言，这样的花架子就能威震到他们吗？

果然，乌维单于按兵不动，没理汉武帝这茬儿。粉墨登场的演员怎么能缺少了观众？于是，汉武帝派郭吉出使匈奴。出使要有来意，不是所有的使者单于都要接见的。然而，郭吉就是奉命来表演的。他唯恐乌维单于不见他，就故弄玄虚，对匈奴主客（主管外交的官员）说这事可大了去了，必须见到单于，才能亲口告诉他。务实的乌维单于不愿错过任何一个机会，就接见了郭吉。

郭吉说的大事是什么？吉曰：“南越王头已县于汉北阙。今单于即前与汉战，天子自将兵待边；即不能，亟南面而臣于汉。何徒远走，亡匿于漠北寒苦无水草之地！”

这段话有三层意思，其目的就是烘托一个主题。

首先，郭吉用南越王死得很惨来夸耀战绩，吓唬对方；其次，再给对方出一道战与不战二选一的选择题，看起来是二选一，但从郭吉给出的已知条件来看，匈奴只能投降，别无出路；最后，再重点强调一下，匈奴不选择投降的严重后果。

毫无意外，愤怒的乌维单于，用扣押郭吉的方式表明了决不投降的态度。汉武帝的巡塞，是乘兴而来，败兴而归。

就是在这样不了解匈奴的指导思想下，这一时期的汉武帝被乌维单于戏弄了。前面说到的为匈奴“贵人”送葬的路充国被匈奴扣押之后，汉武帝终于如梦初醒。此时，休养生息后的匈奴，在乌维单于的带领下，又开始不断侵扰西汉边境。

张骞出使西域

汉武帝明白了，既然匈奴有意避而不战，与其千里驱驰无功而返，不如经营西域，对匈奴进行分化瓦解。

汉武帝决定武力和外交双管齐下。这样的决策，又回归到了正确的思路上。武力方面，由于姑师和楼兰听命于匈奴，更占据着西域门户的重要位置，鉴于他们屡次拦截西汉使者，经常劫掠西汉商队，汉武帝决定派赵破奴率军进攻姑师和楼兰。

赵破奴曾在霍去病帐下效力，行军打仗颇有霍去病遗风。而且，他在年少时曾有过一段在匈奴生活的经历，对匈奴相当了解。就连他的名字“破奴”，也是取破灭匈奴的意思。

这一次征伐姑师、楼兰之战，足见赵破奴的英勇。赵破奴领命后，与出使西域的使者，也是商人身份的王恢（不是前文中马邑之谋中的王恢）率军数万出征。

王恢整军殿后，赵破奴率七百轻骑连夜疾进。天还没亮，汉军就赶到楼兰城下。汉军闪电出击，一举擒获楼兰王。楼兰投降。赵破奴马不停蹄，挥师转战姑师。第二天午后，汉军铁骑就马踏姑师城。随军带来的楼兰王，被赵破奴当众砍下头颅，并严正声明：“不亲汉者，视此头！”如此手段和战果，才是真正的“威震”。

如此“威震”之下的姑师，缴械投降。用时一天半，汉军不损一兵一卒，连破两国。姑师、楼兰献质子于长安。

迅速攻下两国后，赵破奴和王恢又率领大部人马进发乌孙、大宛边境，各国望风而降。由于此时匈奴正在休养生息，无力发兵西域，赵破奴一战功成，不但打通了“丝绸之路”，而且将西汉军威远播西域。

如果说张骞是从地理层面发现西域第一人的话，那么赵破奴就是真正通过战争的手段，将西域辽阔疆域收归大汉版图的开山鼻祖。

这段时期，尽管摩擦不断，战斗时有发生，但总体上还是以外交为主。汉武帝的外交政策，就是以张骞为代表的三次出使西域。应该说，汉武帝时期，还是特别有意识地去沟通西域各国。

当时的西域，有所谓三十六国的说法，但以后逐渐分化而成的五十多国也应该包括在内。而且，不仅是天山以北，就连葱岭（今帕米尔高原）以西的大宛、康居、大夏、大月氏及安息也应该包括在西域的范围之内。

前文说过的张骞第一次出使西域，是在汉武帝初年，为“断匈右臂”而出使大月氏。那次张骞自公元前 139 年离开长安，辗转十三年，到公元前 126 年才返回。虽然没有完成既定使命，但也使西汉初步了解了西域。也就是因为这次出使，张骞探明大夏与印度接近。

回来后的张骞，为避免去西域必经匈奴防区的不便，就想着可以绕道西南蜀地经印度到大夏、大月氏等国。汉武帝听取了张骞的汇报后，考虑到大宛、大夏和安息等国军队偏弱，北边的大月氏、康居等国，军队强大，都喜欢西汉的财物用具，完全可以用利益诱使他们归顺西汉。

若果真如此，就可以不战而开拓万里疆土，西汉的声威和恩德也能够遍传四海，何乐而不为呢？所以，这一次，除了军事目的，还有经济上的考虑。汉武帝希望联络或臣服葱岭以西各国，以达到包围匈奴的目的。

带着这样的使命，张骞受汉武帝派遣，于公元前122年，第二次出使西域。这次汉使分四路出发。然而，四路使者各自出发一二千里之后，每一路都遭到当地蛮夷部落的阻拦和抢掠，没能到达西域各国。这次的出使任务同样没有达成。

然而，每一次都有意外的收获。这次，张骞因为要寻找前往大夏的道路，而通过与昆明西边的滇国友好沟通，又探明可以由西南夷通往大夏。这为汉军后来平定西南夷打下了基础。

如果说张骞第一次出使西域，是出于军事目的，要联合大月氏，“断匈右臂”的话，那么，在张骞第二次出使西域失败后不久，霍去病就已兵出陇西，攻占了祁连、敦煌一带，可以说匈奴“右臂”已断。

这里简单说一下陇西的概念。甘肃的简称是陇，陇就是陇山，陇山是陕、甘、宁三省的分界线。古人以面南背北定左右，左为东，右为西。因甘肃在陇山以西，称陇西；陕西在陇山以东，为陇左。而陇中，就是现在的白银、兰州、临夏、定西、天水五市。而古人说的关陇，关就是关中，陇就是甘肃。

而且，随着匈奴退居大漠，汉军不但打通了葱岭以东直接受匈奴控制的西域各国的交通要道，而且也打通了葱岭以西不受匈奴直接控制的西域各国的交通要道。

在这样的背景下，张骞提出：如果能使乌孙与汉结盟，并返回故地敦煌、祁连间，就可以作为西汉直面匈奴的屏障。我们即便不派重兵把守，也可以利用乌孙来防御匈奴。

乌孙，在冒顿单于时期被月氏灭国，后在匈奴的扶持下复国。乌孙虽表面臣服匈奴，但仍然摩擦不断。如今经过近半个世纪的发展，已是西域人口众多、军力强盛的大国。如果能够与其结盟，再招降西边的大夏等国作为西汉的外臣属国，共击匈奴，也能取得事半功倍的效果。

于是，汉武帝第三次派遣张骞出使西域。公元前119年，张骞率领多达三百多人的外交使团，带着价值数千万钱的布帛财物、牛羊马匹，浩浩荡荡地出使西域。这一次除了要让西域诸国端正政治站位之外，主要的策略还是以利诱之。由于道路比较通畅，张骞顺利地到达乌孙。

乌孙昆莫，那个当年只有一岁，充满传奇色彩的猎骄靡已垂垂老矣。他看到张骞带来的礼物，非常高兴，以超高的规格盛情款待张骞一行。但当他明白张骞此行的意图后，却没有给出明确的态度。

其实，猎骄靡的顾虑有实际的原因。一是乌孙远离西汉，对西汉根本不了解；二是乌孙归属匈奴已久，又离匈奴很近；三是猎骄靡年老，乌孙内部矛盾重重。他的二儿子大禄和他的大孙子，即太子军须靡，两人不和，各领兵一万分开驻扎。再加上猎骄靡自己，乌孙国其实已经一分为三。

举国迁徙这样的大事，猎骄靡自己也真是说了不算。张骞见乌孙昆莫难以决断，就又派副使分别出使大宛、康居、大月氏、大夏、安息等各国游说，争取尽量多的盟友。

西域各国看到西汉带来如此丰盛的礼物，又如此友好，也纷纷将他们的宝马和特产回赠给西汉。虽然说张骞第三次出使西域，没能达成既定目标，但还是带着大宛、乌孙等西域各国的使臣和回赠的礼物，回到了长安。

西域各国使臣见识了西汉的富庶和繁华。汉武帝对西域回赠的宝马产生了浓厚的兴趣。之后，西汉不断派人到西域求购良马，以提高汉军的作战能力。

张骞的这三次出使西域，如果从完成既定目标的角度来说，无疑每一次都失败了。从这一次次的失败中，我们也能真切地感受到先辈每一次的开拓都是那么举步维艰，都是那么舍生忘死。

张骞回到长安一年多之后，即公元前 114 年，就因病去世。他留给我们的是那个高耸巍峨的民族脊梁，是那个在黑暗摸索中透出的国之曙光。

儿单于时期，汉匈争夺西域

得知乌孙遣使与西汉往来，恼怒之下，乌维单于准备起兵征伐乌孙。

乌孙本来没有打算与西汉结盟，但在匈奴的威胁之下，迅速地倒向了西汉。为寻求保护，乌孙进一步要求与西汉“和亲”，并相约为兄弟，并先行送来千余匹良马作为聘礼。汉武帝见乌孙很有诚意，就将江都王刘建的女儿封为细君公主，嫁给猎骄靡。

汉乌“和亲”的数十年间，双方的关系一直很好。细君公主虽然早亡，但后来的解忧公主和她的侍女冯嫽为稳定乌孙的政局，促进汉乌关系作出了积极的贡献。

而匈奴的乌维单于见以武力威胁的方式，反而将乌孙逼得倒向了西汉，于是，他也采用“和亲”的方式与乌孙结盟，把他的女儿嫁给昆莫。乌孙昆莫左右为难，汉匈双方谁也不敢得罪，整天提心吊胆、战战兢兢。

乌维单于能做到审时度势，迅速调整策略，日后很可能会成为西汉的大敌。然而，天不假年，在位十年的乌维单于，死于公元前105年。继承单于位的是他的儿子乌师庐（公元前105年—公元前102年在位）。

乌师庐即位时只有十五岁，因为年轻，故号为儿单于。这与前文说过的稽粥单于号老上单于一样，可能都是因为年龄的原因。

因为乌孙不肯迁回故地，所以西汉才在这里设立了酒泉、张掖、武威和敦煌四郡，开始徙民充边。在不断经营下，大片荒野变成农田，人口增加，战马和物资充盈。同时，这里不仅是进出西域的门户，也成为防御西羌和攻击匈奴的前沿阵地。

因为在乌维单于时期，匈奴对西汉一直采用两面派的欺骗手段，所以，认清匈奴真面目的汉武帝，也决定以其人之道还治其人之身。在乌维单于后期，西汉多采用分化的方式“以乖其国”。针对乌维单于的死，西汉就派出两个使者，一个前去吊唁乌维单于，另一个去慰问匈奴的右贤王。

这样做的初衷就是趁幼主新立之际，分化匈奴各派的关系，瓦解匈奴内部团结，以达到使他们相互猜忌、争斗而两败俱伤的目的。因为根据当初作为叔父的伊稚斜和太子於单为争夺单于位而大打出手的经验来看，匈奴内部也是矛盾重重。

这时匈奴的右贤王正是乌维单于的大弟弟，地位和声望与当年的伊稚斜单于相似。而现在的儿单于乌师庐也颇似当年太子於单的角色。所以，趁此机会，西汉分两路出使匈奴，企图挑拨离间。这样的反间计，虽然目的很明确，时机也很好，但年年岁岁花相似，岁岁年年人不同。目前的右贤王不是当初的伊稚斜，乌师庐更不是於单。

当右贤王了解了汉使的意图后，没有任何的摇摆和迟疑，立即逮捕了汉使，押送到单于庭，交给乌师庐单于处理。乌师庐单于震怒之下，索性扣押了所有汉使。同时，为防备汉军报复和突袭，迅速对军队的部署作出相应的调整：一方面，匈奴主力进一步向西北迁移，避免和汉军主力发生冲突；另一方面，令左贤王部分成左右两翼，左翼防御云中郡，右翼防御敦煌郡。

从这件事情的整个过程来看，汉武帝这样的做法并没有错，毕竟天时、地利甚至人和等各种要素，都集中到了这样一个时间点。但这里面有一个前提，那就是“阴谋诡计”之所以能够得逞，必须要求对方也热衷于“阴谋诡计”。

像在苏秦、张仪时代，他们的“阴谋诡计”屡试不爽的原因，就是他们的对手整天琢磨的就是这点“阴谋诡计”。而反观汉武帝时代，面对匈奴，不要说“阴谋诡计”，就连张骞三次出使西域那样深远而宏大的战略规划也未能顺利达成。

这就是说，对于匈奴这样的大漠苍狼来说，不把主要精力转移到战场上，恐怕难以解决问题。

乌师庐即位之初，延续他父亲乌维单于的策略，一方面积极防御汉军；另一方面隐藏主力，避免与汉军主力作战。

西汉在打通西域交通要道之后，经营西域的策略主要是采用和平的方式，派遣使者进行友好沟通。但西汉有时也会使用武力方式去征服，前文说的赵破奴攻破姑师、楼兰就是采用战争的方式。

从时间和规模上看，汉武帝对西域的用兵，主要还是对大宛的征伐。从总体来说，对大宛的战争，还是为了削弱匈奴的势力，但具体的起因是对战马的需求。

自张骞从西域归来之后，汉武帝就对张骞描绘的汗血宝马念念不忘。这种出产于大宛的汗血宝马，因出汗略带红色而得名。这种马不仅能够日行千里，而且高大俊朗。汉武帝很想借此培育出新的品种，用以装备汉军骑兵。

于是，公元前104年，汉武帝派壮士车令率领一百余人的使团商队，携带大量金帛和一尊金马，万里迢迢、诚意满满地前往大宛，求购汗血宝马。

然而，原本是一桩互惠共赢的买卖，却遭到了大宛王毋寡的傲慢拒绝。拒绝的原因：一方面是近年来大宛与西汉互通有无，他们不缺乏西汉的财物；另一方面，大宛觉得两国相距遥远，就是拒绝了，西汉也拿他们没办法。

大宛在当时算西域大国，以如此的理由和态度拒绝西汉合理的求购要求，也真是莫名其妙。遭到拒绝的车令，愤怒之下，当场砸毁了带去的金马，便欲率领使团离开。

车令的举动，不但没有让大宛王毋寡幡然悔悟，反而激起了他的愤怒，感觉严重伤害到了他的自尊。于是，大宛王毋寡开始了作死般的疯狂操作。

就在车令途经大宛边境时，大宛王毋寡令郁成王率军杀死了车令及全部使团成员。这是一起非常严重的外交事件。即便是汉匈之间，在近百年来的交战史上，也很少发生屠杀对方使者的情况，更何况是杀光整个使团。

大宛王毋寡，必须要为他的行为付出代价。汉武帝封李广利为贰师将军，征伐大宛。

李广利是汉武帝宠妃李夫人的哥哥。李夫人还有一个哥哥，就是人们熟悉的大音乐家李延年。李广利本是庸劣之辈，但汉武帝爱屋及乌，为给李广利一个进身之阶，就派他带着属国的六千骑兵和几万顽劣青年前去征伐大宛。

汉武帝这样的安排，固然是在有意提拔李广利，但他心里却认为大宛除了路途遥远之外，兵力应该不堪一击。所以，这次派李广利，汉武帝不但认为不是儿戏，而且还相当有信心。这从他封李广利为贰师将军中就能看出。

因为汗血宝马就出自大宛的贰师城，贰师将军的意思就是攻取贰师城，夺得汗血宝马。然而，汉武帝由于再一次不了解敌情而功败垂成。

大宛拥有六十万人口，军队也有近十万的规模，国力本就不弱。再加上汉军远征，西域各国由于受到匈奴的威胁，大都采取观望的态度。深入西域的李广利首先就陷入了军需供应不上的困境，他不得不沿途攻击各个西域小国，能打下来就勉强糊口，打不下来就饿着肚子绕道走，赶紧去寻找下一个能够果腹的目标。

李广利这次的行军打仗，真是比敲门要饭都难。一路饥寒交迫地来到大宛边境郁成城下时，原来几万人的队伍，让他带得只剩下几千人，而且个个面黄肌瘦、疲惫不堪。汉军勉强纠集人马去攻城，又被打得死伤无数。眼看着连大宛的边境小城都打不下来，怎么指望挥师京都，直指贰师城呢？

实在没有办法的李广利，只好领着剩下的士兵狼狈退回玉门关。面对这一来一回两年时间，不仅劳而无功，人员还损失八九成的惨状，汉武帝大为震怒，严令李广利所部就地驻扎，不得入关。

面对这样的窝囊废，汉武帝怕见了他，万一没忍住杀了他，没法给李夫人交代。然而，就在这时，赵破奴去接应匈奴投降，反倒全军覆没的消息传来。真是福无双至，祸不单行啊。

然而，面对征战匈奴和西域的双双失败，面对朝中停止征伐西域的建议，汉武帝还能坚持继续征伐西域，不得不说，他确有过人之处。

因为此时的匈奴，就是倾全国之力，也未必能将其尽灭。而西域各国，正处于摇摆不定的关键时期。尤其是李广利一战不下，他们和匈奴的关系就更加微妙和暧昧。不管是为了宣扬大汉威仪，还是为了切断匈奴的后援，对西域，尤其是对大宛的这一战，总归是利大于弊。

公元前102年，汉武帝再次下达了征伐大宛的命令。李广利再度率军攻打大宛。高度重视此战的汉武帝，这次派出六万精锐部队，后方补给和策应的将士更是达到十八万之众。粮食、兵器、弓弩和战马等一应俱全。

这次汉军出征不但准备充分，还高调宣扬，以至于天下震动，沿途西域各国纷纷见风使舵、望风而降。认不清形势的轮台国，勉强抵抗了数天，被汉军灭国。一路浩浩荡荡，很快推进到大宛边境郁成城下的汉军，一顿箭如雨下的攻势，将郁成王部逼回城中，再不敢应战。

鉴于上次在这里铩羽而归的教训，李广利没有强攻。他命令军队绕过郁成城，兵锋直指大宛王城贵山。因为贵山城中没有水井，饮水全部取自流过城边的河水。李广利这次没有辜负汉武帝的期望和栽培，表现出一位领兵统帅应有的沉稳和智慧。

李广利没有急于攻城，而是将贵山团团围住，再根据水源的特点，令人开挖沟渠，将河水改道。断水比断粮更可怕。陷入恐慌的贵山军民，勉强支撑了四十多天。

面对外城被攻破、军民又死伤无数的惨状，不知大宛王毋寡此时做何感想。昔日双方关系融洽之时，西汉派人来高价采购几匹马，就被你无故屠杀。而今天摆明就是来抢，你又能奈何？不过，他已经没有时间去总结这些经验教训了。

不给大宛王毋寡留下思考时间、追忆空间的是其本国中的贵族、本朝中的大臣。原本这些身边的重臣贵戚，此时也把怨恨全部撒在了这个愚蠢的国王头上。

他们认为，这场战事的起因是毋寡，责任当然要由他来负，付出的代价就是毋寡那一颗滴着血的人头。只不过，当他们提着毋寡的这颗人头，放到李广利面前求和时，李广利却再也看不到毋寡昔日狂傲的表情了。

不但毋寡被杀，而且，求和的大臣们还愿意主动献出所有宝马，供汉军挑选。另外，大宛还承诺供应汉军此次远征的军需粮草。

接受求和的李广利，挑选了数十匹上等大宛汗血宝马；三千匹雌雄各半的中等良驹；扶立亲汉的大宛贵人昧蔡为新的大宛王。在和他订立友好盟约后，李广利带着大量的战利品凯旋。

这里，有必要说一下当初执行命令屠杀西汉使团的郁成王。当时，李广利为防止节外生枝而绕过郁成城。但汉军的另一路人马，申生部却遭到郁成王的突袭。李广利命当时的搜粟都尉，以后的托孤重臣上官桀领兵攻克了郁成城。郁成王逃亡到康居，上官桀一路追杀到康居。康居慑于汉威，主动交出了郁成王。骑兵赵弟斩杀郁成王，把人头挂在马上回军复命。

屠杀西汉使团的授意人毋寡、执行人郁成王，双双人头落地。大胜而归的汉军，得到朝廷的奖赏，李广利被封为海西侯，赵弟被封为新畤侯。

关于赵弟的这段历史，宋时的张耒曾作诗歌这样描述："男儿何用立奇勋，赵弟从军初不闻。但斩郁城侯万户，不须猿臂老将军。"从诗中也能依稀看出，此时的汉武帝确实是不吝封赏。此战之后，汉武帝封赵始成为光禄大夫，上官桀为少府，李哆为上党太守。而且，军官中位列九卿的就有三人；当上诸侯、相、郡守，年俸达两千石的有一百多人，一千石以下的有一千多人。

汉武帝如此大肆封赏，不能不联系到赵破奴的兵败被俘。这是汉匈战争史上，汉军第一次精锐骑兵集体投降匈奴的重大事件。汉武帝必须通过一场胜利和大肆封赏来提振汉军的士气和信心。

赵破奴投降匈奴

早在两年前，即公元前 104 年，儿单于乌师庐即位之初的那个冬天，罕见的漫天大雪冰封了原本就是苦寒之地的漠北。

连年的战败、不停地北迁，怨声载道的匈奴又恰逢立足未稳的少年单于，免不了人心浮动。

匈奴的左大都尉想杀了儿单于，投降西汉。于是，他秘密派人联络汉武帝。汉武帝大喜过望，立即派公孙敖在边境修筑受降城，准备以盛大的规格接应匈奴左大都尉率部来降。

但是，左大都尉认为受降城距离单于庭太远，接应困难。反复沟通之下，公元前 103 年，汉武帝派赵破奴率两万精锐骑兵从朔方郡出发，行军两千多里，到浚稽山接应左大都尉。

看到赵破奴率军前来，左大都尉如约起兵。由于时间拖得太久，消息早已泄露。儿单于布下天罗地网，在斩杀左大都尉祭旗之后，八万匈奴主力骑兵分左右两路围攻汉军。

在敌我力量悬殊的情况下，赵破奴无奈立即撤退。退至距受降城不到四百里的时候，被匈奴追上并四面包围。双方展开激战，战至黄昏，未分胜负。就在休战的当天夜里，赵破奴饥渴难耐，外出找水时，被匈奴士兵抓获。那时的西汉律法是军队主帅有失，其余将士都要治罪。

第二天，匈奴押着赵破奴阵前喊话时，被匈奴包围的汉军将士，一是突围困难；二是害怕主帅被俘，就算回去也要受到惩罚，就纷纷投降了匈奴。匈奴自伊稚斜单于以来，从没有这么扬眉吐气过。他们在儿单于的指挥下，又兴高采烈地挥师南下，沿西汉边境大肆抢掠一番，满载而归。

本来受降是好事，而且，如果运作得当，也是毕其功于一役的大事。杀了儿单于，纳降平乱，一举解决匈奴边患问题也不是没有可能。

然而，一系列的失误导致前功尽弃，赵破奴整军投降，也是令人唏嘘。首先，一件本来应该秘密筹划的事情，却大张旗鼓地修建受降城。大队接应人马深入两千余里，也是不加任何掩饰。

其次，为寻找水源，堂堂大军主帅，带点亲兵就亲自出发，也是匪夷所思。

最后，赵破奴军离受降城不足四百里。这边战斗激烈，那边的汉军就没有一点防范和接应的措施吗？往往一件事情的成败，不是一两个错误导致的，而是从头到尾就没有任何一个方面做对过。

此时的赵破奴虽然被俘，但仍然心系故国，矢志回归。四年后，也就是公元前 100 年，趁匈奴放松看管之际，赵破奴和儿子赵安国逃回西汉。

不知道是不是受赵破奴父子事迹的影响，司马迁坚定地认为后来投降匈奴的李陵也是诈降。可事实上，无论多少人明里暗里地劝他归汉，李陵都心灰意懒，最后老死草原。

但历史总是给人无尽的遐想。忠心归汉的赵破奴，最后因“巫蛊之祸”而被灭族。投降匈奴的李陵不仅子孙后代枝繁叶茂，连日后的唐高祖李渊，也认这位八竿子打不着的投降派为祖。

儿单于乌师庐，在位三年，最高光的时刻就是俘虏赵破奴，纳降汉军。这一战，在挫败汉军的同时，无疑大大增强了儿单于及匈奴的信心。

于是，公元前 102 年，匈奴卷土重来，大军压境，准备攻打受降城。然而，就在这样的关键时刻，年纪轻轻的儿单于突然死了。由于当时儿单于的儿子太小，只好由乌维单于的弟弟右贤王，也就是乌师庐的季父，呴犁湖为单于（公元前 102 年—公元前 101 年在位）。

汉武帝对匈奴的防御

匈奴经过乌维单于时期的休养生息，国力得到了一定程度的恢复，但到了儿单于时期，匈奴与西汉又逐渐恢复到战争状态。由于赵破奴战败，西汉为了加强防御，御敌于国门之外，计划向北扩展战略纵深，筹划出塞筑城屯田。

公元前 102 年，汉武帝命徐自为在五原以北数百里的地方修筑堡垒与哨所，由游击将军韩说、长平侯卫伉驻守；又命强弩都尉路博德驻守在居延泽附近。

如此部署的目的，很明显已由卫青、霍去病时代的长驱直入改为积极防御。而这样的防御效果又如何呢？

公元前 102 年秋，刚刚即位的呴犁湖单于率领匈奴大军，大举进攻西汉的云中、定襄、五原、朔方四郡，杀死边境军民数千人。这场战役不但徐自为所筑的漫长防线被匈奴人一一摧毁，而且匈奴右贤王部大军又进一步深入敦煌和张掖两郡大肆抢掠。西汉将领任文率军赶到，奋力拼杀才夺回被匈奴劫掠的人口与财物。

西汉的防御，不可谓不积极，因为毕竟出塞数百里乃至上千里。而且，汉军的防御分左右两翼，遥相呼应，不可谓不全面。然而，汉军的如此积极而又全面的防御，却在真正的实战中不堪一击。

客观来说，这与防线刚刚建成，后续的像移民、屯田等措施没有到位都有关系。但归根结底，对于匈奴，防御从来就不是最好的办法。就连长城那样天才的发明、伟大的创造，也是需要用“却匈奴七百余里”来保证的。不过在那时，汉军确实没有深入大漠的装备和能力。但现在，汉武帝还企图用据点去防御匈奴，只能说对匈奴还是不太了解。也可以说，这时候的西汉已经不太具备长途奔袭、长驱直入的能力了。

两国实力的较量，虽然主要表现在战场上，但与本国的政治和社会治理也有着密不可分的关系。

随着呴犁湖单于的大胜而归，汉军也在李广利的率领下降服大宛，取得了西域大捷。汉武帝趁势在西域设置官吏，统一管理西域各国。他又派遣兵士在渠犁、轮台等地驻守屯田，负责供应往来西域的汉使生活所需。

在这一时期，随着赵破奴和李广利在西域的用兵，西域各国纷纷倒向了西汉。再加上道路的畅通，行政区划和各项配套措施的完善，西汉经营西域取得了阶段性成果。

在这点上，汉武帝确实具有非比寻常的战略眼光。除了战争之外，在政治和外交手段的运用上，汉武帝的确比匈奴单于高明得多。

而在西域，日益陷入孤立状态的匈奴，促使呴犁湖单于急于改变现状。就在李广利第二次征伐大宛得胜而归的时候，呴犁湖单于就筹划趁汉军远征疲惫之际，在半路截击汉军。

但是，年老多病的呴犁湖单于还没有出发就死了，在位仅仅一年时间。从乌维继任单于，到呴犁湖单于死为止，短短十四年中，匈奴就换了三个单于。虽然他们都有可圈可点的地方，但这仅仅是针对他们决不降汉的层面而言。

除此之外，三个单于在政治格局、战略眼光、外交措施及战斗形态等方面，不但都没有跳出他们先辈框定的范围，而且大多方面甚至都没能赶上他们先辈的脚步。

所以，匈奴后来的西迁葱岭以西而至于欧洲的端倪，正是发轫于此。

苏武牧羊

公元前 101 年，呴犁湖单于死后。接替单于位的是他的弟弟，也就是伊稚斜单于的小儿子，当时匈奴的左大都尉且鞮侯（公元前 101 年—公元前 96 年在位）。

且鞮侯单于时期，甚至到下一任单于狐鹿姑单于时期（公元前 96 年—公元前 85 年在位），汉匈双方都处于战事更加频繁的阶段。而且，这一阶段，比较突出的军事和外交斗争，集中体现在相互策动与收容对方的叛臣与降将。这也是汉匈战争和外交史上比较独特的一个现象。

且鞮侯单于即位之初，面对在侧翼的西域陷于孤立，正面又受到汉军压迫，就连国内局势也不稳的三重困境，他无奈地接受了卫律的建议，主动向西汉示好求和。

卫律和之前的中行说、赵信等人一样，都是背叛西汉投降匈奴，又被匈奴重用的权臣谋士。不同的是，卫律的父亲原本就是长水的胡人。但卫律却从小在汉地长大，并与前文中说的李延年交好。受李延年推荐，卫律曾出使匈奴，在返回的路上，恰逢李延年的三弟与宫女私通。汉武帝迁怒于李延年，诛杀了兄弟二人。

卫律害怕回来受到牵连，索性原路返回，投降了匈奴。由于卫律了解西汉朝廷，鬼主意也多，所以受到匈奴重用，一度被封为丁灵王。

这次卫律建议且鞮侯单于将以前扣押的汉使，像郭吉、路充国等人全部释放，并派人出使西汉。汉武帝见刚刚即位的且鞮侯单于态度大变，也非常高兴。尽管此时的汉武帝仍然在动员全国力量，准备攻灭匈奴。但每次匈奴遣使求和，汉武帝却很少拒绝。不知道这是他的策略呢，还是他一直都对匈奴心存幻想？

不管怎么样，这次汉武帝为表达诚意，也相应地将以前扣押的匈奴使者全部送了回去。由此可见，在道义和信用方面，西汉做得确实比匈奴好。不但如此，汉武帝还派出以苏武（苏建之子）为代表的庞大使团回访匈奴，携带大量财物送给且鞮侯单于。

原本一场缓和彼此关系的外交沟通，却节外生枝地出事了。

且鞮侯单于之所以主动示好，一是因为实力不济，二是因为卫律的苦劝。从他内心和本意来说，所谓的示好，不过是权宜之计，离汉武帝希望的臣服根本八竿子打不着。

如此背道而驰，哪来的求同存异。没有任何包容、退让和商量的余地，就算再小的冲突，也会引发不可调和的矛盾。

事情的起因是这次使团的副使张胜，在匈奴那里碰到了自己的一个老朋友。这位叫虞常的人，原是浑邪王的属下。在霍去病时期，他随浑邪部一起投降了西汉。后来，虞常随赵破奴部去招降匈奴左大都尉时，又随着众人一起投降了匈奴。

而且，像虞常一样，稀里糊涂地投降匈奴的人还有很多。像浑邪王的外甥，缑王就是其中之一。而且，这些人自早年投降西汉后，早已汉化，不但不适应漠北的生活，而且处处受到匈奴的排挤和打压。

在这样的背景之下，虞常和缑王就找到张胜吐露心声，他们打算劫持且鞮侯单于的母亲作为立功表现，重新回到西汉。张胜清楚这样的行为无疑会破坏目前休战友好的大局，迟迟没敢表态。虞常不死心，又提出可以想办法杀死卫律，替西汉除了这个大“汉奸”。张胜想到既能除去卫律，又能劫持且鞮侯单于的母亲，那真是大功一件。于是，立功心切的张胜背着苏武，答应了虞常的请求，他们合谋准备伺机行动。

机会说来就来。一个多月后，且鞮侯单于外出打猎，单于庭除了他母亲、儿子和弟弟之外，只有少量的亲兵护卫。虞常集合手下七十多人，准备第二天行动。没想到前一天夜里，走漏风声，被人告密。

且鞮侯单于的儿子和弟弟设下埋伏，生擒虞常，缑王和其他七十余人全部被杀。见事情败露，张胜无奈之下，据实告知苏武。作为使团负责人的苏武，自知深负国家重托，当即拔剑就要自杀。张胜、常惠合力才把剑抢走，救下苏武。

且鞮侯单于大怒之下，要杀了此次的所有汉使。本着化解冲突、为我所用的原则，匈奴左伊秩訾建议单于招降苏武。且鞮侯单于采纳了建议，让卫律全权处理招降苏武的事宜。面对卫律，苏武表现出外交使臣“使于四方，不辱君命”的气节和操守。

同样作为使臣而投降匈奴的卫律，面对苏武那“屈节辱命，虽生，何面目以归汉”的铿锵话语，不知做何感想。但面对苏武引刀自刺的行为，卫律却是在大惊之下，亲自抱起苏武，赶紧找来医生救治。

面对“气绝，半日复息”的苏武，且鞮侯单于也被他的气节感动，朝夕派人问候苏武。相反，这件事情的始作俑者张胜，却转头就投降了匈奴。

匈奴对招降苏武可谓恩威并用，然而，苏武心如磐石，坚决不降。苦于没有办法的且鞮侯单于，又把苏武囚禁在地窖里。天降大雪，没吃没喝的苏武身受重伤，躺在雪地里，嚼着雪，同毡毛一起吞下充饥，竟数天不死。敬天畏神的匈奴，也被苏武的精神和顽强的生命力震慑。他们把苏武流放到北海（今贝加尔湖）荒无人烟的地方，说只有等到公羊下崽才能归汉。

匈奴用这样的方法来和苏武博弈，意思就是看看他到底能撑多久。到了北海的苏武，生活异常艰苦。刚开始，他只能抓田鼠、采野果勉强充饥。但他以符节明志，须臾不离身，以致系在符节上的牦牛毛全部脱落。

在以后的岁月中，苏武受到了且鞮侯单于的弟弟於靬王，还有投降匈奴的李陵等人的照顾，但也遭到了北海附近丁零人的欺负。由于丁零人盗去了苏武放牧的牛羊，苏武的生活又陷入穷困。

就这样，虽然被匈奴扣留十九年，但仍然不能让苏武变节投降。直到汉昭帝的时候，公元前 81 年，苏武才回到阔别已久的长安。

李陵投降匈奴

自苏武被扣留之后，匈奴也就撕去了假意友好的面具，汉匈双方重启战端。由于赵破奴自匈奴归汉，告知汉武帝匈奴已趋衰弱，这又重新燃起了汉武帝征伐匈奴的决心。

公元前99年，汉武帝命李广利挂帅，起兵征伐匈奴。按照汉武帝的部署，这次战役由李陵负责大军辎重转运和后勤补给。没想到，这样的安排彻底伤了李陵的自尊。

李陵是李广的孙子，李当户的儿子。李陵的军旅经历：一是汉武帝曾经命他率领八百轻骑，经过居延泽，深入匈奴两千余里。尽管没有见到匈奴，但也算勘察了一番地形就回来了，由此升任骑都尉；二是汉武帝后来又安排他到酒泉、张掖两郡，教授那里的五千军士学习骑射之术，以防御匈奴的侵扰；三是在李广利远征大宛凯旋的时候，李陵曾率领五百轻骑到盐水接应。之后，李陵就一直驻守在张掖。

客观地说，如此经历，确实不足以指挥对匈奴的战争。但李广利就有这个资格吗？估计李陵当时就是这么想的。

父子、祖孙，李家的性格真是一脉相传。这到底是忠君爱国，还是自视甚高？抑或是为了封侯而不顾一切？总之，这里看到的只是李陵不服从大局，不接受调度。

负气的李陵，像他爷爷李广当年找到卫青一样，找到汉武帝，要求独自率军到兰干山以南攻打匈奴。汉武帝则表示马匹不足。李陵却说不用马匹，只率五千步卒即可直捣单于庭。汉武帝感于李陵的勇气，就答应了。

面对信誓旦旦，只要五千步兵就能踏平匈奴的李陵，汉武帝再一次展现了他天马行空的一面，他期待的是能够收获不拘一格降人才的效果。可李陵会是下一个霍去病吗？

至少路博德不信。路博德身为名将，早年跟随霍去病征伐，也是久经沙场。之后，他又率军在平定南越的战役中所向披靡，沿途一直打到今天的海南岛。路博德不信任李陵的具体表现是，不愿做李陵的副将，和后者一起并肩作战。

汉武帝在具体的用人方面，还是能够做到集思广益的。路博德不愿意去搭班子做副将，也不能勉强。战争毕竟不是儿戏，也不同于一般的行政命令。

重新调整部署后，这次汉军分四路进攻匈奴，李广利部担任主力；李陵、路博德和公孙敖三部策应，相机歼敌。

率领三万骑兵从酒泉出发的李广利部，在天山与匈奴的右贤王部展开激战，汉军大败匈奴，斩杀匈奴一万余人。不料在回师的途中，遭遇到赶来救援的且鞮侯单于本部主力，汉军在匈奴的四面包围之下，凭借赵充国率领一百名精锐骑兵的冲锋才杀出重围。此战李广利部损失两万余人。

而出居延泽，向北行军三十天，到达浚稽山的李陵部，被匈奴三万多骑兵包围在两山之中。战况十分激烈，李陵部也英勇奋战。但区区五千步兵，尽管如李陵所说，其中不乏“勇士、奇材、剑客和力能扼虎之士”，但也毕竟是血肉之躯。从李陵当时的只言片语中，像“都不要跟着我，我一个人去杀了单于”；像“打败了，活不了了”；像“我如果不死，就不是壮士”等，也能看出，他是尽力了，也确实是没有办法了，只得投降匈奴。

不管以后如何，此战投敌的李陵，令汉武帝气急败坏。不但先行回来报告说李陵拼死杀敌的陈步乐自杀谢罪，就连为李陵辩解的司马迁也被处以宫刑。但随着时间的推移，从溃逃回来的汉军对当时战场形势的描述来看，汉武帝也感到当时李陵确实是孤军奋战，后悔没有及时救援，李陵也存在诈降的可能。

李陵投降匈奴不到一年，匈奴又进攻雁门。汉武帝调集李广利、公孙敖、韩说和路博德四路大军，于公元前 97 年进攻匈奴。

其中，公孙敖部还有一个目的，就是迎李陵归汉。但四路大军二十多万人，从整个战局来看，却还是失败了。公孙敖部无功而返。但李陵应该知道汉军进入大漠，不知道此时，他是不想还是不能随军归汉？

回来的公孙敖，带回了一个置李陵家人于死地的消息。那就是从俘虏的匈奴人口中得知，有一个叫李少陵的汉人，正在帮匈奴人训练军队，以防备汉军。巧的是，李陵，字少陵。听到这个消息，汉武帝坐实李陵已经投降了匈奴。于是，大怒之下，汉武帝下令杀了李陵的母亲、弟弟、妻子和儿子。

但后来得知，投降匈奴、帮助匈奴人训练军队的是李绪。他原是塞外的一个都尉，其字也叫少陵。张冠李戴之下，李陵全家被杀。这里，也就像李陵所说：“我为汉朝率领步兵五千人横扫匈奴，因为没有救兵支援而失败，有什么对不起汉朝的，要杀我全家？”

的确，即便李陵真的投敌，杀他全家也不应该吧。但是，历史的悲剧就在那个时代酿成了。这边的李陵也彻底地投降了匈奴。且鞮侯单于大喜，还将自己的女儿嫁给李陵为妻，并封其为右校王。

李陵在匈奴二十余年，娶妻生子，也算开枝散叶。直到后来霍光辅政期间，还秘密派人联络李陵，筹划他归汉的事宜。但李陵都以“我已穿胡服很多年”和“大丈夫不能再第二次受辱”的理由回绝了。

李陵全家被杀固然是悲剧，但他什么事情都先站在个人的立场上去考虑，就注定他不可能去忍辱负重而成为国之栋梁。这在他受且鞮侯单于委派到北海，现身说法地劝说苏武投降一事上，就表现得很明显。苏武虽然同情他的遭遇，但却坚决不和他同流合污。

李广利投降匈奴

从上次的战役来看，且鞮侯单于时期匈奴的军力，与李广利交战的单于本部有十万人马；左、右贤王的军队也有十万左右。至少拥有二十万骑兵，也说明这时候匈奴的兵力还是很强的。这也是且鞮侯单于能接连挫败汉军的原因。

然而，在位五年的且鞮侯单于在公元前 96 年死了。如果说汉武帝在位时间太长，以至于后来脑子糊涂、神经过敏地导致了“巫蛊之祸”的话，那么，匈奴自伊稚斜单于之后的这几任单于却都是因为在位时间太短，而没能继续他们稍显明朗的前景。

在且鞮侯单于死后的继承人问题上，还有一个小插曲。幸好这样的意外，没有造成当时匈奴的分裂。但也许就是这样的意外，在那时已经种下了匈奴分裂的种子。

这个意外就是且鞮侯单于临死之时，传位给他的长子左贤王。但等到且鞮侯单于死去多日，左贤王不知什么原因，就是迟迟不来。国不可一日无君，匈奴的贵族们以为他有病，就急不可待地推举了且鞮侯单于的小儿子，当时的左大将为单于。

这样一来，就算左贤王的病好了，他也不敢到单于庭来了。但是，他的弟弟，左大将这时候表现得倒是没有任何私心。总之，左大将是一再声明，并三番五次地派人去请左贤王来就任单于位。这两个兄弟，一个推辞有病干不了；一个干脆说明，你要有病死了，我就接着干，不死，带病你也要干。

如此的高风亮节，在匈奴历史上还真是少见。于是，哥哥对天盟誓，下一任单于就是弟弟，并将弟弟从左大将提升到左贤王的位置，众人皆大欢喜。哥哥就任单于位，这就是狐鹿姑单于（公元前 96 年—公元前 85 年在位）。

然而，这个弟弟的身体也是不争气，没过几年，竟先死了。按以前左推右让的高风亮节来看，这个弟弟的儿子可以继任左贤王，作为储君了吧。不，此时的狐鹿姑单于估计是从大梦中醒来了，他任命自己的儿子为左贤王，弟弟的儿子则官降四级为日逐王，哪儿凉快哪儿待着去。

政权平稳交接的匈奴，在狐鹿姑单于的带领下，开始了属于他的时代。

西汉这边，李陵事件影响深远。武将世家，数代英烈，即便如此，也能投降匈奴，士气军心必然备受打击。加上朝廷连年征伐，败多胜少，也使国库空虚、民怨四起。

匈奴那边，单于新立，威信不足，地位不稳。双方各有原因，都不愿或无力挑起战端。就这样，在此后五年的时间里，匈奴既少侵扰汉境，西汉也未发兵攻击匈奴。

经过休养生息、修整军备后的匈奴，再也按捺不住他们大漠苍狼般的抢掠本性。公元前 91 年，狐鹿姑单于命令匈奴骑兵进攻上谷和五原两郡，杀掠军民，抢劫财物。

第二年（公元前 90 年），匈奴再次入侵五原和酒泉两郡，杀死那里的两名都尉，大肆抢掠之后，满载而归。面对匈奴的疯狂抢掠，汉武帝不得不再次兴兵远征匈奴。公元前 90 年，汉武帝派遣三路大军同时向匈奴腹地发起进攻。

担任主力的李广利率军七万从五原出发。左右侧翼为御史大夫商丘成和重合侯马通，他们各率两万和四万骑兵，分别从西河和酒泉出发。

狐鹿姑单于当然明白此战的意义所在，所以，匈奴也严阵以待。他们采用“避其锐气，击其惰归”的战略战术，首先决定后撤隐藏主力，以便诱敌深入。

匈奴转运辎重粮草到赵信城以北。左贤王带着匈奴军民渡过余吾水向北六七百里，屯驻兜衔山。狐鹿姑单于带领本部主力也向北渡过姑且水隐蔽。战争的胜败除了战场上的奋勇拼杀之外，主要还是体现在前期的准备及临战前的具体部署和调度上，再加上对待战争的态度和意志，基本上就已经决定了战场的走向和战争的胜负。

看到狐鹿姑单于对待这次战役的务实态度，以及他采用的有针对性的部署，就应该明白汉军这次凶多吉少。

由于匈奴坚壁清野、主动后撤隐藏主力，致使率军出塞的商丘成，深入大漠追至邪径，也没有发现匈奴。无奈，他只得无功而返。匈奴则以逸待劳，等的就是这样的时机。

狐鹿姑单于派李陵和匈奴大将一起率领三万骑兵随后追击，双方在浚稽山相遇。这里恰好是当年李陵率军与且鞮侯单于大战的地方。故地重游，物是人非，百感交集的李陵，实在下不了死手去屠杀自己的同胞。就这样，商丘成领兵转战九天，一直打到蒲奴水。李陵失利，领兵撤退。仗打到这份上，也是令人唏嘘！

重合侯马通，率军一路来到了天山脚下。虽然遭遇到匈奴大将偃渠与左右呼知王率领的两万骑兵，但匈奴没有与之交战就撤兵而去。马通一路也等于无功而返。

这条战线上，最倒霉的却是车师（今新疆吐鲁番市附近）。因为汉武帝担心匈奴会联合车师截击马通部，所以事先派开陵侯成娩（匈奴投降过来的介和王）率领楼兰、尉犁等西域六国的军队围攻车师，车师投降。

从这件事上也能看出，当时的西域各国除了距离西汉遥远之外，军力与匈奴相比，差距还是很大的。而匈奴，不知道是了解西域诸国兵力孱弱而看不上他们呢，还是从来就没有想过要联合他们一块来对付西汉，似乎汉武帝想多了，匈奴可能压根就没想到利用他们。

这其实也是匈奴在政治上从来就不成熟的表现。他们降服西域的目的似乎从来就是收点税，抢点东西。没有物资生产的基础，又缺乏政治格局，虽然在当时很强大，但匈奴的前途却并不明朗。

这次战役，担任主力的李广利部在战斗前期，应该说是很好地完成了既定的任务。因为在夫羊句山峡（今蒙古国达兰札达加德城）的遭遇战中，面对匈奴右大都尉与卫律率领的五千骑兵的攻击，李广利派出“属国胡骑”两千人应战，致使匈奴死伤数百人而败退逃走。李广利领兵一路追杀，直到范夫人城，匈奴不敢应战。

此战的蹊跷之处在于，匈奴以区区的五千骑兵来伏击汉军，是诱敌深入呢，还是本就不想与汉军决战？要说是诱敌深入，那汉军就此班师怎么办？匈奴再像对付商丘成部那样，尾随追击呢？事实上，李广利率军进入了匈奴腹地。

其实，李广利的进军，并不是匈奴诱兵深入的结果，而是汉室朝廷出了大事。这个大事就是人们熟知的汉武帝时期的“巫蛊之祸”。“巫蛊”为一种巫术，类似于后世的所谓“扎小人”，就是把怨恨的人做成木偶，埋于地下，用来诅咒，给其带来灾祸。

事情的起因在公元前 91 年。有人告发公孙贺之子公孙敬声与阳石公主通奸，并用“巫蛊”之法诅咒汉武帝。汉武帝派宠臣江充调查巫蛊案。江充为一己之私利，无限地扩大斗争范围。当时的太子刘据也被牵扯其中，刘据为了避免重蹈秦时长子扶苏的悲剧，而起兵诛杀江充。

刘据的兴兵反叛，遭到汉武帝的镇压。兵败后，太子刘据和皇后卫子夫自杀。“巫蛊之祸”可谓莫名其妙而又错综复杂，前后被卷入此事的达四十多万人。而此时，正在前方征战的李广利，接到京城传来的消息，才知道他的妻子也因巫蛊案被下狱。即将凯旋的李广利，忧惧之下，决定深入大漠，寻找匈奴主力作战，期望以更大的军功来为妻子赎罪。

于是，李广利率军一路向北，渡过郅居水，向北又走了一天，终于找到了匈奴左贤王的两万主力。短兵相接，血战一天，汉军斩杀匈奴左大将，杀伤匈奴无数。

此时，汉军已无心恋战。军中长史与决眭都尉辉渠侯二人，已察觉到李广利怀异心，欲危众以求功，准备挟持李广利，逼迫他赶紧就此班师。尽管李广利事先得到消息杀了两人，但就算此时班师也来不及了。

狐鹿姑单于亲率五万匈奴主力已经赶到了这里。双方交战，早已疲惫的汉军损失惨重，李广利只好下令退到燕然山，在这里抢修工事以防御匈奴。而匈奴却在汉军营前挖掘深沟，又迂回到汉军背后发起冲锋。前有深沟阻拦，后有匈奴追兵，被前后夹击的汉军全军覆没。无奈之下，李广利在阵前投降了匈奴。

北宋的司马光，在针对汉武帝任用李广利这件事情上，评价汉武帝不会用将。但这次李广利兵败投降，除了战场上的责任之外，恐怕与朝廷上的混乱也有很大的关系。

将领征战在外，浴血拼杀之际，自己的家人却被莫名地下狱。李广利如此，那其他的将领，甚至军士会不会也有这样的情况呢？恐怕还有，而且很多。如此情景，怎么会不影响到军心士气。

卫青、霍去病时代的辉煌战绩，到此时，已被汉武帝带着这一帮不肖子孙消磨得差不多了。投降匈奴的李广利，受到狐鹿姑单于的格外恩宠，不仅将女儿嫁给他为妻，而且地位在卫律之上。

但李广利在投降匈奴一年多后，就被狐鹿姑单于杀了。杀死李广利的直接推手就是卫律。他见李广利的风头盖过自己，为了争宠，决定除掉李广利。

卫律利用匈奴敬天畏神的信仰，在狐鹿姑单于的母亲生病期间，串通匈奴巫师作法。借巫师的口说出狐鹿姑单于的母亲之所以久病不愈，就是因为没有杀了李广利，从而惹怒了死去的老单于且鞮侯，这才降病到老阏氏的身上，给狐鹿姑单于提个醒。

他们之所以这样说，是有出处的。因为且鞮侯单于生前多次与李广利交战，每次出兵前祭祀时，都说要拿李广利的人头祭天。而现在已经得到李广利一年多了，为什么不完成老单于的夙愿，来解除老阏氏的病痛呢？

利用匈奴的信仰达到自己卑劣的目的，卫律也是个不折不扣的阴损小人。李广利没有任何意外和阻碍地被送上了祭坛。他在临死之时体现了作为军人的血性，不但毫无惧色，还破口咒骂：“我死，必灭匈奴。”

没想到李广利一语成谶。狐鹿姑单于虽然用李广利的人头祭了天，但他母亲的病并没有好转。而且，还像李广利诅咒的那样，匈奴境内数月大雪，天寒地冻，冻死冻伤人畜无数。

惊恐的狐鹿姑单于，深信由于他杀错了人，上天在惩罚他。于是，他又为李广利立祠祭祀，安抚冤魂。这所有的操作，皆是无稽之谈。但这就是匈奴的习俗和信仰，有时候巧加利用，就会对当时的时局和历史的进程产生重大的影响。

匈奴人金日磾

汉武帝时期，汉军将士投降匈奴的不少。同时，投降西汉的匈奴官兵也有很多。仅降汉封侯者，就有二十位以上。其中，最为著名的就是那个大名鼎鼎的金日磾。

金日磾是匈奴休屠王的太子。早年霍去病纳降浑邪王部和休屠王部的时候，金日磾和他的母亲、弟弟都被带到了长安。当时十四岁的金日磾入宫为奴，负责养马。他不但马养得好，长得也非常精神，身长八尺二寸（1.86米以上），且容貌端庄。

有一次，汉武帝来看马的时候，顺便发掘了这个人才。金日磾被任命为马监，加官侍中。像当年的卫青、霍去病一样，金日磾逐渐进入汉室朝廷。金日磾家教甚严，又恭谨持重，日后被汉武帝选为托孤重臣之一，还受到权臣霍光的敬重。金日磾病死后，谥号敬侯。班固都称赞他的家族：

“世名忠孝，七世内侍，何其盛也。”

金日磾的金姓来自休屠王曾作金人祭天，后为霍去病所获，献于朝廷，故赐姓他金氏。这又是汉武帝不拘一格起用人才的成功案例。可见，对于人才，汉武帝不仅不在乎出身，甚至也不介意种族。

所以，汉武帝对匈奴的战争，只是出于国家安全的需要，而绝不是对种族的灭绝。这是汉匈之间能够进行民族融合的关键之处。

狐鹿姑单于打败汉军之后，底气十足地派使者到长安，措辞傲慢地要求与西汉“和亲”，并提出条件，要西汉每年提供百万石美酒，五千斛稷米，丝绸绢帛万匹。而且，其他的还要按照冒顿单于与汉高祖刘邦时代的约定执行。

野心勃勃的狐鹿姑单于看来是梦想回到他们魂牵梦萦的冒顿时代。然而，虽然汉武帝已无力再征伐匈奴，但狐鹿姑单于也只能继续生活在漠北的苦寒之地，因为上天留给他们的时间都不多了。

汉武帝死于公元前 87 年，狐鹿姑单于死于公元前 85 年。汉武帝十六岁登基，在位近五十五年，是一位决意征伐匈奴的君主。在他的治下，西汉的疆域和势力范围，东临朝鲜，西有新疆，南到越南，北接蒙古，堪称超级大帝国。

事实上，这一伟业在卫青和霍去病时代就已经基本完成，用时不过二十几年。至于以后的东南越、西南夷、朝鲜和滇国等，不过是水到渠成的事罢了。

颛渠阏氏与卫律合谋更改遗嘱

狐鹿姑单于在位十二年。这一期间，匈奴内部的分裂日益严重。

壶衍鞮单于（公元前 85 年—公元前 68 年在位）即位，虽然还没有像数十年后“五单于争立”那样引起相互残杀，但这次的波折与狐鹿姑单于当年兄弟相互谦让的情形迥然不同。而且，这比当年伊稚斜打败於单的情况也更为复杂。

如果放到整个单于位传承的链条上来看的话，这次的继位波折是后来因争夺单于位而相互残杀的前奏，也是匈奴内部走向分裂的前兆。

这件事情的起因错综复杂。按匈奴惯例，狐鹿姑单于死后，应当由左贤王继任单于。而且，在狐鹿姑单于的弟弟，即当年的左大将死后，狐鹿姑单于的儿子就被立为了左贤王。此时，左贤王的年纪应该也不算太小。可不知什么原因，狐鹿姑单于临死前的遗嘱却是担心自己的儿子太小，不能治国，而要传位给他的弟弟右谷蠡王。

但是，狐鹿姑单于死后，他的颛渠阏氏与卫律合谋，更改了遗嘱。他们拥立狐鹿姑单于的儿子，即左贤王的弟弟为单于，这就是壶衍鞮单于。壶衍鞮单于比左贤王小，都能胜任单于位，那遗嘱中怎么说狐鹿姑单于的儿子们都太小，不能治国呢？

这确实是一个疑问。最有可能的原因就是，狐鹿姑单于真的想传位于他的弟弟右谷蠡王。不过，这样的想法也只可能是在他弥留之际的临时起意。不然，为什么不提早让他弟弟就任左贤王，也名正言顺嘛。

因篡改遗嘱即单于位的壶衍鞮，自然引起右谷蠡王和左贤王二人的不满。而且，在此之前，狐鹿姑单于的异母弟弟，当时的左大都尉，已经因为声望日隆而惨遭颛渠阏氏的谋害。左大都尉的母亲和兄长早已心怀怨恨，不再到单于庭开会，就差公开决裂了。

分裂的种子已经在匈奴内部生根发芽，需要的只是时间，等待它慢慢地开花结果。这个分裂的种子是由“杂交”而来，各方都有责任。

暗流涌动之下，壶衍鞮还算顺利地登上了单于位。卫律因为拥立之功，所以备受壶衍鞮单于看重。卫律虽是胡人，但在西汉长大，眼光和见识确实高出匈奴人很多。他建议打井取水，筑城居住，盖楼以存储粮食，用这样的办法来和西汉作长期的对抗。

在这里，卫律只是在机械地模仿和移植西汉的习俗和生活方式，而这也正是他熟悉和习惯的。他可能没有想到，他的这一建议却是颠覆性的。如果能够得到良好的实施，对于匈奴来说，这种革命性的变革将会使他们实现脱胎换骨式的转变。

然而，卫律既无此大略，也无此大才。他其实就像李陵和赵信一样，由于习惯了西汉的生活方式，所以来到匈奴之后，自己的驻地也仿照在西汉生活时的模样修建。只不过，赵信城比李陵的驻地大一点罢了。而卫律提出的建议，也仅仅局限于在规模上比赵信城再大一点而已。

所谓的“穿井数百，伐材数千”，就是打了几百口井，伐木几千棵之后，就放弃了这样的计划。原因也很奇葩。就是因为赵信曾筑城藏谷，被卫青连吃带拿，最后还一把火烧光，所以，匈奴认为不能再重蹈覆辙了。匈奴人的思维就是这么简单粗暴。

相反，假如这时候，卫律能够有计划、分步骤地将这样的思路逐渐实施下去，就像中原，本也没有城市，慢慢地，一部分人进入城市那样，一方面建立稳定的根据地，另一方面保留游牧的特点。在细化分工、建立物质资料生产的基础上，匈奴又不失其民族血性、马上优势。

而目前的匈奴，延续的还是对西汉一成不变的一边和谈一边侵扰的老办法。

和谈是因为打不动了，侵扰是因为没啥吃的了。没吃的了就抢，抢就要打或挨打，打不动了再和谈。

壶衍鞮单于即位之初，匈奴就处于打不动的状态。很明显，一方面，这三十多年来，匈奴受到西汉的严重打击。尤其是自卫青、霍去病以后，汉匈之间的所有战争几乎都是在匈奴境内。匈奴在人力物资方面，遭到很大的损失，以至于“常恐汉兵袭之”；另一方面，由于壶衍鞮单于阴谋上位，致使左贤王、右谷蠡王和左大都尉的母亲、兄弟们都心怀怨恨，而他们可都是匈奴位高权重的大人物。

所以，内忧外患之下，还是老套路：壶衍鞮单于派人出使西汉，希望“和亲”。为表示诚意，在卫律的建议下，匈奴释放了历年来被扣押的汉使。苏武就是在这样的大背景下，回到了西汉。

从公元前100年出使被扣，历尽磨难而不降，终于在公元前81年被释放回国。整整十九年，持节不辱使命的苏武，回到了阔别已久的长安。随苏武一起回来的还有一位叫马宏的使者。虽记载不详，只知道他曾随王忠出使西域。王忠战死，马宏被匈奴俘虏，但他像苏武一样，也坚决不降。可见，西汉时期，像苏武一样有着视死如归气节的文臣武将还有很多。

托孤重臣霍光

壶衍鞮的单于位毕竟是在争议下得来的，他上任之后自然面临如何树立权威、巩固地位的问题。最好的办法，就是对外发动战争，转移国内矛盾。

于是，壶衍鞮单于在即位后的第二年，“和亲”还没有眉目的情况下，就命令匈奴大军南下代郡抢掠。匈奴人杀死代郡都尉，席卷大批财物而去。紧接着，于公元前 80 年，壶衍鞮单于又命令匈奴左、右两部共两万骑兵，分四路南下入侵西汉边境。

上一次入侵代郡之后，汉军就加强戒备。面对这一次的入侵，汉军严阵以待，一举斩获匈奴九千人。此后，汉军一路追杀，生擒匈奴瓯脱王。而壶衍鞮单于由于害怕瓯脱王叛变而指引汉军反戈一击，所以，他带领匈奴远遁西北。

此战，汉军几乎没有什么伤亡。这就是匈奴惯常的抢掠之后，又挨打的典型事例。由此战也能看出，匈奴的兵力是越来越弱。这次入侵的两万匈奴骑兵，在汉军的追杀之下，差不多又损失了一半。

知彼知己的卫律，极力劝说壶衍鞮单于与西汉“和亲”休战，但他已经没有时间了。因病死去后，倒是有人继承了卫律的“遗志”。壶衍鞮单于的弟弟左谷蠡王，鉴于目前“兵数困，国益贫”的现状，坚定支持卫律生前提出的与西汉“和亲”的主张。在他的努力下，这段时期，匈奴对西汉的侵扰减少，对汉使也更加优待，以此来不断释放友好信号。

西汉对于匈奴的这种转变也是持欢迎态度。但这种日趋向好的局面，随着左谷蠡王的死戛然而止。壶衍鞮单于与前几任单于的最大不同就是，他以为仅仅靠武力，就能为匈奴打出一个光明的前景。

如果说，匈奴以前的单于虽无大略，但多少都有点能力的话，那壶衍鞮单于却是连战场上的这点能力也没有。他有的只是赌气般地一再兴兵，却又毫无胜算地一再挨打。

当然，这次壶衍鞮单于的对手换成了汉昭帝刘弗陵（公元前87年—公元前74年在位）。汉武帝死后，刘弗陵即位，当时他年仅八岁。汉武帝早前为了防止主少母壮、外戚专权的事情发生，赐死了刘弗陵的生母赵婕妤（钩弋夫人）。又由于“巫蛊之祸”，朝中汉武帝的其他子女几乎消亡殆尽。

小小年纪的刘弗陵不单父母双亡，甚至除了一个大他四十多岁的姐姐之外，身边几乎没有一个亲人。

汉武帝临终前，为汉昭帝指定了四位辅政大臣，他们是大司马大将军霍光、左将军上官桀、御史大夫桑弘羊和车骑将军金日磾。汉武帝的意思是期望他们四位从军事、政治、经济和外交等方面通力合作，共辅幼主。

我们来看看这四位辅政大臣是怎么辅佐幼主的。

金日磾上任一年后，就因病去世。而桑弘羊和上官桀则是被杀掉的。

事情的起因是上官桀、桑弘羊和抚养刘弗陵的鄂邑公主密谋发动宫廷政变。目标是杀霍光，废昭帝，另立燕王刘旦为天子。但汉昭帝刘弗陵天纵英才，一眼识破了他们的阴谋。

这起政变具体的情况是他们计划先杀掉霍光。于是，他们伪造燕王的奏章，告发霍光调兵谋反。趁霍光休假之机，他们呈上奏章，交给汉昭帝。这样的罪名足以置霍光于死地。而且，只要汉昭帝一句话，除去霍光之后，他们立即就能展开下一步的计划。

因为此时的刘弗陵毕竟只有十四岁。然而，汉昭帝却一言不发。直到第二天，霍光上朝时，刘弗陵才当着霍光的面说出了他的判断：这封信是伪造的。理由是：霍光去广明（地名）出差，不过是普通公务，不可能去调兵谋反。即便调兵谋反，又怎么会让燕王知道？再说，霍光要想谋反，根本用不着舍近求远。

这里，一个不到十四岁的孩子能有此判断，确实令人惊奇。不过，自幼在宫廷中泡大的“苦孩子”，比我们想象的有点心眼，也不算什么神奇的事情。

那他们为什么要发动这场宫廷政变呢？事情还要从给汉昭帝选后说起。刘弗陵唯一活着的姐姐受汉武帝委托，照顾这个无依无靠的可怜的弟弟。长姐如母，鄂邑公主尽心尽力地照顾弟弟。而上官桀为了成为国丈，就托丁外人的关系，找到鄂邑公主，期望把他的孙女册封为皇后。

丁外人是鄂邑公主的情人，就像董偃是馆陶公主的情人一样。汉代这种情况并不少见。而且，像汉武帝称董偃为“主人翁”一样，汉昭帝也公开承认鄂邑公主与丁外人的这种情人关系。

作为事成之后的报答，上官桀承诺给丁外人封侯。然而，此事刚开始就遭到了霍光的拒绝。其实，上官桀的孙女同时也是霍光的外孙女。霍光不同意这事，也仅仅是因为外孙女年龄太小，毕竟才不到六岁。但是，在上官桀和鄂邑公主的运作之下，上官桀的孙女还是成功地当上了皇后。但在兑现给丁外人封侯的承诺时，却遭到了霍光的严词拒绝，理由当然十分正当：一个小白脸怎么能封侯呢？

就因为这事，霍光得罪了上官桀和鄂邑公主。他们很生气，后果很严重，严重到他们想杀死霍光。又因为不给丁外人封侯，肯定还有汉昭帝的意思，所以，他们就想顺便废了刘弗陵。

那么，桑弘羊又是怎么被卷进来的呢？矛盾的焦点是霍光的政改和桑弘羊的经济政策有冲突。此时的霍光要改变某些政策法规，而桑弘羊则是以前经济政策的制定者和执行者。他们两个不可避免地要发生矛盾。

客观地说，汉武帝执政时期，确实存在不少问题，尤其是经济政策。像前文中提到的那个不求回报、无偿捐款的爱国人士卜式，到后来也因憎恶桑弘羊日益霸道垄断的经济政策，而恨不能将他扔进油锅。

所以，不改变，怎么适应新的形势，怎么推动社会的发展。不管怎么样，桑弘羊就这样站到了反对霍光的一边。

如果说，桑弘羊这样的站队，至少认为他政治正确的话，那上官桀明显就是政治投机。因为他企图用侯爵这样的国家重器，去交换、窃取册封皇后这样的国之根本。作为托孤重臣的上官桀，肆意玩弄国之根本和国家重器于股掌之中，也足见汉武帝的“好眼力”。

如果说上官桀的削尖脑袋、上蹿下跳是在为寻找“大树”以便更好“乘凉”的话，那鄂邑公主的操作就像谜一般令人费解。

本来就孤苦伶仃、姐弟相依，姐姐抚养弟弟长大成人，连选皇后这样涉及国本的家务事，她都能说了算。但仅仅因为情人暂时封侯不得，就打算废了这个弟弟，另立与自己并没有任何恩遇交集的成年燕王刘旦，这位长公主是鬼迷了心窍，还是被情人冲昏了头脑？

伪造陷害一计不成之后，各自心怀鬼胎的这几个蠢材，不但毫无悔意，甚至都没有去稍微总结一下他们害人的技术手段，就迫不及待地实施下一步更加愚蠢的计划了。

这一次，他们撕下了本来就四处漏风的伪装，简直就是赤膊上阵了。他们的想法是：只要杀死霍光，一切就是他们说了算。所以，他们干脆设下“鸿门宴”，企图在酒席上斩杀霍光。

如此拙劣的手法，要是还能得逞，汉室朝廷简直成了一个笑话。早已得到消息的霍光，毫无悬念地反杀了上官桀和桑弘羊。燕王刘旦和长公主畏罪自杀。这场宫廷政变，随着这几个主谋被一体捕获而胎死腹中。

整个事件有没有蹊跷之处？按照以上史书的记载，应该是没有。但要说仅仅只有以上的原因，似乎也不尽然，但不管还有没有其他原因，都说明这一帮人愚蠢透顶。

两个托孤大臣、一个长公主，再加一个亲王，竟斗不过一个霍光。对于这个问题，其实应该这样看。

这帮策划政变的人并非博学多智。他们很可能只是因特定的际遇而成就了自我，按部就班地处理俗务尚可，而做点创造性的工作则会捉襟见肘。

长公主和燕王刘旦，虽借助祖荫，但仍被边缘化，能力可见一斑。上官桀，早年曾追随卫青和霍去病征伐匈奴，但基本是个不入流的角色。桑弘羊，商而优则仕的代表人物，作为同类，打击商人是游刃有余。但桑弘羊竭泽而渔式的经济政策，显然缺少了政治家的深谋远虑，甚至连政客的手段也没有。

然而，历史的机遇，让他们碰到了霍光。霍光，作为霍去病同父异母的弟弟，自幼被霍去病带在身边，一路提携。耳濡目染之下，虽无霍去病之才，但从来不缺乏霍去病之志。之后，霍光更是追随汉武帝三十多年，大小事务，无一出错。

才能可能带有与生俱来的成分，而志向却完全可以因影响而树立。尤其是此时，公元前 80 年，辅政已七年，深受霍去病影响的霍光，又能差到哪里去？

我们来看看霍光是怎么一路登上权力巅峰，成为西汉实际掌权人的。自金日磾死后，霍光就成为名副其实的首辅。平定上官桀、桑弘羊和长公主谋反之后，霍光更是集军、政、经济及外交大权于一身。

汉昭帝驾崩前，霍氏子弟和亲信已经实现了对汉室朝廷中枢机构的几乎全覆盖。汉昭帝死后，霍光立昌邑王刘贺为帝。

为什么立刘贺为帝？

一是因为汉昭帝无子；二是因为汉武帝的六个儿子已经死了五个，而仅存的老四刘胥却是李姬所生，与谋反不成自杀的燕王刘旦为同母兄弟，自然不能立。而且，即便是汉武帝，当年也没有传位给他。

所以，只有传位给刘贺。刘贺是昌邑王刘髆之子，汉武帝之孙，也是人们比较熟悉的那个海昏侯。他的祖母，就是李延年透过歌曲传颂的，那个“一顾倾人城，再顾倾人国”的李夫人；他的舅姥爷就是投降匈奴的贰师将军李广利。

但刘贺实在不成器，即位二十七天，干下一千一百二十七件荒唐事。霍光当机立断，废黜刘贺，改立十八岁的刘询（原名刘病已）为帝，这就是汉宣帝（公元前 74 年—公元前 49 年在位）。

刘询是卫子夫的曾孙，戾太子刘据的儿子刘进留下的唯一血脉。他因“巫蛊之祸”而流落民间，幸得廷尉监丙吉收养而长大成人。也就是这个刘询，曾经形容跟随在自己身后的霍光犹如“芒刺在背”一样。可见，此时的霍光，已经膨胀到逾越“君臣之礼”的程度了。

事实上，在汉宣帝即位之后，霍光的家族子弟已经完全控制了西汉帝国的军政系统，尤其是完全控制了皇宫的安保系统。

霍光之子霍禹，统领皇宫宿卫；霍光侄孙霍云、霍山，统领皇帝贴身护卫；霍光女婿范明友、邓广汉、任胜、赵平等人，分别兼任未央宫、长乐宫等各宫总管；霍光孙女婿王汉、外甥女婿张朔等人也都成为朝堂中枢要员。

此时，朝廷内外，中枢上下，都被霍氏家族的势力包围得密不透风。要说这时候霍光来个废汉自立，恐怕也不是什么难事吧。然而，霍光没有这么做。虽然没有这么做，汉宣帝却也不打算饶了霍光。

公元前 68 年，随着一场空前隆重的葬礼结束，送走了霍光的汉宣帝开始动手了。这个在襁褓中就被投进大狱，历尽苦难、九死一生的刘氏后代，颇有当年汉高祖刘邦的韧性与狠劲。霍光死后，不到两年的时间，偌大的霍家就被汉宣帝连根拔起。除了霍光的女儿，皇后霍成君被废幽居之外，其余全部被杀。

客观来说，霍光的身上没有宵小之徒的特质，也少见阴谋诡计的惯用伎俩。他的所作所为，对汉武帝之后的朝局稳定，为汉帝国的发展作出了很大的贡献。然而，他的强势，他的不知收敛，以及他的任人唯亲，确实对皇权造成了很大的威胁。

但霍光不这样做，又能怎么办？

所以，霍光是权臣，而不是奸臣。

在霍光的实际掌舵下，随着一系列政改措施的落地实施，一扫汉武帝晚年“巫蛊之祸”的阴霾，西汉王朝的面貌为之一新。

壶衍鞮单于在西域的失败

壶衍鞮单于在两次进攻西汉边境受挫之后，因为主和派左谷蠡王的死，短暂的和平局面也随之消失。壶衍鞮单于再次将他的匈奴部族绑上战车，开始了四处征战，妄图以此来恢复他先祖独霸草原的荣光。

公元前 78 年，壶衍鞮单于派犁汙王侦察西汉边境时，犁汙王发现酒泉和张掖两地防守薄弱。壶衍鞮单于梦想着趁此机会，一举收复失地。于是，壶衍鞮单于派右贤王和犁汙王率领四千骑兵分三队，分别入侵日勒、屋兰和番和（三地皆在今甘肃张掖一带）。

但由于西汉事先从投降过来的匈奴人那里得到消息，所以，霍光提前增兵酒泉和张掖两郡，布好口袋，就等匈奴上套。

此战，匈奴大败，只有数百人逃脱，犁汙王也被汉军射杀。自此，匈奴再也不敢入侵张掖。虽然遭此大败，但仍然不能唤醒壶衍鞮单于这个“梦中人”。不到一年的时间，壶衍鞮单于又兴兵南下。

这次，壶衍鞮单于派三千骑兵入侵五原，杀掠边境数千人。在以后的几年间，尽管还有匈奴骑兵南下，侵扰边境，杀掠吏民的情况发生，但此时的西汉，在霍光的实际操持下，加强边境防御，完善预警机制，使匈奴实在无机可乘。所以，匈奴入侵西汉的次数也就慢慢减少了。

减少入侵西汉的另一个原因，是壶衍鞮单于把战火引向了西域各国。匈奴的劲敌，自冒顿单于至狐鹿姑单于的一百多年间，主要是南边的西汉。而匈奴的东、西及北边的各个部落，早在军臣单于时期就基本已经被征服。唯有西边的乌孙，虽在匈奴的帮助下复国，但慢慢强盛起来之后，也有些不甘心臣服匈奴。然而，双方并没有出现不可调和的矛盾。

但到了壶衍鞮单于时期，由于西汉一直在刻意经营西域，加上匈奴不断衰落，不但西边的乌孙，就连东边的乌桓，北边的丁零也在逐渐复兴，它们都在伺机进攻匈奴。

壶衍鞮单于时期的匈奴，陷入了四面受敌的困境。

乌桓，就是原来的东胡，被当年的冒顿单于灭国后，残部逃到乌桓山，他们就以乌桓为名。乌桓曾一度臣服于匈奴。但在当年霍去病领兵打败匈奴左贤王的时候，乌桓投降了西汉。

乌桓举部迁徙至匈奴左地和上谷、渔阳、右北平、辽西与辽东五郡。西汉之所以把乌桓迁到这里，目的就是防御匈奴。这与张骞第三次出使西域，希望乌孙回到敦煌、祁连故地的目的一样，都是企图以外族之力来防御匈奴。因为各种原因，乌孙没有回到故地。

但迁移来的乌桓，尽管对防御匈奴起到了一定的作用，但随着时间的推移，它本身也成为西汉的边患，正如护军都尉赵充国所说的“招寇生事”。甚至，有时乌桓还勾结匈奴入侵西汉边境。

也就是在这样的背景下，西汉朝廷接到情报：乌桓人因为挖了以前单于的墓，愤怒的匈奴人，在壶衍鞮单于的率领下，集结两万骑兵，要讨伐乌桓。

乌桓既然投降了西汉，驻地又是西汉的疆域，面对匈奴的进攻，朝廷理应发兵迎击。但在是否出兵的问题上，西汉朝廷上出现了两种声音。一种是以赵充国为代表的观望派。他们的理由是：匈奴是坏，但乌桓也不是什么好东西。它们相互争斗，我们正好从中得利。所以，我们尽可悠闲观战。另一种是以范明友为代表的主战派。他们的理由是：这样的机会都不出兵，那什么时候出兵呢？

客观地说，这两种意见都对，可谓老成谋国，他们只是从不同的角度阐述了自己的意见。权衡之后，霍光采纳了范明友的意见，决定出兵迎击匈奴。

霍光的决策是正确的。以前无数次的经验教训都在说明：一切的胜利都是真刀真枪打下来的，观望等不来真正的胜利。

于是，霍光任命范明友为度辽将军，率骑兵两万出辽东。这次的既定目标，霍光说得很清楚，那就是先击匈奴，再打乌桓。

壶衍鞮单于正领兵攻击乌桓，见汉军赶到，不敢应战，率军撤退。范明友立即率军对乌桓发起进攻，斩杀乌桓骑兵六千多人，杀死三个乌桓王。范明友凯旋，被封平陵侯。

此战尽显西汉军威，不但匈奴再也不敢出兵，而且乌桓也被汉军打败，可谓一举两得。然而，正如赵充国担心的那样，此后乌桓不断入侵幽州等地，侵扰西汉边境。所以，霍光不得不数次派遣范明友出击乌桓。但是，即便这次不出兵，乌桓以后就不入侵汉境了吗？不消灭乌桓的有生力量，恐怕他们入侵的规模更大、频率更繁。

此时的乌孙，也和匈奴干了起来。事情的背景是逃往西北大漠深处的匈奴，严重挤压了乌孙的生存空间，直接的起因却是壶衍鞮单于强行索要解忧公主。

这里不知道是壶衍鞮单于真的看上了解忧公主，还是他要以此为借口对乌孙发动战争。因为他知道，这一诉求肯定会被乌孙拒绝。

前文说过，张骞出使西域，虽然劝乌孙返回故地不成，但乌孙却逐渐亲汉。尤其到了汉武帝时期的公元前 105 年，随着西汉与乌孙的“和亲”，两国关系更加密切。虽然当年乌维单于也把女儿嫁给乌孙昆莫，但几任单于之后，双方的关系开始不断恶化。到了壶衍鞮单于这里，更是由于索要解忧公主而发展到兵戎相见的地步。

解忧公主是继第一位与乌孙“和亲”的细君公主死后，西汉为了和乌孙维持友好关系，又一位下嫁乌孙的“和亲”公主。解忧公主先嫁军须靡；后从俗嫁给军须靡的兄弟翁归靡，生三男二女；最后嫁给泥靡，这个泥靡就是军须靡与匈奴乌维单于的女儿所生的嫡子。汉宣帝时期的公元前 51 年，解忧公主被迎归汉，两年后因病去世。

此时的解忧公主，亲自给汉昭帝刘弗陵上书，说匈奴联合车师进攻乌孙，请求西汉及时发兵救援。然而，就在这个节骨眼儿上，汉昭帝刘弗陵却因病驾崩了。西汉这边立废刘贺，重立汉宣帝刘询，一番忙乱，就是一年多。

面对匈奴的步步紧逼，苦不堪言的乌孙昆莫再次上书西汉，恳请出兵救援，并承诺提供五万骑兵，共击匈奴。公主上书在前，昆莫求救在后，这些都说明西汉不单是解忧公主的靠山，更是乌孙的靠山。

公元前 71 年，霍光征发关东精锐，集结十六万大军，分兵五路。田广明率军四万从西河出发；范明友率军三万从张掖出发；韩增率军三万从云中出发；赵充国率军三万从酒泉出发；田顺率军三万从五原出发。五路大军并进大漠，征伐匈奴。

同时，校尉常惠也奉命征调西域各国兵马策应乌孙。乌孙昆莫则亲领五万骑兵从本部对匈奴发起进攻。这次战役，加上乌孙盟军，总兵力达到二十一万。这是自汉武帝以来，征伐匈奴出兵最多的一次。

同时，五路人马，霍光明令各路必须至少纵深两千里，寻找并歼灭匈奴。毕竟，千里转战，不是人人都是卫青和霍去病，这事真是急不来。这五路大军，虽然都取得了不同程度的胜利，但离朝廷，准确地说离霍光的期望还差得很远。

出塞一千八百余里的赵充国部虽小胜，却未能按照约定时间就提前回来了；仅仅出塞八百里就止步不前，斩杀小股敌人而班师的田顺，还谎报军功，夸大俘获人畜的数量；出塞一千六百多里，仅仅斩杀俘虏匈奴十九人的田广明，放着近在眼前的大批匈奴骑兵不打，执意班师，而且，田广明还企图威胁知情的汉使冉弘，让他和自己一起隐瞒军情；出塞一千二百多里的范明友和韩增都以小胜班师回京。

这就是西汉此时的五路大军，不但都没有严格执行出塞两千里的命令，而且，都没有遇到匈奴主力，有的还在刻意避免遇到匈奴主力。

常惠，本来征调西域各国兵力只是作为策应，因为谁也没对西域各国联军寄予厚望。然而就是这样的联军，却在常惠的率领下，取得了辉煌的胜利。他们兵锋所指，横扫了匈奴右谷蠡王的王庭，俘虏了单于的父辈以及嫂辈、名王、犁汙都尉、千长、将军以下三万九千多人，夺得马、牛、羊、驴、骡及骆驼等七十多万头，匈奴部众死伤不计其数。

常惠也因此功被封长罗侯。这里，常惠封侯还有一段波折。常惠带领联军大败匈奴，所得人畜财物全部被乌孙占有。不但如此，就连常惠的印绶也被乌孙人盗走。

无耻而贪婪的乌孙，差点令解救他们的常惠人头落地。按律当斩的常惠，却因大败匈奴而被封侯，还食邑二千八百五十户。可见，汉室朝廷及霍光本人对胜利是多么的渴望。西汉是好人做到底，不但不追究乌孙独吞战利品的责任，而且，还派遣常惠出使乌孙，赏赐在这次战役中立功的乌孙贵人们。

和西汉的做法相反，大败的匈奴，把一腔怒火完全撒在了乌孙人的头上。公元前71年的冬天，壶衍鞮单于亲自率领一万精锐骑兵突袭乌孙。见利忘义的乌孙，还沉浸在独享战利品的喜悦之中，就被匈奴骑兵肆意蹂躏之后，洗劫一空。

大获全胜，满载而归的匈奴，怎么也不会想到，不是你的财，终究到不了你的口袋。凯旋的匈奴，走到半路，突遇特大罕见暴风雪，一天时间，雪深竟达一丈有余。匈奴部众及畜产被冻死者不可胜数，能生还回国者不到十分之一。

此时的匈奴，可谓“破鼓万人捶，墙倒众人推”，就连北边的丁零也在逐渐地叛离匈奴。丁零早在冒顿单于时期，就被匈奴征服。然而，随着乌桓、乌孙相继击败匈奴，丁零也按捺不住，趁机举兵进攻匈奴，抢掠人畜财产。加上对乌桓及乌孙的战争，三个国家加起来斩杀匈奴应该有数万人之多。屋漏偏逢连夜雨，公元前68年，匈奴部又遭遇特大灾荒，人口损失百分之三十以上，牲畜损失更是多达百分之五十。

此时，汉军再次兵分三路进攻匈奴，斩杀俘获数千人。壶衍鞮单于在位的十七年，可谓天灾人祸，内忧外患一个都不少。匈奴的衰弱之甚，为匈奴自头曼单于至今所仅见。

实在打不动的壶衍鞮单于，终于又向西汉请求“和亲”休战。但他没有这个机会了，公元前68年，带着无尽惆怅的壶衍鞮单于死了。

虚闾权渠废黜颛渠阏氏

公元前68年，是一个特殊的年份。这一年，执掌西汉最高权力近二十年的霍光因病去世。匈奴那边，壶衍鞮单于之弟左贤王即位，即虚闾权渠单于（公元前68年—公元前60年在位）。

此时，汉宣帝刘询急于清洗霍氏家族，而虚闾权渠单于面对的也是一个内忧外患的烂摊子。所以，汉匈双方都有休养生息的客观原因和主观意愿。

西汉这边，见匈奴虚弱，更是撤掉边塞的军队以减少军政开支。虚闾权渠单于本来也坚持壶衍鞮单于末年的做法，想着与西汉“和亲”休战。

然而，历史上的好多事情往往事与愿违。

此时的虚闾权渠单于就面临这样的情况。本欲休战的他，却中了左大且渠的计谋，又企图入侵西汉，结果失败。

即位之初的虚闾权渠单于，本应按照匈奴的习俗，再娶壶衍鞮单于的阏氏们。但不知什么原因，他却废黜了壶衍鞮单于宠幸的颛渠阏氏。而左大且渠正是颛渠阏氏的父亲。女儿被废，父亲失势，当然要报复。

左大且渠报复的手法是两头挑拨：一方面说服虚闾权渠单于遣使假意和谈，再领大军打汉军个措手不及；另一方面，他又派士兵投降西汉，谎称匈奴将要大举进攻。

事实摆在面前，由不得汉宣帝刘询不信。于是，汉军出塞数百里，以备战匈奴。虚闾权渠单于见汉军早有准备，就撤军而去。此战，双方虽没有大的伤亡，但短暂的和平局面已经不复存在。

虚闾权渠单于时期，匈奴开始加速衰落，被迫向西北迁徙。虽然更加远离西汉边境，但双方对于西域的争夺却进一步加剧。这一时期，汉匈双方对西域的经营主要集中在对车师的争夺上。其主要原因，是车师居于西域北道的交通要道上。如果失去对车师的控制，那么，西汉往来西域的使者、军队及商队，就要绕道南路，无疑费时费力。

在针对西域的争夺战中，汉军优势明显。这一期间，就连以前只敢到苏武那里去偷羊的丁零人也常常入侵匈奴，杀掠匈奴军民，抢夺牲畜财产。可见，匈奴在西域的势力，基本已经消磨殆尽。

公元前 60 年，虚闾权渠单于进行了他人生最后一次的疯狂表演。他集结匈奴十余万骑兵，准备对西汉发动突然袭击。困兽犹斗的虚闾权渠单于，此时也只能是抢上一把是一把了。

如此没有计划和步骤的纯粹赌徒一般的操作，怎么可能有所收获呢？结果，一个降汉的叫题除渠堂的匈奴人，把这个消息告诉了西汉，突袭计划败露。

赵充国奉命率领四万骑兵迎击匈奴。虚闾权渠单于得知汉军前来，急火攻心，吐血而亡。匈奴只好无功而返。虚闾权渠单于固然生不逢时，因为他接手的是一个前所未有的烂摊子。但在他治下的九年间，匈奴进一步衰落，他仍负有不可推卸的责任。

因为虚闾权渠单于不是没有机会，甚至他遇到的还是一个“千载难逢”的好机会。他即位之初，恰逢霍光去世。西汉方面，有着休战“和亲”的迫切愿望，也存在着对匈奴政策转变的可能。但他因为莫名其妙地废黜阏氏，就葬送了这所有对匈奴利好的愿望和可能。同时，他似乎对废黜阏氏所带来的一系列后果没有任何察觉。

壶衍鞮单于末年就有交好西汉的愿望，可惜他死了；虚闾权渠单于又中了别人的挑拨离间之计，匈奴更大的灾难即将上演，那就是他们内部出现了严重的动乱。

握衍朐鞮单于的倒行逆施

朝堂上的政治决策，直接关系着军事上的成败；军事上的成败又直接关乎着国计民生。一荣俱荣之下，会风调雨顺；而一损俱损之下，却会天灾人祸不断。

敬天畏神的匈奴人，为什么面对天灾人祸时就没有反思呢？从李广利事件中，我们也许能找到答案。那就是他们把这样的“警示”，纯粹地引向了迷信。他们能做的，也只是修祠、供奉和跪拜而已。

其实，自卫青、霍去病大败匈奴之后，匈奴的天灾就接连不断。儿单于在位时，公元前 104 年，曾有过一次大雪；十余年后，狐鹿姑单于末年，公元前 89 年，更是雨雪连降数月，导致疫情四起，谷稼不熟；壶衍鞮单于末年，公元前 71 年，又因大雪，致使人口损失三成，牲畜损失一半以上；仅仅过了不到四年，到虚闾权渠单于即位初年，公元前 68 年，匈奴又闹饥荒，人口、牲畜死亡六成以上。

可见，匈奴自乌维单于之后，天灾确实严重威胁着部族的生存。这虽与他们退居漠北有一定的关系，但与他们人事不修、决策的连续失误也有脱不开的关系，以至于在天灾的基础上，又酿成了人祸。

导火索就是虚闾权渠单于废黜颛渠阏氏之后，颛渠阏氏随即就与右贤王屠耆堂私通。公元前60年，虚闾权渠单于刚死，颛渠阏氏就与她的弟弟左大且渠都隆奇联手发动政变。他们立屠耆堂为单于，这就是握衍朐鞮单于（公元前60年—公元前58年在位）。

握衍朐鞮，据记载是乌维单于耳孙。这里的耳孙，很可能泛指远孙，最有可能的是乌维单于的曾孙之子，也可能是乌维单于的玄孙之子。

通过政变登上单于位的握衍朐鞮，自然要大开杀戒。这与他的本性无关，只与他的地位相关联。所谓一朝天子一朝臣，在握衍朐鞮单于这里表现得尤为明显。

一方面，他将虚闾权渠单于时期的亲信重臣杀戮大半，子弟近亲、诸王大将等全部革职；另一方面，重用颛渠阏氏的弟弟都隆奇，又提拔自己一脉的子弟充任要职。尽管握衍朐鞮单于的做法是古代宫廷政变之后的惯用伎俩，但也不得不说，他做得太过明显和急切。

握衍朐鞮单于迫不及待地一刀切下去的后果，一是丝毫没有从国家的利益出发，留下一批真正可用的人才；二是他甚至没有为自己好好谋划。因为他根本就没有留给别人“投诚”的机会。显然，他也没有这样的胸怀和韬略。同时，他的上位，甚至连自己都战战兢兢到如此地步，其根基浅薄和不得人心，由此可见一斑。

但这些毕竟都是客观原因，主要原因还是他自己的愚蠢。在这里，他没擒贼先擒王，相反，倒是放走了自己的头号政敌、二号政敌、三号政敌等关键人物。

握衍朐鞮单于放走的头号政敌是稽侯珊。稽侯珊是虚闾权渠单于的儿子，单于位的法定继承人。如此重要的人物，握衍朐鞮单于竟然让他逃跑了。

稽侯珊逃到他岳父乌禅幕那里寻求“政治避难”。乌禅幕，原本是乌孙和康居之间的一个小国国王，因在西域备受欺凌，就率众投降了匈奴。当时的狐鹿姑单于接纳了他，让他率部居住在匈奴的右地，还把侄女，也就是日逐王先贤掸的姐姐嫁给了乌禅幕。

这个先贤掸的父亲就是前文中说过的，当年狐鹿姑兄弟相互谦让，谁也不就任单于位的左大将。当年狐鹿姑就任单于后，就任命时任左大将的弟弟为左贤王，也就是法定的接班人。但弟弟早死，狐鹿姑单于又不肯传位给侄子，也就是先贤掸。所以，先贤掸被封日逐王。

几代下来，尽管匈奴内部一直有人认为先贤掸应该就任单于位，但转来转去，就是没有他的份。

这次先贤掸跑得很彻底，干脆率领数万骑兵投降了西汉。汉宣帝刘询自然是喜出望外，封先贤掸为归德侯。握衍朐鞮单于无奈，趁机任命他的堂兄薄胥堂为新的日逐王。

蠢货的标志之一就是没有胆略。没有胆略的标志之一就是除了杀戮，根本不知道什么叫分化瓦解。此时的握衍朐鞮单于要是能够任命先贤掸的一个弟弟为日逐王，也能起到稳定民心、争取同盟的作用。相反，他委派堂兄来做日逐王，不就等于向众人宣布了先贤掸投汉的正当性和合理性吗？

果然，部众不服。先贤掸的两个弟弟更是害怕。如此形势之下，除了杀戮，什么也不会的握衍朐鞮单于再次举起屠刀，杀了先贤掸的两个弟弟。这时的乌禅幕曾苦劝握衍朐鞮单于刀下留人，一方面这两人是乌禅幕的小舅子；另一方面，这样会激起更大的民愤。但握衍朐鞮单于哪里懂得这样的道理。

果不其然，汉宣帝刘询在先贤掸的建议下，可不会放过这样的机会。他任命郑吉为西域都护，率部接管了先贤掸留下的地盘，西汉自此完全控制了天山南北。

本来自己的女婿稽侯珊没有登上单于位，乌禅幕就对握衍朐鞮单于心生怨恨。如今握衍朐鞮单于又不听劝阻，执意杀了自己的两个小舅子，乌禅幕对握衍朐鞮单于就更加不满。

此时的乌禅幕，可以说是握衍朐鞮单于的第三号政敌。然而，后者仍浑然不觉。

握衍朐鞮单于的无道杀戮，致使匈奴很多贵人都心生反叛之意。不久，匈奴左奥鞬王死。握衍朐鞮单于丝毫不接受教训，又一次故技重演，马上趁此机会，立自己的小儿子为奥鞬王。估计也是害怕原左奥鞬王的部众不服，所以，这次他给小儿子封王之后，仍让儿子留居单于庭。这个握衍朐鞮单于上位之后，就没有做对过一件事。

果然，此举彻底点燃了原左奥鞬王部众的怒火。左奥鞬贵人一致推举原左奥鞬王的儿子为新的左奥鞬王，然后举部东迁。握衍朐鞮单于愤怒之下，派右丞相率领轻兵追杀，却遭到左奥鞬部的反击，伤亡数千人，大败而回。

在握衍朐鞮单于的治理下，匈奴内部乌烟瘴气，矛盾丛生，派系林立。太子、左贤王竟然与左地贵人们相互视为仇寇。

握衍朐鞮单于即位三年后，乌桓入侵匈奴姑夕王的领地。握衍朐鞮单于不知出于什么原因，不但不救，反而要借失败的理由治罪姑夕王。于是，借此机会，姑夕王就联合乌禅幕及左地的贵人们一块造反了。

他们共同推举虚闾权渠单于的儿子，乌禅幕的女婿稽侯珊为单于，这就是呼韩邪单于（公元前 58 年—公元前 31 年在位）。此时，是公元前 58 年。

至此，彻底拉开了匈奴五单于争立的序幕。即位后的呼韩邪单于，马上率领匈奴左地五万骑兵，一路向西，讨伐握衍朐鞮单于。

两军还没交战，握衍朐鞮单于的本部骑兵就已经四散逃走。仅带少量亲兵一路逃亡的握衍朐鞮单于，派人向他的弟弟右贤王求救。一句“匈奴共攻我”，可以看出握衍朐鞮单于众叛亲离的程度。

握衍朐鞮单于的这位弟弟，倒是很识时务，一句“各自死若处，无来污我”，算是和哥哥做了明确的决裂。实在走投无路的握衍朐鞮单于自杀而死，结束了他仅仅三年的执政生涯。

五单于争立

握衍朐鞮单于自杀后，他的部众全部投降了呼韩邪单于。左大且渠都隆奇逃到了右贤王那里。匈奴的历史，马上就要进入所谓“城头变幻大王旗”的时代了。

这里，我们从右贤王说起。他不救握衍朐鞮单于，是因为他不满这个哥哥的所作所为。但从收留都隆奇的行为来看，他也不见得就甘心臣服于呼韩邪单于。

呼韩邪单于对右贤王的态度应该心知肚明，然而当他率军来到单于庭之后，却并没有乘胜去攻击右贤王。不但如此，此时的呼韩邪单于在忙着做三件事：第一件是派人找到他的哥哥呼屠吾斯之后，即刻封为左谷蠡王；第二件是在数月之后，把他当初统率的大量军队遣回了故地；第三件是他派人去试图说服右贤王的贵人们，期望他们能联手杀死右贤王。

不知道呼韩邪单于当时是怎么想的，反正这三件事就像三把刺向自己的匕首，而且，刀刀要命。

首先，虽然说打虎亲兄弟，但既然如此信任亲兄弟，那更应该晚点封官，以此表明自己决不任人唯亲，便于更广泛地收拢人才，获取支持。

其次，为什么要解散军队呢？多事之秋，没有军队，你靠什么？难道是单于庭这里，没有足够的粮草供应大军的开支吗？那正好率军攻击右贤王呀。而且，领兵征伐，大胜而归，也是新任单于树立威信的最好办法。放着这样一举两得的办法不用，反而寄希望于策反，企图让人家自己人杀自己人。

果不其然，呼韩邪单于借刀杀人的计划败露，右贤王也彻底与他翻脸。公元前 58 年冬，右贤王与都隆奇联手，推立握衍朐鞮的堂兄、日逐王薄胥堂为单于。这就是屠耆单于（公元前 58 年—公元前 56 年在位）。

屠耆单于即刻率领数万骑兵攻打呼韩邪单于。此时的呼韩邪单于毫无意外地掉进了自己挖下的大坑。因为遣散了部队，面对数万骑兵，呼韩邪单于只能狼狈逃窜。

胜利归来的屠耆单于，随即以自己的大儿子都涂吾西取代呼屠吾斯而就任左谷蠡王，以自己的小儿子姑瞀楼头为右谷蠡王。

呼韩邪单于虽战败逃走，但不甘心的他仍然在设法召集各方势力，准备攻击屠耆单于。屠耆单于这边，也在做着迎战的准备。他派原日逐王先贤掸的哥哥右奥鞬王和乌藉都尉各率两万骑兵，驻守在单于庭东边，防御呼韩邪单于的进攻。

就在这时，匈奴右部的呼揭王与唯犁当户合谋，到屠耆单于那里诬告右贤王要反叛，准备自立为乌藉单于。屠耆单于在忙乱和惶恐之下，不经调查，就杀了右贤王父子。

要知道，屠耆单于可是右贤王推举的。如此具有拥立之功的人，也是说杀就杀，可见当时人人自危到了什么程度。当然，纸终究包不住火。真相大白之后，右贤王的冤情在单于庭引起轩然大波。为平众怒，屠耆单于又杀了唯犁当户。一起合谋陷害右贤王的呼揭王自知罪责难逃，索性带领他的部众远走他乡，并自立为单于，即呼揭单于。

原本驻守在单于庭东、防御呼韩邪单于的右奥鞬王听说呼揭王自立为单于。估计是感到你都能做，我为啥做不得，于是，凭借手下两万精兵，他也自立为单于，这就是车犁单于。

同样率领两万骑兵，防御呼韩邪单于的乌藉都尉发现原来单于还能这么做，也不甘落后，赶紧自立为单于，即乌藉单于。

至此，呼韩邪单于、屠耆单于、呼揭单于、车犁单于和乌藉单于，所谓的五单于并立于大漠草原。

呼揭、车犁和乌藉三位单于，本来都是屠耆单于的部下。和敌人相比，部下的反叛更令屠耆单于怒火中烧。他兵分两路，一路自己亲自统领，讨伐车犁单于；另一路由都隆奇率领，讨伐乌藉单于。

车犁单于、乌藉单于兵败，带领残部逃向西北方向。他们与呼揭部联合，共收拢四万人马。大敌当前，乌藉、呼揭两人很识时务地自去单于称号，共尊车犁单于。

至此，五单于减少为三单于，即居于东边的呼韩邪单于、中间的屠耆单于和西边的车犁单于。

由于屠耆单于占据单于庭，他自然以正统自居。这次，他派遣左大将和左都尉统率四万骑兵，驻守单于庭以东，防御呼韩邪单于。同时，他亲率四万骑兵向西南讨伐车犁单于。车犁单于被屠耆单于打败，率众向西北逃跑。

就在屠耆单于忙于征伐之际，呼韩邪单于有了充分的时间去收拢他遗散的部队。第二年，即公元前56年，呼韩邪单于派他的弟弟，右谷蠡王率军向西突袭了屠耆单于的领地，杀死屠耆单于部属万余人。

接到消息的屠耆单于大怒，他纠集六万骑兵，一路向东，千里行军征讨呼韩邪单于。两军会战，以逸待劳的呼韩邪单于大胜。屠耆单于见大势已去，自杀而死。随军出征的都隆奇与屠耆的小儿子右谷蠡王姑瞀楼头，率残部向南逃走，无奈之下，投降了西汉。同时，无处投靠的车犁单于，实在没有办法，只得自去单于称号，率部投降了呼韩邪单于。

至此，五单于去其四，呼韩邪成为唯一的单于。

呼韩邪单于为自己挖的三个大坑，费了九牛二虎之力，勉强填上了两个。但它的遗毒却是怎么也清除不干净了。因为那个困住“魔兽”的笼子已经被他打开，再想关住，却是怎么也做不到了。

单于，这个原本神圣的称号，被呼韩邪一不小心弄掉在地上摔得粉碎，致使人人都可以随便地捡起一块，就能尽情地把玩一番。似乎谁有了这块“碎片”，就能一统草原。

此时的草原，形势依然十分混乱。一盘散沙之下，众人是各想出路，各找退路。

所谓的前途，无非就是三条：一是追随呼韩邪单于，二是降汉，三是自立为单于。

追随呼韩邪单于的也不过数万人而已；降汉的如呼韩邪单于的左大将乌厉屈与其父呼遬累（匈奴官号）乌厉温敦，他们认为匈奴前途渺茫，心灰意冷之下，率众投降了西汉。乌厉屈被封新城侯，乌厉温敦被封义阳侯；而选择自立为单于的，也不在少数。

一帮毫无家国情怀，压根不知道什么是民生福祉的投机小人粉墨登场了，开始了他们拙劣粗鄙的表演。

首先跳出来的是李陵的儿子。在他的怂恿下，乌藉都尉死灰复燃，再次自立为单于。昔日乌藉、呼揭和车犁合兵一处，还干不过屠耆单于，怎么今天自己一个人，就敢单挑把屠耆单于都打败的呼韩邪单于呢？是散落的那块“单于碎片”太过诱人，而不惜飞蛾扑火吗？乌藉都尉和李陵的儿子，以他们的人头落地，佐证了什么是自不量力。

然而，乌藉的失败并没有阻止一些人自立为单于的脚步。这其中，就有呼韩邪单于的哥哥，即当初呼韩邪心急火燎地寻找，并迫不及待地封为左谷蠡王的呼屠吾斯。

这是呼韩邪单于为自己挖下的第三个大坑。为了填这个坑，他用上了所有的力气。

就这样，平定乌藉之后，匈奴又有两人自立为单于：一个是屠耆单于的堂弟休旬王，他在西边自立为闰振单于；另一个就是呼韩邪的哥哥呼屠吾斯，他在东边自立为郅支单于。

此情此景，不知道呼韩邪单于会做何感想。本来还想着打虎亲兄弟呢，现在可好，成了背后捅家伙了。这一刀，扎得呼韩邪单于实在是太狠。清除了所有对手之后，没想到自己刻意提拔的亲哥哥，反而成为伤害自己最深的人。

这一时期的草原，可谓风云激荡，瞬息万变，现在的格局又变成了三足鼎立。战争在所难免。

稍事休整两年之后的公元前 54 年。首先按捺不住的是闰振单于，他率众东击郅支单于。没有任何妥协和回旋的余地，这里进行的只是纯粹的杀戮。

实力不济、运气不佳的闰振单于气势汹汹而来，除了弄丢自己的项上人头之外，还“慷慨”地送上了他全部的民众、军队和财产。

一战而壮大的郅支单于，乘胜进攻他的弟弟呼韩邪单于。呼韩邪单于战败向南逃走，郅支单于占据了单于庭。

一番血雨腥风之后，至此，草原上只剩下两位单于对峙，一个是居于南边的呼韩邪单于，一个是居于北边的郅支单于。

因争夺单于位而进行的残酷内战，暂时以这样的形式和格局而存在了很长一段时间。因为这一时期，匈奴的人口和牲畜损失了八成以上。他们太累了！

呼韩邪单于降汉

呼韩邪单于被郅支单于打败，向南逃走。南边是汉境，北边是郅支，夹在中间、两边都打不过的呼韩邪单于急需寻找出路。

第一个劝他投降西汉的是左伊秩訾王。很明显，向西汉称臣，能够换取帮助，再去统一草原。但左伊秩訾王的建议，受到匈奴众多大臣的反对，他们的理由是战死比投降光荣。

而此时的呼韩邪单于，倒是作出了正确的选择。留得青山在，不怕没柴烧。形势所迫，忍辱负重也不失为一个好办法。拿定主意的呼韩邪单于，决定向西汉称臣。前文说过，在乌维单于时期，他曾谎称要到长安。信以为真的汉武帝，还为此大起宫邸。然而，那时没有用上的宫邸，在呼韩邪单于时期，终于派上了用场。

真是沧海桑田，今非昔比。

决意投降的呼韩邪单于，为表达诚意，派自己的儿子，匈奴右贤王铢娄渠堂到西汉为质。那边的郅支单于听说呼韩邪单于要投降西汉，也马上向西汉示好。为表诚意，他也把自己的儿子右大将驹于利受派到长安为质。这是在汉武帝时就曾希望的匈奴遣子为质，此时终成现实，而且，还是匈奴的两位单于争先恐后地抢着来做这样的事。无疑，他们双方都希望得到西汉的支持。

但西汉朝廷怎么抉择呢？

无外乎两种办法：一是趁此机会，出兵彻底解决匈奴这个为害百年的老对手；二是连拉带打，等他们双方消耗得差不多了，再一举击破。

两种方案没有优劣之分，需要评估的只是代价的多少。

年轻气盛的汉宣帝刘询想御驾亲征，毕其功于一役。萧望之却建议徐徐图之，他的观点是应以仁义安抚四夷。可以肯定地说，西汉是一个非常包容和开放的朝代。

但不得不说，汉宣帝刘询面对这千载难逢的突变机遇，也是根本没有做好准备。刘询采纳了萧望之的建议，具体的做法就是冷眼旁观，既不出兵挑衅，也不明确表态支持任何一方。西汉模棱两可的态度，可急坏了呼韩邪单于和郅支单于。公元前 53 年，呼韩邪单于又派他的弟弟左贤王，到长安朝见汉宣帝刘询。而郅支单于也再次派出使者到西汉，殷切地表达交好意愿。

面对双方的殷切之情，西汉朝廷也不能再“矜持”下去了，是时候拿出一个态度了。反复权衡之后，西汉决定扶弱削强，将友好的天平倾斜到呼韩邪单于一方。这样做的理由很简单，就是不让他们任何一方独大，对西汉造成威胁。

公元前 52 年，得到明确暗示的呼韩邪单于率领五万部众来到了五原塞外，并和西汉约定，第二年正月，自己将到长安朝见汉宣帝刘询。西汉听到呼韩邪单于的这次朝见，可谓举国欢腾，因为这意味着四夷咸服，天下太平，哪个国人不盼望着这样的日子呢？

关于呼韩邪的这次朝见，西汉接待的规格隆重，礼仪对等，规格表示尊重程度，礼仪彰显尊卑地位。隆重和对等，汉宣帝刘询给足了呼韩邪单于面子。不仅如此，西汉还赏赐给呼韩邪单于大量财物。尤其是颁发给他的那枚“匈奴单于玺”，不但意味着呼韩邪单于受到了西汉的册封，更是在形制和字体上与西汉皇帝的玉玺完全相同。

这极大满足了匈奴的民族自尊心。以致到后来的王莽时期，还因为改变印文而闹出一段不愉快。呼韩邪单于这次到西汉入朝称臣，在长安居住一个多月。

回去前，呼韩邪单于自请居留在光禄塞下，帮西汉来防守受降城。汉宣帝刘询答应了他的请求，同时，派遣长乐卫尉、高昌侯董忠，车骑都尉韩昌率领一万六千名骑兵，征集一千多匹边郡战马，护送呼韩邪单于从朔方鸡鹿塞回草原。

汉宣帝刘询命令这批汉军留在呼韩邪单于的身边，名义上是保护呼韩邪部的安全，帮助单于清除不服从的人，实际上，也是监视呼韩邪部，防止他们反叛作乱。

在这段时期，郅支单于为了表达亲善友好之意，也不断地遣使到西汉。西汉也照样给予他很多礼物，只是对于呼韩邪单于更加优待而已。其中原因，当然是呼韩邪单于已经对西汉称臣。

呼韩邪单于为了表示忠诚，也为了从西汉得到更多的好处，仅仅过了一年，即公元前49年，他再一次到长安朝见。这次西汉除了接待的规格和礼仪和上次一模一样之外，还送了比上次更多的礼物。

汉宣帝刘询可以说对呼韩邪单于的归顺非常满意，并对他寄予厚望。也就是在呼韩邪单于入朝觐见的这一年，汉宣帝死了。这似乎是一个不好的开端。汉宣帝刘询死了，即位的是汉元帝刘奭（公元前49年—公元前33年在位），他是汉宣帝与发妻许平君所生的儿子。

汉元帝刘奭即位之初，就遭到呼韩邪单于的敲诈和郅支单于的挑衅。呼韩邪单于以民众困乏为由，向西汉索要粮食。郅支单于眼见没有和西汉进一步友好的余地，也趁机索要质子。

汉元帝刘奭本就懦弱，又初登大位，就答应了他们的要求。西汉一方面提供给呼韩邪单于谷物两万斛；另一方面，朝廷派谷吉将郅支单于的儿子送了回去。

此举，可谓犯了两个错误：

一是得到大量物资补充的呼韩邪单于领军北归，虽然这次北归是订立盟约之后的行为，但无异于放虎归山；二是没有任何把柄留在西汉的郅支单于，立即翻脸，不但杀了汉使谷吉，而且，还企图联合乌孙，攻打西汉。

呼韩邪单于能够率众北归，回到单于庭，一方面是因为自降汉后，得到大批的物资援助，在西汉的保护下，休养生息，不断壮大；另一方面，也是因为他在南边驻守，形成了一道保护西汉的屏障，郅支单于无力南侵之下，只有离开漠北单于庭，向西迁徙。

自身壮大，单于庭空虚，条件成熟的呼韩邪单于，率众回到了漠北单于庭。此时的呼韩邪单于对汉称臣，自然不会受到南边西汉的征伐；东边的乌桓，北边的丁零可能也不会侵扰他；西边的西域，又在西汉的控制之下，也不会有敌人去征伐他。所以，散落各处的匈奴民众逐渐归附。匈奴在他的统治下，也慢慢安定，逐渐又兴盛起来。

在西域逐渐安定下来的郅支单于，因为呼韩邪部实力的增强，又在西汉的庇护之下，就放弃了东归的念头，进一步向西迁徙。从这里也能看出，呼韩邪单于投降西汉，是他最正确的决定。

明犯强汉者，虽远必诛

再说西迁的郅支单于。他之所以西迁，是因为漠北的生存空间越来越小。但直接的起因却是康居迫于乌孙的压力，请求郅支单于来帮助他攻打乌孙。

为麻痹乌孙，郅支单于起兵的借口是要联合乌孙攻击西汉。郅支单于的这招，颇有点“假途灭虢”的意思。然而，乌孙识破郅支单于的伎俩后，决定将计就计。乌孙派遣八千骑兵假意迎接郅支单于，实则准备出其不意地偷袭他。他们计划拿郅支单于的人头献给西汉。不承想，乌孙的军队太不成器，偷袭不成，反被郅支单于打败。

郅支单于乘胜进军西北，降服乌揭部，又顺势征发乌揭部兵马，沿西北方向一路挺进，攻下坚昆，攻破丁零，接着又回兵再次攻打乌孙。郅支单于的匈奴铁骑，在西域完全可以说是耀武扬威。本来是请匈奴来帮忙的康居国，如今也被匈奴占领。西域各国如此孱弱的兵力和丰饶的物产，使郅支单于流连忘返。

实际上，郅支单于东归也是困难重重，于是他索性打算在这里重建匈奴。在这里，郅支单于杀戮的本性暴露无遗，他大开杀戒，肆意欺凌西域各国。在如此高压之下，西域各国不得不纷纷倒向匈奴。这势必严重威胁西汉在西域的利益。但生性软弱的汉元帝刘奭认为西汉距离康居太过遥远，以空耗无获的理由而不愿出兵。

相比之下，郅支单于可丝毫不会客气和让步。他不仅一再扣留西汉索取谷吉尸骨的使臣，而且，还强硬地要求西汉册封他为西域都护。意思就是，要西汉答应将西域这块广大的地盘划归他所有。

就在双方这样反复拉锯的过程中，事情出现了转机。

公元前36年，西域都护郑吉退休回国，接替他的是都护骑都尉甘延寿和副校尉陈汤。估计汉元帝刘奭怎么也不会想到，他的这一次任命竟然能够扭转西汉在西域的被动局面，甚至改变匈奴的历史。他更不会想到，那一句“明犯强汉者，虽远必诛”会在中华大地上流传数千年，而几乎成为后世人的口头禅。

此时的西域，正像陈汤分析的那样：郅支单于带领匈奴占据了康居，目前，正在试图吞并乌孙和大宛。而他一旦得逞，必定要向北攻占伊列，向西进攻安息，向南打击月氏。如此，不出数年，匈奴就会占有整个西域。

估计郅支单于也是这么打算的。所以，陈汤得出的结论就是：趁其羽翼未丰，把郅支单于掐死在“襁褓”之中。甘延寿虽然同意陈汤的意见，但此事非同小可，他认为要奏请朝廷批准。

这当然正当且必要。

但陈汤认为，万里之遥的朝廷并不一定了解详情，万一不批准，岂不是坐失良机。而且，消灭了郅支单于，如此大功，朝廷又怎么会怪罪呢？

这当然合情又合理。

正当且必要碰上了合情又合理，竟然产生了矛盾，焦点就是甘延寿不愿越权，陈汤却想立功。就在两人僵持之时，甘延寿病倒了。陈汤索性假传圣旨，征调西域十五国兵马和驻守在车师的汉军，共计四万多人。军队集结完成，甘延寿的病也好了。甘延寿见木已成舟，只好跟着陈汤起兵征伐郅支单于。

汉军在陈汤的调度下，分六校，分两路从南、北两个方向直扑康居。陈汤与甘延寿率军走北路，由温宿国出发，横越天山，经乌孙赤谷城，攻打康居北部。三名汉军校尉率军走南路，过葱岭，经大宛，攻打康居南部。

史书中，战斗过程记载得非常具体，甚至连陈汤与郅支单于的对话及心理活动也被保留了下来。可见，这场战斗，这段历史，从一开始就感动和激励着西汉百姓。

此次战斗主要分三个阶段：第一阶段，严明军纪，秋毫不犯，表明汉军的目的只在剿灭郅支单于，根本区别于匈奴在这里的烧杀抢掠，以此来争取和安定康居的民心。第二阶段，以武力为后盾。从道义和利益两方面，争取同盟，孤立匈奴。为此，一方面，陈汤攻打并俘获了入侵乌孙的康居副王，又俘虏了抱阗的显贵伊奴毒；另一方面，陈汤主动联络并召见康居的贵族屠墨，与他歃血为盟，使其不与汉军为敌；后汉军又抓到康居的显贵贝色的儿子开牟，令其作为向导。第三阶段，一切就绪之后，就是全力进攻郅支单于。兵临单于城下，已经完成合围的陈汤，还是没有任何的趾高气扬。

此时的陈汤，以护送郅支单于及家人入汉为借口，企图以最小的代价来解决战斗。本就无意降汉的郅支单于，又怎么会相信陈汤的说辞呢？

话不投机，战斗打响。但陈汤的表现无疑是正确的，因为他给郅支单于留足了可能降汉的空间和时间。但郅支单于不珍惜机会，那也只有让战斗来解决问题了。

在陈汤的指挥下，汉军先破外城，再攻内城。困守孤城的郅支单于，连他的数十位阏氏们，也一起登上城楼，拉弓射箭，参与战斗。

这时，有一万多康居骑兵前来救援郅支单于。但在陈汤的指挥下，汉军绕到康居骑兵的后方，一举将其击退。郅支单于在城破之时，还在想着汉兵远来，不能久攻，于是他率众退入宫内，企图负隅顽抗。但郅支单于败局已定，汉军所到之处，火光四起，刀剑飞舞。

此战，军侯杜勋割下郅支单于的首级。汉军诛杀了郅支单于的阏氏、太子以及王公等共一千五百一十八人，生擒一百四十五人，敌兵一千余人投降。

那句流传千古的“明犯强汉者，虽远必诛”的名言就出自陈汤、甘延寿在此战大胜之后，给汉元帝的疏奏中。同时，在这句话之前，还有一句话，那就是“宜悬头槁街蛮夷邸间，以示万里”，即把敌人的头颅砍下，悬挂在蛮夷原来居住的槁街，万里示威，而回响千年。

第五章
复兴：穷途末路的回光返照

昭君出塞

郅支单于，自立十八年后，被陈汤、甘延寿攻杀。数十年来，内乱纷争的草原，又统一在呼韩邪单于的旗下。

是忧是喜？

对呼韩邪单于来说，可谓喜忧参半。喜的是自己终于成为匈奴唯一的单于，忧的是汉军万里征伐郅支单于，可谓敲山震虎。这又怎么保证汉军不会征伐自己呢？再说，因为当初汉使谷吉死在了自己的地盘，西汉还曾经责备过他。

但从此前和此后的实际情况来看，呼韩邪单于似乎是多虑了。因为西汉的底线就是和平相处，从来没有彻底消灭匈奴的想法。这个底线，从匈奴北归的事件中就能得到佐证。

昔日呼韩邪单于率众北归，派驻匈奴的代表车骑都尉韩昌和光禄大夫张猛两人是怎么想的？又是怎么做的呢？他们想的是：匈奴人口增长、物资充盈，足以自卫，不必再怕郅支单于；做法是：订立盟约，世代友好。

由此可见，他们两人的任务真的就是保护呼韩邪单于，以图世代友好。因为根据他们的想法和做法，完全能够推断出：西汉朝廷在他们临行之时的既定方针主要是保护和友好。要不然，给他们十个胆子，他们也不敢矫诏立约。

在呼韩邪单于这种忧喜心理的驱使之下，为了进一步取得西汉的信任，他向西汉提议了三件事：第一，他请求西汉从边塞撤防，他愿意替西汉防卫自上谷至敦煌的边境线；第二，他希望再次到西汉朝见皇帝；第三，他请求娶西汉女子为阏氏。

而汉室的那些朝臣认为匈奴已经对汉称臣，替汉戍边也顺理成章。但有一个人提出反对意见，他就是熟悉边塞事务的郎中侯应。他提出十条不可的理由，以至于后人有同样主张的时候，往往都会提起侯应。由此也能看出，那时的朝堂重臣，对匈奴问题是一个怎样的认识。

相对于朝中大臣，我们很有必要看看侯应是怎么说的。侯应的十条理由从人及部族的本性说起。在他们遭遇到不同境遇的情况下，一般会采取什么样的做法，一直说到具体的边塞情况，以及匈奴替汉戍边之后可能出现的情势。

首先，迁居漠北的匈奴，留恋故土是人之常情，暂时困厄窘迫之下的恭顺，怎么能保证日后就不为害作乱呢？其次，西汉边境的作用，一防敌人入侵，二防国人叛逃。敌人中，就算除了匈奴，也还有西羌和西域；国人中，也包括诸侯、奴婢和投降的民众。如此鱼龙混杂，利益交错，怎么能够假手他人？最重要的是，边境防御体系已有百年之久，弃之不用，就会荒废；荒废重修，绝不是一日之功。而且，就算匈奴能够很好地替汉戍边，也一定会不断讨赏，这种赏赐也一定会多于守备花费。

所以，侯应建议匈奴替汉戍边这事，断不可行。幸好，汉元帝刘奭还不算太糊涂，他采纳了侯应的建议，回绝了呼韩邪单于希望替西汉戍边的提议。

这次呼韩邪单于请求为西汉戍边，也没有什么恶意，只是因郅支单于被杀而畏惧，刻意讨好西汉罢了。既然西汉不同意，呼韩邪单于也就不再坚持。

至于呼韩邪单于朝见和“和亲”的提议，因为都是交好的意图，西汉也就欣然答应。公元前33年，呼韩邪单于第三次前往长安朝见汉元帝刘奭。西汉接待他的规格和礼仪与汉宣帝时一样，只是比汉宣帝时的第二次朝见所赐礼物又多了一倍。

这里，有一个插曲，有必要说一下。当时力劝呼韩邪单于对汉称臣的左伊秩訾王，因为后来被人诬告居功自傲，呼韩邪单于似乎也听信了谗言。左伊秩訾王害怕被杀，就率一千余人投降了西汉，被西汉封为关内侯，食邑三百户。而就在这次朝见时，呼韩邪单于与左伊秩訾王也见了面。呼韩邪单于劝左伊秩訾王回归匈奴。尽管呼韩邪单于的态度诚恳，语气谦卑，但左伊秩訾王终是婉言谢绝。一位在当年力挽狂澜的能臣，就这样与他原来的君王分道扬镳，如此选择，令人唏嘘。

这次呼韩邪单于请求的“和亲”，是“愿婿汉氏以自亲”的形式。它区别于以往匈奴单于逼婚，而改为诚挚谦卑的求婚。这次“和亲”的主角就是历史上大名鼎鼎的王昭君。

因为王昭君太过有名，所以关于她的记载很多。《汉魏遗书钞本·琴操》上说，王昭君是齐国王穰的女儿，姿色艳丽，后入宫为宫女，好几年都见不上汉元帝刘奭一面。就在这次朝见的宴会上，她“越席而前”，也就是绕过吃饭的地方，主动要求嫁给匈奴单于。

《西京杂记》上更是说，当时汉元帝的宫女很多，多到不能一一见面，需要皇帝“按图索骥”。所以，宫女就要贿赂画工，让他把自己画得美一点。因为王昭君自信自己本来就长得美，就没有行贿。画工使坏，致使王昭君好几年都得不到宠幸。目前要“和亲”了，又偏偏选中了她。

以上两种说法都有可信之处，却也有明显杜撰的地方。这里暂且采信《汉书》和《后汉书》的说法。

王昭君，本是良家女子。姓王，名嫱，字昭君。元帝时选入掖庭。因数年不得宠幸，积怨之下，恰逢呼韩邪单于求亲，就毛遂自荐到了匈奴。

关于王昭君的美丽，是这样记载的：“昭君丰容靓饰，光明汉宫，顾景裴回，竦动左右。”作为历史上“四大美女”之一，王昭君名副其实。

到匈奴后的王昭君，号“宁胡阏氏”，为呼韩邪单于生下一子，叫伊屠知牙师，被封右日逐王。呼韩邪单于死后，王昭君曾上书归汉，汉成帝不准。王昭君又从俗嫁给复株累若鞮单于，生了两个女儿。

据说王昭君死后葬在左丰州西六十里，就是现在的呼和浩特附近。昭君出塞，为匈奴带去了当时先进的农耕技术和中原文化，汉匈友好关系得以长期维持。

值得一提的是，就在呼韩邪单于的这次朝见之后，不久汉元帝刘奭就死了。即位的是汉元帝刘奭与孝元皇后王政君所生的嫡子，这就是汉成帝刘骜（公元前 33 年—公元前 7 年在位）。

“兄终弟及”，传承有序

公元前 31 年，呼韩邪单于死，其子雕陶莫皋即位，号复株累若鞮单于（公元前 31 年—公元前 20 年在位）。相比于以前的几大单于之间的纷争，呼韩邪单于之后，却出现了兄弟几个相互让位的特殊现象。

也许是争累了，也许是打怕了，总之，他们汲取了以往的经验教训。而主要的功劳，则应该记在呼韩邪单于的颛渠阏氏和大阏氏的身上。

她们姐妹俩同是呼衍王的女儿。大姐颛渠阏氏生两子，大儿子叫且莫车，二儿子叫囊知牙斯。小妹大阏氏生了四个儿子，老大叫雕陶莫皋，老二叫且麋胥，都比且莫车年纪大；两个小儿子叫咸、乐，都比囊知牙斯小。

呼韩邪单于临死之时，想传位给嫡长子且莫车。颛渠阏氏却以且莫车年幼为由，坚持让妹妹的长子雕陶莫皋为单于。

深明大义的颛渠阏氏抛弃个人私利，站在了有利于国家安宁和百姓归心的一边。呼韩邪单于听从了颛渠阏氏的建议，立庶长子雕陶莫皋为单于，并开创了“兄终弟及”的单于位继承顺序的先河。

这个顺序是：

公元前 31 年至公元前 20 年，在位十一年的雕陶莫皋，号复株累若鞮单于；

公元前20年至公元前12年，在位八年的同母弟且麋胥，号搜谐若鞮单于；

公元前12年至公元前8年，在位四年的异母弟且莫车，号车牙若鞮单于；

公元前8年至公元13年，在位二十一年的同母弟囊知牙斯，号乌珠留若鞮单于。

自复株累即位到乌珠留死，这四十四年间，除了乌珠留若鞮单于末年外，匈奴的局势也算稳定，国力民生都得到恢复。可以说，这是一段匈奴得以复兴的时期。

这一时期，匈奴内部传承有序，没有发生动乱纷争的情况，就连天灾，这一时期也少见记载。

天灾人祸减少的匈奴，四境也相对安稳。东边的乌桓，基本受西汉控制，对汉称臣的匈奴，自然不会受到乌桓的威胁；西边的西域各国，同样不会进攻匈奴；北边的丁零，本来只是趁火打劫，如今也无力入侵匈奴。

这一时期的匈奴，可以说是内部无忧，外部少患，值得一提的有四件事：

一是匈奴右皋林王伊邪莫演的诈降；二是匈奴单于又一次到长安朝见汉天子；三是王根提议索取匈奴伸入西汉的“斗地”；四是乌孙侵掠匈奴。

第一件事，复株累若鞮单于即位三年后，公元前28年，他派右皋林王伊邪莫演出使西汉。出人意料的是，伊邪莫演却执意要降汉。

此事的蹊跷之处在于：匈奴自对汉称臣后，除了前文中说的左伊秩訾王降汉之外，既没有汉人投降匈奴，也没有匈奴人降汉。伊邪莫演的举动，引起了光禄大夫谷永和议郎杜钦的怀疑。

这种怀疑不是没有道理。承平日久的两国，确实不太好接受这样的投降。在西汉谨慎的追问之下，伊邪莫演推说有病，之前的降汉都是胡言乱语。而从伊邪莫演回去匈奴后，没有受到任何处罚也能看出，此次他诈降的可能性很大。而他的幕后主使，可能就是复株累若鞮单于本人。因为后者有这样的动机。

即位之初，复株累若鞮单于想借此来判断西汉对于自己的态度。而通过这一次试探，他放心了。其实，他完全没有必要做这样的试探，因为西汉对待匈奴原本就区别于其他降国。像对待西域，西汉不仅征税，有时还征用军队。昔日陈汤剿灭郅支单于的时候，就征发过西域各国的军队。相反，对待匈奴，西汉不仅从无索求，反而给予大量赏赐。

这也是以后的王莽矫枉过正的原因。

第二件事。放心了的复株累若鞮，上书汉室朝廷，表示愿在公元前25年正月到长安朝见。这一次单于入朝，除接待规格和礼仪不减之外，又赏赐给他更多的财物。复株累若鞮单于死后，他的弟弟搜谐若鞮单于在位时，也曾上书入朝，可没等他动身，就死了。到了汉哀帝刘欣（公元前7年—公元前1年在位）的时候，公元前3年，匈奴的乌珠留若鞮单于，又上书到西汉朝见。

此时正值汉哀帝染病。汉室朝廷的意见分为两派：一派认为单于朝见，徒费财物而无实际意义。更要命的是，呼韩邪单于的三次入朝，西汉死了两位皇帝。目前，汉哀帝又染病，还是不让他们来为好。另一派，以黄门郎扬雄为代表。他从维护汉匈交好的意义出发，申明一旦破坏这样的格局，会带来不可估量的损失。所以，他坚决主张准单于入朝。

这里，扬雄显然有些书生意气，他没有应对匈奴根本性、长远性的策略和方法，仅仅讨论入不入朝，又有什么实际的意义呢？

不管如何，汉哀帝刘欣答应了乌珠留若鞮单于入朝的请求。公元前1年，匈奴单于入朝。这是又一次的盛况空前，又一次的大加赏赐。不仅如此，在这一段时期，匈奴贵人以及他们的家眷；西域各国王公大臣纷纷到长安朝见天子；就连外国的商人，也假借外国使团的名义，到长安觐见天子。他们名为朝贡，实则以少量轻贱的物品，换取到大量贵重的东西。

西汉乐于赏赐，外国也忙于朝贡，一派热火朝天的“繁荣”景象。

后人常常诟病汉武帝穷兵黩武，为什么这种靡费倒不见人们口诛笔伐？难道这些就不是民脂民膏？难道这些就比用兵打仗还有用吗？不管有没有用，反正汉哀帝刘欣在这次乌珠留若鞮单于朝见之后不久就死了。

第三件事，就是乌珠留若鞮单于即位不久，西汉出使匈奴回来的夏侯藩和韩容，建议当时的大司马、骠骑将军王根向匈奴索要一块地，就是形如“斗”状，伸入张掖郡内的所谓“斗地”。这块地盛产可以制作弓箭的木材，得到这块地，不仅可以补充军备，也增加了国土。王根同意之后，奏请了汉成帝刘骜，让夏侯藩再次出使匈奴，具体经办此事。

乌珠留若鞮单于为了不得罪西汉，一再找借口拖延。天真的夏侯藩见单于没有明确拒绝，就想当然地认为这事能成。一再催促之下，没法再拖下去的单于也亮明了底牌：不同意。

而且，拒绝的理由也很站得住脚，那就是我父兄传了五代单于，你们都不来要，为何偏偏到我这里，却来要这块地呢？这分明是看不起我。再说，我把地给你们，怎么向列祖列宗和匈奴百姓交代呢？

碰了一鼻子灰的夏侯藩，连带着让西汉也跟着灰头土脸。从这件事也能看出，此时的匈奴虽不愿得罪西汉，但也绝不是对西汉唯命是从。

第四件事，更是种下汉匈之间裂痕的种子。公元前5年，乌孙军队突袭匈奴西部边界，抢掠了匈奴不少人口和牲畜。乌珠留若鞮单于派兵还击，大胜。之后，乌孙派使求和，并遣人质到匈奴以示诚意。

乌珠留若鞮单于将此事上报汉哀帝刘欣。西汉很不满意匈奴的做法，因为称臣之国或属国，只能遣子到西汉为质，而不能相互接受他国的质子。于是，西汉派使到匈奴，命令匈奴把质子归还乌孙。单于虽然照办，但为此憋了一肚子火。这里，乌孙明知不能遣质于匈奴，还这样做的原因，估计就是挑拨汉匈之间的关系。

可见，当时各国之间的斗争已呈现出一定的复杂性和微妙性。这也是日后的王莽用他那大刀阔斧，又自以为是的改革很难应对的根本原因。

王莽篡汉

王莽，出身名门望族，他们家是当时权倾朝野的外戚家族。王家共有九人封侯，五人做大司马。前文中提到的大司马、骠骑将军王根，既是汉成帝刘骜的舅舅，也是王莽的叔辈。

王莽的姑妈王政君是汉元帝刘奭的皇后。王莽受王政君的哥哥王凤器重而推荐给王政君，从此飞黄腾达。

受王凤兄妹器重是有原因的。身为皇亲国戚的王莽，却没有纨绔子弟的坏毛病，不但没有，而且比之常人，更加谦恭和低调。热爱读书的王莽生活还极其俭朴，妻子的着装甚至如女佣一般。但节俭的王莽却绝不吝啬，对朋友和宾客还特别慷慨大方，对老母和寡嫂也极尽孝道。甚至，他的二儿子杀了一个家奴，竟被他责令自杀谢罪。

这样的王莽，如何不让“宗族称孝，师友归仁”。王莽的执政是在汉哀帝死后开始的。王莽和太皇太后王政君扶立一位年仅九岁的孩子为帝，这就是汉平帝刘衎（公元前 1 年—公元 5 年在位）。

众望所归的王莽，也在此时重新担任大司马。一年后，加封安汉公；三年后，又加“宰衡”称号。到第五年，十四岁的汉平帝死。王莽又选立了年仅两岁的刘婴（孺子婴，6—8 年在位）为帝。而自己则仿效周公摄政，成为“假皇帝”。

王莽之所以能做摄政王，是因为此时“祥瑞”频出，集中指向“天命”当归于他。而王莽自己则信誓旦旦地表示只做周公。此举不仅得到太皇太后王政君的首肯，更令天下百姓爱戴。白居易的那句“向使当初身便死，一生真伪复谁知”，说的其中一个人就是王莽。如果王莽要死在此时，我们怎么知道他是假谦恭还是真虚伪？

此时的王莽，用日后的实际行动佐证了他的确是真虚伪。因为他不但从一个年仅九岁的孩子手上夺取了帝位，而且还拉着小皇帝的手，痛哭流涕地表示：当年周公摄政，最终还政成王。而我却迫于皇天威命，竟不能如愿还政，真是悲哀呀！

从一个孩子手上夺取帝位，王莽也是开创了篡权登基的一代先河。无论古代帝位的传承有多么不合理，但身为臣子，欺负人家孤儿寡母，怎么也说不上光明磊落。干下如此龌龊勾当的人，竟是一个昔日的谦谦君子。

历史如果讽刺起来，也真是耐人寻味。

相比之下，昔日霍光的形象是不是有点高大了起来？这样高大的根基，倒不在于是否篡权，而在于你是否真的具有家国情怀及治国理政的能力。

王莽有这样的能力吗？应该说没有。

称帝之后的王莽，随即全面铺开他的改革。他极其厌恶所有的不公平。于是，为了他心中的公平，他禁止土地买卖，并人为地划定地主田产数量，将规定之外的田产全部分给农民。他向王侯将相和官员开刀，降低王侯的规格待遇，削减官员的薪水福利。甚至，他自己也以身作则，减少宫廷开支。同时，他更看不惯那些富商巨贾，垄断经营者，于是实行盐、铁、酒、铜等国家专营。

王莽的想法是好的，甚至初衷还有善良的成分。但是结果却导致经济萧条、民怨沸腾，以至天下大乱。而王莽本人，这个只会欺负孤儿寡母的无能伪君子，也死于乱军之中。历史真是公平，以这样的方式，把王莽带血的头颅高高挂起，让他看看，要得到天下，至少要用这种方式。

王莽的改革之所以一败涂地，根本原因就在于，历史不是你想改变就能改变的。古时的王权可以靠虚伪取得，因为它本身就包含有虚伪的成分，而国计民生却是来不得丝毫的幻想。

废除了五铢钱的王莽，一口气推出多达二十八个币种。

王莽把负责朝廷财政的大司农改名为羲和，把少府改名为共工。这种用上古神话人物的名字来命名官职的做法，如果说尚情有可原的话，那置民生、诉讼和吏治等当务之急于不顾，只是在一门心思地治礼乐、复周制，妄图靠一本《周礼》平天下，则是不切实际，或者说根本就是在倒行逆施。

倒行逆施的王莽，连他嘴里的“皇天”也开始厌恶他。他统治的这段时期，“祥瑞”不见了，自然灾害倒是频繁发生。因为他认为的所有不公平，只是站在真正的统治者和切身的民众之外，一个上不挨天、下不着地的角度，看到的极其表象的东西而已。

再加上王莽读书又读得有点食古不化，虚伪得连自己都信了。“一腔热血”之下，哪里还会去探究他认为的所有的不公平产生的根源、发展的脉络，以及未来的流向？

不考虑这些，你怎么能做到正本清源？怎么阻止野蛮生长？怎么控制它流向何方？在这个过程中，连怎么分清主次，怎样区分轻重缓急，如何权衡成本和收益等问题和细节都没有搞清弄懂，仅靠一个篡位，就企图实现自己的“政治理想”，天下哪有那么便宜和简单的事情？

此时的王莽，正意气风发地进行着他所谓的改革。对匈奴，王莽也是这样，一切都是那么操之过急，一切都是那么流于表面，一切都看似儿戏一般。

王莽的四大条款

公元前1年，乌珠留若鞮单于到长安朝见后不久，汉哀帝死。汉平帝即位，王莽开始把持朝政。当时，西域的车师后王姑句因受到西汉校尉徐普的欺压，又联想到车师前王曾被西汉处死，害怕重蹈覆辙的他，率部投降了匈奴。另外，去胡来王唐兜，在和羌族相互征伐时，西汉都护没有及时援救，怨恨之下，也率部逃亡到匈奴。

这就是当时西域小国的典型特点。他们逐“利益”而居，哪棵大树好乘凉，就背靠哪棵大树。乌珠留若鞮单于当然也明白这样的道理。所以，匈奴不但收留了他们，而且把他们安置在左谷蠡王的领地。同时，匈奴将此事如实上报给西汉朝廷。

王莽却坚决不同意匈奴的做法，他派使到匈奴，严令匈奴将这些西域人交出来。王莽的理由是西域为西汉属地，匈奴就不能接受叛离的属国人。而乌珠留若鞮单于的理由是汉匈之间互不受降。而且，汉匈交好以来，匈奴也没有接纳过投降的汉人，但这次的车师后王、去胡来王都不是汉人。

双方各有理由。其实，这样的理由都分别出自他们内心坚持的观点。

王莽认为：你们匈奴骨肉相攻，国破家亡的时候，是我们汉朝救了你们。几代下来，怎么不知报恩，反而拆台呢？乌珠留若鞮单于认为：按照当初的约定，以长城为界，汉匈分占南北，互不侵犯，互不受降。我完全是按照约定办事的呀。

结果，王莽占了上风，乌珠留若鞮单于将西域人交了出来。但同时，匈奴遣使到西汉，请求放过姑句和唐兜。

然而，王莽不但不听，反而召集西域诸王集会。就在这个集会上，王莽下令杀了车师后王姑句和去胡来王唐兜。王莽的意思很明显，那就是向西域诸国示威，达到以儆效尤的目的。

但是，王莽忘了，或者他根本就不清楚，这次他之所以能占上风，完全是西汉以前的余威所致。而一旦实力不济，西汉朝廷的道理、条约将会一文不名、废纸一张。

相信命令和规定能够解决一切问题的王莽，马不停蹄地就对匈奴颁布了四大条款：一是汉人亡入匈奴者，二是乌孙亡降匈奴者，三是西域诸国佩西汉印绶降匈奴者，四是乌桓降匈奴者，匈奴都不得接受。

不但如此，王莽还顺带收回了当年汉宣帝刘询与呼韩邪单于所订立的条款。

不久，王莽又想出新招。他命令乌桓人不必再向匈奴缴纳“皮布税”，由此还引来匈奴与乌桓的军事冲突，死伤数千人。更为奇葩的是，王莽特别热衷于给别人改名字，似乎名正才能言顺。

但王莽的作为却把乌珠留若鞮单于气得鼓鼓的。要说乌珠留也算匈奴单于中比较有作为的一个了，他面对王莽要自己改名的无理要求，硬生生地隐忍不发，还顺从王莽的要求，将自己的名字囊知牙斯改为日知。此举引得王莽大喜，对乌珠留若鞮单于大加赏赐。

一而再再而三地在细枝末节般的小事上去挑衅对方，而自己这边又完全没有任何应对的措施和准备，这不是儿戏又是什么？而且，王莽这样的儿戏似乎没完没了，大有连绵不绝之势。

更换印绶

随着王莽篡汉，新朝建立，这位新朝皇帝就派五威将王骏率领着庞大的使团，带着大量的礼品，出使匈奴。其目的：一是来向匈奴宣布中原改朝换代了，新朝取代了西汉，王莽成为长城以南的主人；二是来更换印绶，这是此行的主要目的。

对于更换印绶，乌珠留若鞮单于最初倒没有什么意见，因为他不知道新旧印绶有什么不同，只知道王朝更替，印绶改变也是合情合理。

新印绶换回旧印绶之后，为了怕匈奴发现后再索要旧印绶，随行的使臣竟拿锤子把旧印绶砸个粉碎。

王莽这边在怕什么呢？因为他的新印文是“新匈奴单于章”，直译过来就是“新朝匈奴单于的章”。而旧印文是“匈奴单于玺”，直译过来则是“匈奴单于的玺”。

新旧印绶有两点区别：一是加“新”，如此一来，就把新朝置于匈奴之上，变成了新朝的匈奴；二是换“玺”为“章”，就是把匈奴由“王”降为“臣”。

总而言之，新旧印绶相比，新印绶的意思是降低了匈奴对新朝的地位，也就是降低了乌珠留若鞮单于对王莽的地位。如此大事，偷偷摸摸、鬼鬼祟祟地做了，就能成为既成事实吗？

果然，看到新印绶，极其不满的乌珠留若鞮单于一再索要旧印绶。直到王莽死后的公元 24 年，更始帝送给匈奴单于和旧印一样的印绶，这个问题才得到解决。

也就是说，终王莽一朝，匈奴始终没有认可王莽的这个换印行为。王莽弄权之时，就视匈奴为藩属。乌珠留若鞮单于忍辱负重，一再迁就。等到王莽篡汉后，又对匈奴来这一手，乌珠留若鞮单于对王莽的积怨越来越深。

匈奴伺机反抗、兴兵入侵只是时间和机会的问题。就在这个演了一场闹剧一般的使团回国的路上，途经匈奴左犁汗王的辖区时，新朝使团敏锐地发现这里有很多乌桓人。盘问之下，他们原来是匈奴抓来的俘虏。这显然违反了王莽规定的四大条款。这还了得，有章不循，有法不依，这是极其严重的错误，必须立即放人。

压死骆驼的最后一根稻草终于来了。

实在忍无可忍的乌珠留若鞮单于，派右大且渠蒲呼卢訾等十余名将领率军一万，以护送乌桓俘虏回国为名，陈兵朔方塞下，意在宣扬武力。新朝边塞守军多少年没有见过这样的阵仗，不敢轻易出击。这是双方战争的开始，匈奴再次露出了尖利的獠牙。

扶立单于

王莽篡汉后，不仅西域的国家叛汉投降匈奴，就连在西域的新朝官吏也杀其长官，率众投降匈奴。比较典型的就是西域车师后王须置离的哥哥狐兰支，率众投降匈奴；新朝西域戊己校尉史陈良、终带等人，杀戊己校尉，率众投降匈奴。

可见，此时西域叛离新朝的情况之严重。收留了狐兰支和陈良等人的匈奴，自然在恣意践踏王莽的四大条款。大怒之下的王莽，又接到西域都护但钦的上书，说匈奴南将军右伊秩訾即将率军攻打西域诸国，这更加火上浇油。

王莽此时使出了自己的手段。

先看王莽的第一手：他准备将匈奴分成十五块，分别设置十五个单于，使其无力造反。这样的办法是不是似曾相识？昔日匈奴的“五单于争立”，就已经闹到快要国破家亡的地步，王莽这次准备的十五个单于，是要加速三倍的节奏呀。

王莽不仅由过去的“五单于争立”受到启发，估计他还可能受到汉武帝时“推恩令”的启发。总之，王莽的操作总是以前成功案例的翻版。

说干就干的王莽，立即派中郎将蔺苞和副校尉戴级率领一万骑兵，携带大量珍宝财物来到云中塞下，引诱招降呼韩邪单于的儿子们，想一一给他们封单于。

蔺苞首先诱骗右犁汗王咸及其儿子登、助入塞，强行封咸为“孝单于”，封咸的儿子助为“顺单于”。为了计划的“完美”实施，他们只放咸回去，而把咸的两个儿子登、助带回长安为质，以此来牵制咸。

如此“万无一失”的手法令王莽大喜，给蔺苞和戴级加官晋爵自不必说。然而，令他们万万没想到的是，脱身回去后的咸，不但没有以单于自居，相反，立刻将整个事件如实地禀报给了乌珠留若鞮单于。

估计此时，以王莽的脑子，确实想不明白咸为什么会这样做。他要是知道咸的底细，估计他更加想不明白了。前文说过，咸是呼韩邪大阏氏的第三子，比乌珠留小，比同母弟乐大。按呼韩邪单于死后，匈奴四代都是“兄终弟及”的顺序，乌珠留若鞮单于之后，应该是咸接班。所以，此时的咸应是左贤王才对。但不知什么原因，可能是乌珠留若鞮单于实在不喜欢这个异母弟弟，所以，自他即位后，就撇开年长的咸，而立年幼的乐为左贤王。

如此情况，咸应该心怀怨恨才对，为什么受到新朝王莽的册封，还不想着与乌珠留若鞮单于分庭抗礼呢？

事情再简单不过。王莽的操作就像人们来到非洲大草原，在一个狮群中抓到几个狮子，往他们脖子上套一个狮王的项圈，就希望他们回去以狮王自居，去和老狮王争夺地盘。

此举，不说老狮王同不同意，就说被套上狮王项圈的那些狮子，它们敢不敢？为什么不敢？因为狮王的地位是打出来的，不是封出来的，更不是装出来的。

王莽在继续册封单于的同时，故技重施，又开始给别人改名字了。这次，他把匈奴改为“降奴”，把单于改为“服于”，以此来抚慰自己脆弱的心灵。

王莽对付匈奴的另一个手段是军事行动。企图用兵力去威服匈奴的王莽，这次派出十二位将军，令大军携带三百天的粮草，分十路出击匈奴。而且，他准备一直打到最北部的丁零。

可惜这一切都是空架子，劳而无功。“劳而无功”这话是王莽当时的大司马严尤，事前劝谏他不要兴兵时说的。可惜王莽不听。

果然，大军准备阶段的情景是天下骚动，民心动荡；大军出动时的情景是抵达边塞，停滞不前；最后的结果是士气低落，毫无作为。严尤的话应验了。其实，严尤不会算命，他只是依据常识而做了一般性推理而已。可惜，王莽已自大到失去理智。

而乌珠留若鞮单于却不愿让王莽的军队就这么待在边塞无所事事，他即刻下令匈奴骑兵进攻这些新朝军队。数年之间，新朝边境百姓伤亡惨重，长城沿线到处都是累累白骨。

匈奴与新莽决裂

这回，乌珠留若鞮单于与新朝彻底翻脸的理由也找得冠冕堂皇。

单于承认称臣于汉，以示感恩；单于决定与新朝决裂，否定篡逆。甚至，匈奴还打着为汉室朝廷复仇的旗号，向新朝发起进攻。

匈奴与中原，长达六十多年的和平日子结束了，结束在王莽的手中。此后的时间，匈奴不断派兵进攻新朝边境。这样的冲突，实际的获利者是匈奴。

再一次拉开架势的王莽，诏令转运全国的粮食、丝帛前往西河、五原、朔方和渔阳四郡。而且，每郡达百万计之多，以作攻打匈奴之用。

严尤再次劝谏王莽，匈奴暂时动摇不了国本。相反，朝廷应更加关注山东百姓的叛乱。但王莽仍然不听，还降罪严尤。此时，雷声震天响的新军，还是没有滴下一个雨点，攻打匈奴的企图最终也没有实现。

公元13年，在位二十一年的乌珠留若鞮单于死了。王莽也算得到了一点喘息的机会。前文说过，乌珠留若鞮单于即位之初，就弃咸而立乐为左贤王。但乐早死，乌珠留若鞮单于认为左贤王这个名号不吉利，就把左贤王的名号改为“护于”，但无论怎么改，坐这个位置的都是未来的储君。

此时的乌珠留若鞮单于并没有立咸为护于，相反，他立了自己的儿子苏屠胡为护于。可见，乌珠留若鞮单于是想让儿子接班。但实际接班的却是咸，为什么会这样呢？

这里面有两个原因：一是“兄终弟及”已成制度，又经过四代传承，有序且平稳。在位日久的乌珠留若鞮单于，尽管有改变之意，但无力推之举。二是要归功于王昭君的大女儿云。云的丈夫右骨都侯须卜当是匈奴的用事大臣。他们夫妻不仅与咸交好，而且想与新朝亲善。因为咸曾被王莽封为孝单于，所以他们在乌珠留若鞮单于死后，就联手将咸推上了单于位，这就是乌累若鞮单于（13—18 年在位）。

但他们夫妻不知道的是，就在蔺苞将咸的两个儿子登和助带回长安为质后，没过多久，助就死了。王莽又封登为新任“顺单于”。后又因为两国开战，从匈奴俘虏口中得知，经常率军侵掠边境的就是新朝封的“孝单于”咸的时候，王莽恼羞成怒，杀了“顺单于”登。

也就是说，咸的两个为质的儿子此时都死了。而且，一个还是王莽杀死的。不知道具体情况，而推立咸为单于，本来向新朝示好的举动，倒让王莽处境尴尬。

王莽化解尴尬的办法就是掩饰和欺骗。

坐上单于位的乌累，在须卜当夫妻的建议下，主动找到王昭君哥哥的儿子，当时新朝的和亲侯王歙。通过这种关系，他们向新朝表达了友好“和亲”的意愿。

王莽面不改色气不喘地表示咸的儿子登在长安吃得好、睡得着，活得好好的。不但如此，王莽还以友好为名，向匈奴索要当年逃到匈奴的汉将陈良、终带等二十七人，并把他们带回京城，审判之后，搭高台活活烧死。

审判羞辱其心，大火烧死消灭其身，王莽的歹毒残忍可见一斑。

王莽想到和匈奴已经达成友好关系，就陆续把边境大军撤回。不但如此，他还兴冲冲地又把匈奴改名为“恭奴”，把单于改为“善于”，意思就是要单于善于修德，做新朝恭顺的臣民。

但匈奴是不信王莽那一套的。终于知道实情的乌累若鞮单于，对王莽恨得牙根直痒。但自己初立，威信尚浅，还不能与新朝断交，只得时常抢掠新朝边境。加上王莽在边境撤军，匈奴到朝廷讨赏和来边关抢掠两不耽误。如此一来，边境百姓实在是苦不堪言。

乌累若鞮单于在位五年后死。公元 18 年，乌累若鞮单于的弟弟舆即单于位，这就是呼都而尸道皋若鞮单于（18—46 年在位）。呼都而尸道皋若鞮单于也算是看清了王莽的嘴脸，和新朝交好，不就是为了得到更多的财物吗？

在这样的指导思想下，呼都而尸道皋若鞮单于即位之后，就派遣王昭君的两个外孙：一个是须卜当和云的儿子大且渠奢，一个是云的妹妹的儿子醯椟王，让他们二人带领使团到长安朝贡请赏。

此时的王莽册立匈奴单于之心不死。虽然匈奴有索要财物的初衷，但这次朝贡也是正常的外交活动，而且还是在双方友好的局面之下，而王莽竟然派兵劫持使团。

当和亲侯王歙等人护送使团回国，走到制虏塞时，诱出须卜当和云，然后用兵挟持须卜当、云、奢和醯椟王，强行将他们带回长安。

回到长安之后，王莽立刻册封须卜当为“须卜单于”，而且，还要出兵帮助他在草原站稳脚跟。但同样一番调度之后，又习惯性地了无声息，没了下文。面对此情此景，严尤又是对王莽一番切中要害的分析和规劝。但王莽照样听不进去。此时，王莽也没有时间改正错误了。

一方面，呼都而尸道皋若鞮单于十分气愤，进攻新朝，致使新朝北方边境狼烟四起；另一方面，国内绿林军、赤眉军已成烽火连天之势。

公元 23 年，王莽被杀，新朝覆灭。

而随着须卜当病死，云和奢被乱军杀死，匈奴内部的主和派也间接地被消灭殆尽。

呼都而尸道皋若鞮单于用兵西域，纳降汉臣

公元 23 年，绿林军拥立西汉宗室之后刘玄为更始帝，入主长安。此

时，国内群雄并起，战火不断。更始帝刘玄深知，不能再与匈奴发生战争。

于是，在第二年，即公元24年，更始帝派刘飒、陈遵率团出使匈奴。除了带去大量礼物之外，更重要的是，还刻了同汉宣帝时赐给匈奴单于一样的玺绶，送给呼都而尸道皋若鞮单于，并给匈奴其他大臣贵人都送去了相应的印绶。同时，使团也护送当年随须卜当、云同被王莽挟持来的亲属贵人及随从回到匈奴。

更始帝刘玄可谓诚意满满，而呼都而尸道皋若鞮单于对他们的态度却相当傲慢，甚至表示：匈奴与汉本为兄弟，当年我们内乱，汉宣帝辅立呼韩邪单于，我们称臣于汉；今天，汉也大乱，为王莽所篡。我们出兵攻击王莽，你们才得以复汉。我出了这么大力，现在轮到你们对匈奴称臣了。

虽然呼都而尸道皋若鞮单于强词夺理，但这也是王莽的流毒所致。

那边还在打嘴官司，中原这边已风云突变。赤眉军拥立刘盆子为帝，率军攻入长安，更始帝刘玄下台。刘盆子在龙椅上，屁股还没坐热呢，又被刘秀赶了下来。

刘秀，汉景帝之子长沙定王刘发的后裔。到他这一代，除了姓刘，什么特权也没有了。但毕竟出身皇族，依靠这样的招牌，经过一路拼杀，终于登上帝位，定都洛阳，建立东汉，是为光武帝（25—57年在位）。

此时，天下动荡，光武帝刘秀忙于整顿内政，难以兼顾匈奴。而呼都而尸道皋若鞮单于却一刻也没有闲着。他趁东汉无暇四顾的机会，做了两件大事：一件是用兵西域；另一件是纳降汉臣。他仿效王莽，或者说是仿效当年的汉宣帝，企图辅立东汉叛臣为皇帝，达到东汉向匈奴称臣的最终目的，可谓野心勃勃。

先来看匈奴用兵西域。一直以来，西汉、匈奴和西域之间的关系都是匈奴称臣于汉之时，西域也臣服西汉，而且，很少与匈奴联合。但匈奴与西汉一旦起了战端，匈奴就会攻打西域诸国，以抢掠战略物资。

由于距离较近的原因，西域诸国也容易在胁迫之下投降匈奴，以寻求保护。但是，近一段时期，由于王莽乱政，逼迫西域各国国王改王为侯。

地位等级的下降，自然引起他们普遍的怨恨和不满。

公元 13 年，在匈奴的煽动下，焉耆王就攻杀了西域都护但钦，后来，又联合姑墨、尉犁、危须等国，打败了继任的西域都护李崇。从那时起，西域就基本断绝了与中原的联系。随着匈奴在西域的横征暴敛外加肆意抢掠，西域中一些亲汉的国家萌生了反抗匈奴之意。

西域南道，离匈奴较远的莎车国，因为原国王延曾在西汉末年到长安为质，他一向亲近中原，去世时还被王莽追封“忠武王”。所以，直到延子康上任，仍然效忠于中原。到了东汉，康上书表示愿意继续亲汉。公元 29 年，光武帝刘秀册封康为汉莎车建功怀德王、西域大都尉，划定西域五十五国，归属莎车管辖。康死，东汉追封“宣成王”，其弟贤即位。

公元 41 年，贤上书要求东汉正式册封他为西域之主。但敦煌太守裴遵以“狄夷不可假以大权，又令诸国失望”为由建议拒绝，刘秀采纳了裴遵的意见。遭到拒绝的贤非常愤怒，于是，他决定与东汉决裂。与东汉决裂后的莎车，自然得到匈奴的支持。

在东汉无力西顾的情况下，匈奴和莎车一南一北，把西域各国分割，分别收归自己的属下。尤其是乌桓和鲜卑，再次成为匈奴的附属国。

当年的乌桓已经脱离了匈奴的控制，王莽十路出兵匈奴时，其中的一路就有乌桓和丁零人。由于无休止的屯驻不战，他们多次要求回去。冲突之下，王莽下令大肆杀戮乌桓人和丁零人。于是，乌桓反叛。匈奴趁机拉拢，乌桓顺势又投入匈奴的怀抱。

这次，匈奴借助乌桓又征服了鲜卑。占据西域之后的匈奴，此时又驱使西域各国南下侵犯东汉边境。这些部族把对王莽的仇恨全部撒在了边境军民的身上，所到之处，烧杀抢掠，一时之间，代郡以东很多地方都变成了无人区。光武帝刘秀虽然终其一朝实行的都是“中国初定，未遑外事”的政策，但也不等于说完全放任匈奴入侵。

公元 37 年，光武帝刘秀令王霸率领六千名刑徒，修建了从代郡到平城全长三百多里的“飞狐道”，以防备匈奴侵扰。公元 45 年，伏波将军马援率三千骑兵攻打乌桓，但由于走漏消息，惨败而归。

这一时期，值得一提的是窦融。由于他镇守河西之地，联合诸郡太守、都尉以协防边塞，使匈奴未能联合西域各国入侵东汉西北边境。窦融力主并身体力行的协防，不仅挫败了匈奴与西羌的联合，更保护了河西的百姓，可谓功莫大焉。

由此可见，内乱才是造成生灵涂炭的罪魁祸首。匈奴不仅利用西域诸国侵扰东汉边境，还派人拉拢、扶持东汉安定郡三水县的卢芳、代县的张晔、渔阳郡的彭宠和五原郡的李兴等人。匈奴勾结他们的目的，就是让他们转而攻击汉军，达到“以汉制汉”的目的。

汉将投降匈奴的情况，在这一段时期有所增多。尤其是卢芳，与匈奴的关系很密切。呼都而尸道皋若鞮单于甚至想仿效汉立呼韩邪单于那样，立卢芳为帝。

彭宠因感到光武帝刘秀封赏不公而反叛。当他联合匈奴对抗东汉时，光武帝刘秀曾派遣多位将军迎击。另外，马武、吴汉、苏竟等将领都参与过征伐匈奴的战斗。但光武帝刘秀即位以后，匈奴在与东汉的关系方面占据主动和优势却是事实。呼都而尸道皋若鞮单于野心勃勃，一直想的就是让东汉对匈奴称臣。

光武帝刘秀作为开国之君，戎马半生的他，怎么对征伐匈奴这事如此缩手缩脚？而且，在他即位之初，东汉已放弃了对西域的经营，即便莎车国讨要封号，代为管理，他最终也没有同意。

其中自然有国内政局不稳的因素。但看看光武帝刘秀由一介平民一路走来的历程，他原本就不是热衷于征战杀伐的人。甚至，他从起兵到称帝只用了三年，从称帝到统一全国也才用了十二年。

当时西汉末年的分裂程度不亚于东汉末年的诸侯割据。而且，还有绿林、赤眉两大农民起义军。起初，刘秀既不是起义军的首领，也没有绝对强大的军事力量。然而，最后，竟然是他就这样完成了全国统一。难怪刘秀被称为“位面之子”。

而且，光武帝刘秀这一路走来，也没有养成任何问题都要靠战争来解决的习惯。所以，他对匈奴的政策，也就能够让人理解了。尤其在当时的大司徒阳都侯伏湛“以中土为忧念”的思想影响下，光武帝刘秀更是以“诚能举天下之半以灭大寇，岂非至愿；苟非其时，不如息人”作为对外政策的基本指导思想。

这种政策的对错姑且不谈，但光武帝刘秀的好运却还在延续。他说“息人”的原因是“非时”，也就是还没有到有所动作的时机。而这个时机，却是说来就来，而且，还是匈奴自己送上门来的。具体来说，是呼都而尸道皋若鞮单于一手制造了这样的机会。

匈奴好好的“兄终弟及”的传位制度，因为乌珠留若鞮单于在位二十一年，就想凭借其威望传位给自己的儿子。由于做得不太明显，又突遇变故，他没有实现夙愿。

而在位时间长达二十八年的呼都而尸道皋若鞮单于，却真的做到传位给自己的儿子。之所以一再说呼都而尸道皋若鞮单于是野心勃勃而不是雄心勃勃，是因为他根本没有一颗雄心，有的只是一己之私。“五单于争立”才过去几年，他自己也是当初的亲历者呼韩邪单于的儿子。惨状似乎犹在眼前，他却完全忘记了。

内乱大于边患的事实，呼都而尸道皋若鞮单于也抛于脑后，他一手导演了匈奴的南北分裂。一个国家，一个部族，就这样被他拉向了悬崖。

第六章
消融：民族的融合，崭新的文明

再现南、北匈奴

呼都而尸道皋若鞮单于在位时，按匈奴“兄终弟及”的法定继承顺序，应由他的弟弟伊屠知牙师做储君。但呼都而尸道皋若鞮单于想要传位给自己的儿子，就没有封伊屠知牙师为左贤王，只是封他为右谷蠡王。即便是这样，他还是不放心。

这个私欲膨胀到极致的家伙，没有接受“五单于争立”的教训，相反，从乌珠留若鞮单于那里汲取了“营养”。因为，正是乌珠留若鞮单于下手不狠，才使他的儿子没有即位。于是，呼都而尸道皋若鞮单于干脆杀了伊屠知牙师，以绝后患。

这是自呼韩邪单于之后几十年来从没有发生过的事情。平静的水面一经打破，暗流即将汹涌而来。首先表现出明显不满的是比。比是乌珠留若鞮单于的长子，他表达得也算合情合理：按兄弟传承，应该是伊屠知牙师即位；按父子传承，应该立自己才对。

怨恨必然引起猜忌，猜忌了必然就会防范。呼都而尸道皋若鞮单于当时就派自己的心腹，两位骨都侯来到比的地盘，监视他的一举一动。此时，比为右奥鞬日逐王，原本和伊屠知牙师驻扎在南部。这是当年呼韩邪单于北归时，在南部留下的一部分匈奴人马，即日后在漠南逐渐形成的八部大人政治集团。

随着伊屠知牙师的被杀，比接管了伊屠知牙师的辖区。因为这里紧邻乌桓，投降匈奴的乌桓实际受比管辖。所以，此时比拥兵五万之多，实力相当雄厚。

公元 46 年，呼都而尸道皋若鞮单于死，他的儿子如愿即单于位，这就是乌达鞮侯单于。乌达鞮侯单于短命，即位不到一年就死了。接着即位的是呼都而尸道皋若鞮单于的弟弟，即蒲奴单于（46—？年在位）。

原本就满肚子怨气的比，见死了一位单于，还是轮不到自己，就决定化怨恨为行动，伺机自立为单于。正在这个时候，匈奴遇到严重的天灾，“连年旱蝗，赤地数千里，草木尽枯，人畜饥疫，死耗太半”。这是自呼韩邪单于对汉称臣，历经百年左右的休养生息，匈奴逐渐复兴以来最严重的一次天灾。

面对突如其来的天灾，加上国内政局不稳，蒲奴单于害怕东汉趁机来攻打匈奴，于是派使臣到渔阳请求与东汉“和亲”。光武帝刘秀派李茂具体经办此事。

同时，比秘密派汉人郭衡带着匈奴的地图，于公元 47 年，来见东汉的西河太守，表示愿意归附东汉。但比的意图被监视他的两个骨都侯看破。在五月匈奴龙城大会时，二人将此事汇报给了蒲奴单于。

巧合的是，他们的谈话正好被比的弟弟渐将王听到。因为比很久不来参会了，渐将王即刻起身，回去告诉了比。事情已经败露，比与蒲奴单于彻底决裂。

比集结漠南八部共五万人马，严阵以待。那边大怒的蒲奴单于率领一万骑兵来讨伐比。但蒲奴单于见比早有准备，且人马众多，便不战而退。

转过年来，公元 48 年春，比召集八部大人共同商议下一步的出路。

会议上，他们一致决定重走当年呼韩邪单于的老路，向东汉称臣。为了突出身份，便于和东汉交涉，他们干脆借用祖父的称号，立比为呼韩邪单于，这就是醯落尸逐鞮单于（48—56年在位）。然后，他们上书光武帝刘秀，表示愿意永远做东汉的屏障，帮助东汉防御北匈奴的入侵。

至此，匈奴部族再次分为南匈奴和北匈奴。

匈奴历史上出现过的两次大分裂，都是由天灾、外患和内乱造成的。第一次内乱之后，曾一度分为南、北匈奴。但随着郅支单于的西迁和呼韩邪单于的北归，准确地说，应该是分为了东、西匈奴。

上一次的分裂持续了大约二十年的时间，之后匈奴又再次统一。而这一次，匈奴却再也没有统一起来。而且，南匈奴自单于比之后，皆称臣于东汉。

喜出望外的光武帝刘秀，不用什么雄才大略、审时度势，只需要顺势而为就行。接着双方办手续，修合约，匈奴送质子入东汉，东汉派监军到匈奴。匈奴送珍宝于东汉，东汉派中郎将段郴等出使南匈奴，立其单于庭。

南、北匈奴相互征伐

南匈奴归汉后，东汉也调整了对匈奴一直以来的消极防御政策。公元49年，南单于比派左贤王莫率军攻打北匈奴蒲奴单于的弟弟奥鞬左贤王，大胜，且俘虏了左贤王。莫乘胜追击到漠北单于庭，俘虏北匈奴一万多人，缴获战马七千多匹，牛羊一万多头。

蒲奴单于无奈，为避锋芒，向北退却了一千多里。但正是这次胜利，为南匈奴的内乱埋下了祸根。

第二年，即公元50年，被俘虏的北匈奴左贤王，率领原来的本部人马，又联合南匈奴的五个骨都侯，共三万人，立左贤王为单于，起兵反叛南匈奴。

南匈奴单于比兴兵讨伐，双方拉锯战一月有余，五个骨都侯战死，左贤王自杀。五个骨都侯的儿子们带领三千人想投归南匈奴，北匈奴又派兵追杀，南匈奴再次加入战团。

两年来，南匈奴因攻打北匈奴，再加上内部叛乱，损失惨重。东汉不得不把他们迁到相对安全，且水草丰茂的地方，一是让他们休养生息，二也是为了进一步控制他们。

这次东汉对匈奴的政策与西汉不同：其一，西汉派兵护卫呼韩邪单于不过数年，东汉监视南匈奴的时间较长。其二，西汉对匈奴的监督没有东汉严密。东汉除了派将领常驻单于庭外，还设置官府，更设置常设官职“匈奴中郎将”，用以专门护卫匈奴单于。其三，分地而治。东汉让匈奴分驻不同的地方，像南匈奴单于居河西，右贤王屯朔方，韩氏骨都侯屯北地，呼衍骨都侯屯云中等。

从以上措施也能看出，在对匈奴的问题上，东汉比西汉在政治上要成熟得多。光武帝刘秀不仅仅是运气好，能力、手段确实也高出西汉朝廷一大截。

如此一来，南匈奴部众就可以在东汉的北地、朔方、五原、云中、定襄、雁门、代郡、上谷八郡内外放牧居住。这些地方都是东汉北部漫长的边境线，相当于今天的山西、河北、内蒙古以及宁夏一带。

从此，匈奴与东汉频繁接触，两大民族逐渐融合。匈奴人不仅与汉人杂居乃至通婚。而且，由于杂居，匈奴受汉族文化的影响逐渐加深。他们学会了农耕技术，有不少人舍弃了游牧从事耕种，使游牧生活逐渐变为定居生活。

自南匈奴归附东汉之后，北匈奴虽然没有停止南下入侵，但他们的主攻目标是南匈奴，并尽量避免与汉军冲突。而且，为了表示亲善之意，北匈奴还会把捎带手抢掠汉人的财物归还东汉。

不但如此，公元51年，北匈奴还派人到武威郡，请求“和亲”。在这点上，东汉采取了和西汉一样的策略：一方面，严令武威太守拒绝北匈奴“和亲”的要求；另一方面，也时不时地送些礼物给他们，暗通款曲。北匈奴估计也是习惯了，心知肚明这是在搪塞自己，所以既不失望也不恼怒，照例派遣使者。

公元52年，蒲奴单于又遣使入汉。这次他们不仅进献了马匹和裘皮，而且还提出三条友好请求：一是请求“和亲”；二是请求赐乐器；三是请求率西域诸国同来朝献。

这就有点意思了。请求“和亲”是想交好的表示；请赐乐器的理由是汉朝原来赐给先单于的乐器，日久年深之后，好多都坏了。那目的是什么呢？是用音乐陶冶情操，还是用音乐消磨意志、打发日子？都不是。他们的目的在宣示北匈奴单于的正统地位。你们赐先单于乐器，今天再赐给我，表示我才是单于正统的传人。率西域诸国朝献的意思就更明显了。北匈奴不但把自己当作西域诸国的领袖，而且，间接迫使东汉接受这样的事实。

匈奴也开始在外交上动脑子了，而且，这几招可谓环环相扣、步步深入。绵里藏针中，既说明他们处境艰难，不得不求和，同时，又显示出他们的尊严和底线。

显然，北匈奴还在为谋求平等的两国关系而努力挣扎。

班彪对匈奴的政策建议

面对北匈奴的这三点请求，东汉朝臣应对自如，其中的代表人物就是班彪。

班彪及班氏一门，是一个大名鼎鼎的家族。班彪，扶风安陵（今陕西省咸阳市）人，出身儒学之家，自幼聪慧好学。西汉末年，他为避战乱迁到天水，依附于隗嚣。

班彪欲劝说隗嚣归依汉室。为此，他曾作《王命论》，对王朝更替、国家兴衰等大问题表达了自己独到的见解。班彪希望用此文打动隗嚣，使其归汉，但未能如愿。

在新莽时期，班彪又到凉州，服务于割据西北的大将军窦融，再一次力劝窦融支持光武帝刘秀。

窦融对班彪十分恭敬，以师友之道相待。光武帝刘秀因班彪才德出众，一再起用。此时的班彪任东汉司徒掾，后因病免官，潜心修史，遂成一代史学大家。他的史学观点被他的儿子班固继承。班固所修《汉书》，实际上是班彪修史工作的继续。班彪的女儿班昭，也在史学方面取得很大的成就。至于他的小儿子班超，更是大名鼎鼎。

此时的班彪，不仅针对北匈奴提出的三点请求发表了自己的看法，更是连给北匈奴的回信都替光武帝刘秀写好了。这封信虽然语气委婉、用词客气，但立场坚定，意思明确。

首先，以当年郅支单于为例，申明背汉者的下场，以此敲打蒲奴单于最好引以为戒。其次，提醒蒲奴单于，要严格遵守自己的传位顺序，以此警告蒲奴单于，年长的比之后才能轮到你。这也就说明了东汉扶立南匈奴的正当性。再次，以匈奴国未安、战未止为理由，拒绝了请赐乐器的请求，委婉地进一步表达了南匈奴单于比的正统性。最后，东汉免不了再赐些东西，好言抚慰一番。

如此有利、有礼、有节的回复，光武帝刘秀欣然采纳。不死心的蒲奴单于，于公元 55 年再次遣使入汉，请求“和亲”。东汉这边照例赏赐一些东西，再次打发他们回去。

这一时期东汉与南、北匈奴之间的关系，与西汉时与东、西匈奴之间的关系有所不同。当时郅支单于西去，呼韩邪单于北迁，他们之间少有战争和冲突。如今，南匈奴依附东汉之后，一直不断要求东汉发兵帮助他们攻伐北匈奴。南匈奴的目标很明确，就是一定要由他们来统一匈奴各部。

而东汉这边，既不愿帮他们出兵北匈奴，更不愿由他们任何一方来统一匈奴。

这自然引起南匈奴的不满。东汉这样的做法，也不能令北匈奴满意。最终导致的结果就是：南匈奴有人想联合北匈奴反汉；北匈奴不仅攻击南匈奴，而且常常入侵东汉边境。

的确，骑墙终归不是解决问题的最好办法。如此情形之下，发生战争和冲突也是迟早的事。就在这样局势晦暗的多事之秋，公元 56 年，在位九年的南单于比死。比的弟弟莫即位，这就是丘浮尤鞮单于（56—57 年在位）。

东汉为了南匈奴单于的死葬和继立之事，遣使前去吊祭和镇慰，行使册封属国国王的权力。自此，东汉沿用此次的规格、程序和礼仪，成为惯例。

匈奴的循环式继承法则

比在临死之时，已深刻认识到争位带来的内乱，会给匈奴带来多么大的伤害。为了避免悲剧再次发生，他终于有了家国情怀。他制定了“兄传弟、弟传侄”的循环式继承法则。这种继承方式，就是在“兄终弟及”的基础上，再加上“弟终侄及”，即按照年龄的大小，来确定继承人的顺序。说白了，就是老单于之后的所有儿孙都有可能坐上单于位。至于坐不坐得上，那要看你的寿命长不长，或者说，你的上一任单于的寿命长不长。

理论上，只要你的寿命足够长，一定有当上单于的一天。这也是为避免骨肉相残而想出的一种办法吧。尽管这种“头痛医头，脚痛医脚”的办法实在不怎么样，但对时日已经不多的匈奴来说，照此法，也平稳度过三四十年的时间。

而匈奴之后的再次内乱，正是这样的传位方式所致。

丘浮尤鞮单于即位一年后死，他的弟弟汗即位，即伊伐于虑鞮单于（57—59 年在位）。

伊伐于虑鞮单于在位三年，于公元 59 年死。老单于比的儿子适即位，即醯童尸逐侯鞮单于（59—63 年在位）。他在位不到五年，死于公元 63 年。

老单于莫的儿子苏即位，即丘除车林鞮单于。这位更惨，在位不到一年就死了。

老单于适的弟弟长即位，即湖斜尸逐侯鞮单于（63—85 年在位）。这位单于的身体还行，在位近二十三年，死于公元 85 年。

接着即位的是老单于汗的儿子宣，即伊屠于闾鞮单于（85—88 年在位）。他在位四年，死于公元88年。

看看这样的即位顺序有什么不妥？别的不说，单从在位时间上看，这是纯粹过瘾来了。这样能有什么作为？又能有什么中兴的希望？

此时的南匈奴已不太在乎中兴的事了，他们要的就是不再内乱就行了。这样的单于位传承，最起码比内乱又起的北匈奴强。

从公元56年莫即位到公元88年宣死，三十三年走马灯似的换了六任单于。其间，主要是东汉与南匈奴联合对付北匈奴。

东汉这边，在这个时间段，也经历了两任皇帝。公元57年，在位三十三年的光武帝刘秀死。刘秀的儿子汉明帝刘庄即位，刘庄在位十九年（57—75年在位）。汉明帝刘庄之后，他的儿子汉章帝刘炟在位十四年，死于公元88年。

应该说东汉这前三个皇帝相对还不错，能力还行，活得也算长。但这里顺便说一句：东汉的运气，可能被刘秀一个人用光了，以后，那真是一代不如一代。不说开头的这祖孙三人，以后的和、殇、安、顺、冲、质各帝，不仅即位时年纪小，就连活的时间也不长。而且，他们毫无政绩可言。到了桓、灵二帝，好不容易相比前面几位活得长了，却是两个历史上著名的昏君。都是这样的皇帝，东汉再不走到尽头，也真是天理难容。此为后话。

西域得而复失

此时，东汉与南、北匈奴三方在矛盾与联合的纠缠中，必然会产生冲突和战争。由于光武帝刘秀始终坚持消极防御的政策，北匈奴常常伺机入侵东汉边境。

光武帝刘秀统治末年，北匈奴骑兵侵入五原塞，接着从云中到原阳，一路抢掠，后在汉军和南匈奴的迎击下才退去。以后数年，北匈奴更是经常性地侵掠边境，以至于河西之地常常大白天也不得不关起城门。这与汉明帝刘庄即位之初，延续消极防御政策有关，但主要原因是北匈奴实力的增强。

北匈奴实力增强的原因是由于他们向西发展，奴役了西域诸国，并依靠西域的人力、物力资源，又逐渐壮大了起来。

在北匈奴不断入侵东汉西部边境的形势下，经过二十多年的休养生息，东汉国力逐渐强盛。东汉朝廷，也有不少人主张平定西域，征伐匈奴。其中，作为主战派代表的耿秉，其主要观点就是以战争才能消灭战争。这种观点逐渐被汉明帝刘庄接受。

其实，这是大势而趋。只要是不太昏庸的帝王，都应该明白，是时候解决边患问题了。

耿秉，出生于一个鼎鼎大名的家族。在东汉一朝，耿家出了两位大将军，三位驸马，九位将军，十九位列侯，十三人位列九卿。至于中郎将、护羌校尉及刺史，更是多达数百人。

耿秉的祖辈耿况在王莽时期任上谷太守。耿况的儿子耿弇劝父起兵，追随刘秀。耿弇一路南征北战，平定四十六郡、攻破三百余城，未尝败绩，可谓功勋卓著的常胜将军。

为东汉立下了汗马功劳的耿弇，任建威大将军，封好畤侯，在后来的云台二十八将中排名第四。他的家族名将辈出，耿弇的父亲耿况，弟弟耿舒、耿国，儿子耿忠，侄子耿秉、耿夔、耿恭等都是东汉时期赫赫有名的将军。

出身于这样一个家族的耿秉，一心向武，也是顺理成章。而他也恰逢国内承平、四境骚乱的历史时期，那等待他的就是去廓清四野、建功立业。

公元 72 年，北匈奴首先挑起战端，他们征发西域各国军队，一起入侵河西。第二年，他们又大举进攻云中和渔阳两郡，大肆烧杀抢掠。

鉴于北匈奴抢掠越来越频繁的实际情况，汉明帝刘庄决定改变光武帝时期放弃西域的错误路线，将出击的目标直指西域。东汉则继续奉行欲击匈奴，先断其“左右臂”的战略。

公元 73 年春，汉军联合南匈奴、乌桓、鲜卑和羌等部族，分四路，大举进攻北匈奴。这种规模的出兵，是自东汉建立以来的第一次。北匈奴不战即望风而逃。由于北匈奴的主动退却，四路联军中的三路无功而返，只有窦固、耿忠一路军队取得胜利。

同年，北匈奴又大举入侵云中，云中太守廉范以少数军队顽强击退匈奴。公元74年和75年，汉明帝刘庄接连派窦固、耿秉和刘张分别两次率军出玉门关，进军西域天山地区。

汉军窦固部主力，先在蒲类海击败北匈奴呼衍王属下的白山部，随后又挥师直指车师。耿秉部轻兵疾进，迂回穿插至车师城下，发动突然袭击，大败车师后王。随后而至的汉军，又迫使车师前王投降。汉军平定车师全境。

东汉重新设置西域都护。陈睦代表东汉朝廷，总揽西域事务。耿秉的堂兄耿恭，率军驻扎在车师后部的金蒲城。关宠率军在车师前部柳中城屯驻。为进一步镇抚西域，抗击匈奴，到任后的耿恭又派人联络乌孙，希望恢复友好外交关系，以消灭北匈奴在西部的势力。乌孙是一个多年的“骑墙派”，非常识时务，当即表示要献马朝贡，质子于汉。这些老套路，来回反复多少次的乌孙那是相当熟悉。

汉明帝刘庄此举，使汉威远播，东汉在西域的势力范围也逐渐地扩大。这是自公元23年，由于王莽乱政，西域都护李崇死于龟兹之后，经过半个多世纪的悠悠岁月，东汉又重置西域都护，西域才重新回到中原王朝的怀抱。

由于北匈奴不甘心在西域的失败，公元75年，北匈奴单于派左鹿蠡王率领两万骑兵进攻车师。耿恭派三百骑兵增援车师，途中恰遇匈奴主力，全军覆没。

北匈奴攻破车师，杀了车师后王安得，又转攻金蒲城。耿恭坚守城池，匈奴败走。几个月后，北匈奴卷土重来，耿恭拼死力战，据守金蒲城三个多月。在困守无援的情况下，耿恭不得不率军转到疏勒城继续抗击北匈奴。

此时，不仅驻扎在柳中城的关宠部被北匈奴围困，就连西域都护陈睦，也在北匈奴的挑唆下，被焉耆、龟兹杀害。车师再次反叛。

西域的形势，在匈奴的反扑下，异常紧张。此时，汉明帝刘庄死，汉章帝刘炟刚刚即位。对于西域的战事，朝堂曾出现救与不救两种声音。公元 76 年，汉章帝刘炟虽然起敦煌、酒泉数千骑兵驰援西域，但他终究倾向对北匈奴和西域实行消极政策。在这样的国策之下，陈睦被杀；关宠战死；耿恭一路拼杀，回到玉门关时，仅剩十三位将士。

至此，天山以北的东汉势力随着车师被北匈奴攻破而消失殆尽。就连天山以南的进出西域的咽喉要道，也因焉耆、龟兹的反叛而难以维持畅通。

汉明帝刘庄时期，东汉经营西域的火苗即将燃起之际，汉章帝刘炟却一盆冷水险些将其浇灭。之所以没有完全浇灭，是因为班超站了出来。班超也不是一个人在战斗，他是站在张骞、傅介子、陈睦、窦固、耿秉、耿恭、关宠等这样一大批所谓“巨人”的肩膀之上。

由于东汉朝廷对西域的消极政策，此时，在西域的班超被召回。

公元 76 年，由疏勒经于阗奉命返回的班超，受到了疏勒和于阗人的极力挽留。本就不愿回国坐享清福的班超，决定留下来。

继续留在西域的班超，不仅使东汉在西域南路的势力得以保存，还使东汉的势力逐渐延伸到北道。随着焉耆被班超攻破，西域再度回归东汉的控制。

班超收复西域

班超，是班彪的儿子，班固的弟弟，班昭的哥哥。一门数人，可谓群星璀璨。班超年轻时曾替人抄书写字，后投笔从戎，跟随窦固出击北匈奴，在军中任假司马（代理司马）之职。

公元 73 年，班超率兵进攻伊吾（今新疆哈密市西），在蒲类海（今新疆巴里昆湖）与北匈奴交战，斩获甚多，一战成名。

窦固很赏识他的才干，于是派他和郭恂一起率领三十六人的使团，西出阳关，出使西域。这是班超在西域生活的又一个新的开始。由军事转为外交的班超，此行的目的是以外交手段，分化西域诸国与北匈奴的关系，游说他们归附东汉。

此行，班超最初立功的地方是在鄯善（今新疆罗布泊西南），即以前的楼兰。之所以改名，这里面有一段渊源：早在汉武帝时期的公元前108年，楼兰王归汉。利益受损的匈奴，发兵攻击楼兰。左右为难的楼兰，不得不两头讨好，分别向匈奴、西汉各遣一质子来平衡双方关系，以求在夹缝中得以生存。直到公元前77年，当年在匈奴的质子回国被立为国王，因为久居匈奴，所以他亲匈而远汉。当时，他勾结龟兹等国，充当匈奴的打手，杀死三名西汉使节，公开叛汉。就是在这样的情况下，西汉策划了一场“斩首行动”。一位叫傅介子的外交官主动向当时的霍光请缨，要以一己之力去行刺龟兹王。霍光考虑到龟兹不仅国力相对较强，而且路途遥远，就让傅介子先去楼兰，拿楼兰王的脑袋磨磨刀。在霍光正确的决策下，傅介子只带了两名随从，就当众斩下了楼兰王的头颅，威震边疆。从这时起，楼兰更名为鄯善，迁都别处。汉军屯驻楼兰故地。傅介子因“以直报怨，不烦师众”的功绩而爵封义阳侯。

班超就是以张骞、傅介子为榜样而出使西域的。这里更为关键的是，班超一定从傅介子的事迹中受到了启发，汲取了经验，因为他的手段就是在傅介子的基础上的灵活运用。班超对西域诸国立场和情况的判断，也与傅介子如出一辙。

英雄是有传承的，这种传承就是英雄惜英雄式的心领神会，而根本不用手把手地去教。

鄯善自窦固和耿忠出击匈奴呼衍王，留兵驻守伊吾卢城之后，又开始亲善东汉。但如此小国，夹在匈奴与东汉之间，两头都不敢得罪也是事实。在这样的背景下，出使西域的使团，首先到达了鄯善国，因为这里是中原通往西域的必经之地。

刚开始，鄯善王热情地款待班超一行。没几天，鄯善王却态度大变。班超根据鄯善王的态度变化，判断此时北匈奴的使者也来到了这里。

班超从鄯善人那里确认了自己的判断之后，就决定帮助鄯善王做选择。你不是左右骑墙吗？我帮你杀了北匈奴使者，免得你左右为难。

说干就干。班超召集动员汉使团成员，决定趁夜借风放火，偷袭北匈奴使者营地。那句“不入虎穴，焉得虎子”的成语就出自这里。这也是班超在做战前动员时激励大家的名言。

仅仅三十六人，连夜行动。面对上百人的北匈奴使团，班超让人擂鼓吹号，制造汉军突袭的假象，再乘北匈奴使团慌乱之际，四面放火。最后，班超率领这三十六人，围住北匈奴，纵兵砍杀。

此战，班超全歼北匈奴使团，无一漏网。天亮，见到提着北匈奴使者首级的班超，鄯善王无奈，只有归顺东汉，寻求保护。

班超自然好言抚慰。班超镇抚鄯善之后，接到朝廷命令，官封司马，继续出使西域。这里，班超能继续出使西域，也得益于汉明帝刘庄的支持。

完成任务、本要回国的班超，被汉明帝刘庄继续留任。因为汉明帝刘庄感到，还有谁比班超更适合出使西域呢？愚人千虑，必有一得。估计汉明帝刘庄自己都没想到，他的这一任命能得到多大的回报，就像当初的汉元帝刘奭派陈汤到西域一样。皇帝想都不敢想的事，他们却办到了。

班超的下一站，到了于阗国（今新疆和田）。当时，于阗王广德刚刚攻破莎车国，雄踞天山南部，又得到北匈奴的支持。而且，当时北匈奴的使者也正在此监国。所以，于阗王对班超一行的态度是既傲慢又冷淡。

班超一行的处境，无疑非常凶险。接下来事实也证明，北匈奴到此监国的使者正在找借口，准备杀掉班超以及其他汉使。

由于当时的于阗国内巫风兴盛，所以北匈奴就收买了于阗国的巫师。国王让巫师假意作法，借神的口气向班超索要坐骑，用来杀马祭神。班超明白，今日杀马，明日就是杀人。当机立断的班超就在献马之际，一刀砍下巫师的头颅。于阗王惶恐之下，只得下令杀死北匈奴来监国的使者，重新归附东汉。

天山南部诸国，见于阗国已降，纷纷望风归附东汉。天山南部诸国归附后，班超又把目标指向了天山北部诸国。天山北部诸国离北匈奴比较近，国力最盛的当属龟兹（今新疆库车县城东郊）。当时的龟兹王由北匈奴所立，倚仗北匈奴的势力，他在天山北部横征暴敛。不久前，龟兹刚刚攻杀了疏勒王，另立龟兹人兜题为新的疏勒王。

疏勒国（今新疆喀什）地处天山南北交会之处，要打通中原与西域的交通要道，就一定要先控制疏勒。在这样的背景下，公元74年春，班超征发归附东汉的西域诸国人马，率部从偏僻小道进入疏勒国。他们在距兜题所居的槃橐城九十余里处停下来，派使者田虑前去招降。

班超的计划是兜题如果不肯投降，就让田虑出其不意地将其劫持。如此制订计划的原因和底气，一是班超认为兜题不是疏勒人，一经劫持，疏勒百姓不会为他尽忠效命；二是田虑不但本人武艺高强，而且其貌不扬，又是只身一人前往，乘其不备，完全有劫持成功的可能。

果然，胆大包天而又心细如发的班超，判断得正确，实施得利索。绑了兜题的田虑飞奔出城复命，班超一行从容进城。剩下的，就留给疏勒人，让他们尽情地欢呼、肆意地雀跃吧！他们早就恨透了龟兹，恨透了兜题。眼见班超为他们报仇雪恨，真像见到亲人一样。

班超以大汉的名义，册立原来被杀掉的疏勒国王的侄子忠为疏勒新国王。另外，班超从大局出发，释放了兜题，让他回到龟兹，以此来宣扬大汉恩德，让西域各国放心，东汉使者是为和平友好而来，不以杀戮抢掠为目的。

就这样，疏勒成为东汉属国。班超出使西域，凭借敏锐的判断和果决的行动，在“以夷制夷”的基础之上，宣扬友好和平的目的，先后使鄯善、于阗、疏勒三个国家恢复了与东汉的臣属关系。

在这个时间段，窦固、耿秉和刘张也兵发西域。在和班超一武一文，相得益彰的配合下，到汉明帝刘庄末年，东汉经营西域已取得很大的成效。

但随着汉章帝刘炟即位，东汉撤出了在西域的军事力量。班超也陷入了孤立无援的境地。此消一定彼长。此时，龟兹、姑墨（今新疆温宿县、阿克苏市一带）等国在北匈奴的支持下，频频发兵进攻东汉属国疏勒。

班超与疏勒王忠互为犄角，苦苦坚守槃橐城一年之久。这真是一将无能，累死三军，摊上汉章帝刘炟这么一个皇帝，又有什么办法呢？

这是班超被召回前，在西域的主要事迹。

班超留居西域之后，决定用自己的力量承担起保护西域诸国的重任。朝廷放弃，班超却决不放弃。

班超重返疏勒。此时的疏勒，已有两城归降了龟兹。班超立即组织力量，率军平叛。他逮捕反叛首领，击破尉头国，斩杀叛军六百多人，再次平定疏勒。公元78年，班超率领疏勒、康居、于阗和拘弥等西域属国一万多人，攻破姑墨国，斩杀了七百多人。

这期间，班超的策略是利用西域诸国的兵力去平定其他反叛的国家。这说明班超不仅善于用武力去镇抚西域各国，而且已能娴熟使用外交手段去联络亲汉的西域各国。

公元80年，形势稍微好转之后，班超便想更进一步去平定西域各国。他上书汉章帝刘炟，详尽说明了西域现状：唯有大国焉耆、龟兹受北匈奴扶持而没有归汉。所以，破焉耆、龟兹两国，不仅可以削弱北匈奴的势力，而且也会使其他西域小国望风而降。

班超的事迹和精神感动了汉章帝刘炟，他答应了班超请求派兵支持的愿望。尽管派出的是一支由刑徒组成的军队，但不管怎么说，东汉朝廷也算表明了态度。

就在这样的军队还没有到达的时候，莎车国又投降了龟兹，疏勒的都尉番辰也反叛了。班超立即组织平叛，等到徐干率军到来，两军合兵一处，一举平定了叛乱。

这样一支所谓乌合之众的军队，在班超这里，硬生生地被打造成一支能征惯战的铁军。这再次证明，出色的将领是多么重要。

后来，汉章帝刘炟见班超把西域经营得有声有色，又派来援军八百人。之所以又派兵支援班超，这里面有一个插曲：公元83年，朝廷派李邑出使乌孙。当李邑走到于阗时，正赶上龟兹进攻疏勒，激烈的战况吓得他不敢前进。李邑害怕也就算了，毕竟不是人人都能冲锋陷阵。但这个一肚子坏水的十足小人，竟上书朝廷，不但说班超联络乌孙牵制龟兹的计划行不通，还造谣中伤班超在西域拥妻抱子，逍遥快活，根本不思中原。受此诽谤的班超，主动让妻儿离开。游离在外数年的儿子班勇，日后也以栋梁之材回归东汉。这是对班超的最好回报。对李邑，班超却没有任何的打击报复，相反，让他回到了长安。一是在这里不需要如此贪生怕死之人；二是你想告状，回去告个够。磊落坦荡如此的班超，东汉朝廷在彻查之后，愈见其处境艰难，才再次派兵增援。

不管怎么样，朝廷派兵增援总归是好事。正在征发疏勒、于阗两国兵马，准备进攻莎车国的班超，也是如虎添翼。但局势又出现了新的变化。由于莎车国王重金贿赂疏勒王忠，忠背汉叛乱，占据了乌即城。班超只得暂时放弃攻打莎车，而兵发乌即城平叛。

班超围攻乌即城半年之久。正久攻不下之时，班超接到消息，得知康居王要领兵来援救忠。因为当时的康居与月氏两国刚刚通婚，关系交好，班超就恩威并用，既以东汉实力威慑月氏王，又重金厚礼示好，让月氏王劝说康居王退兵。

果然，在月氏王的劝说之下，康居王把忠带了回去。乌即城再次被汉军收复。由此可见，西域的斗争，呈现出多么复杂的特点和情况。

来到康居后的忠，不甘心失败。公元 86 年，他从康居国借了一些兵马，与龟兹勾结，想以诈降的方式，取得班超的信任。然后，双方再里应外合，一举歼灭班超所部汉军。

班超看穿了忠的诡计，便将计就计：一面假意答应了忠投降的请求；一面在欢迎的酒宴之上，揭穿忠的阴谋，将他斩首示众。趁此机会，汉军又一举歼灭了他的部众。西域南道从此畅通无阻。

第二年，即公元 87 年。班超征发于阗等国两万五千余人，再次征伐莎车。龟兹王派兵两万，并征发姑墨、温宿和尉头等国三万人马，纠集五万大军援救莎车。

在这场战斗中，班超运用调虎离山之计：一面设计诱敌出击；一面以主力直捣莎车国大本营，一战斩杀莎车五千多人，缴获牲畜财物无数，莎车国投降。

班超一战威震西域。同年，月氏王派人找到班超，提出要与东汉“和亲”，迎娶东汉公主。班超一口回绝，月氏王因此怀恨在心。公元90年，月氏王派月氏副王谢率领七万大军攻打班超。

此时，班超手中的兵力虽不足七千人，但他却胸有成竹，异常冷静。他的判断是：月氏兵虽多，但跋涉数千里而来，后勤保障必然跟不上。我们只用坚壁清野，坚守不出，敌军自然坚持不了多久。

果然，坚持不下去的月氏军队，派人前去龟兹求救。早有安排的班超，在半路埋下伏兵，截杀了求救的月氏使者。面对用兵如神的班超，月氏万般无奈，只好派人向班超请罪，不敢再生异心。

班超在西域数十年外征内服的努力之下，公元91年，龟兹、姑墨、温宿等国投降，归附东汉。同年，东汉重设西域都护府于龟兹境内的它乾城（今新疆库车附近），班超任都护，徐干任长史，屯驻疏勒。

至此，西域仅剩焉耆、危须、尉犁等国，它们因为曾经杀害西域都护陈睦，心怀恐惧，尚未归降。

公元94年秋，班超调集龟兹、鄯善等八个属国的部队共七万余人，进行征服西域的最后一战。

班超设计在酒宴之上，诱捕了焉耆王等人，将他们押到陈睦被害的地方，斩首祭旗。随即班超兵发焉耆王城，大获全胜。随着焉耆、危须、尉犁等国的归附，平定西域终于大功告成。

至此，西域五十余国重归东汉控制，直接挫败了北匈奴企图依托西域诸国，统一南匈奴的梦想。

班超通西域的主要区域，集中在今塔里木盆地南北两道的西域诸国。如前文所叙，从最东边的鄯善沿南道到达西北的疏勒，再从疏勒沿北道来到东边的焉耆，相当于转了一个圈。

这是班超带领汉军，联合西域各国，共同划定的友好和平的大圈。班超因此不世之功，得以万里爵封定远侯，可谓实至名归。

公元97年，班超还曾派甘英出使大秦（罗马帝国），甘英至西海（波斯湾）而还。为沟通世界，班超作出了他们那一代人应有的有益探索。

晚年的班超归汉，西域都护由任尚接任。任尚对班超十分敬仰，他诚恳地请教班超如何治理西域。班超没有夸夸其谈，只以一句“水至清则无鱼”来勉励任尚。

任尚未能很好地领会这句话的意思，反而认为，以前觉得很厉害的班超，其实也不过如此。结果，上任没多久的任尚，不但将士不听其调遣，西域各国也相继反叛。西域大乱之下，任尚被免职，回京问罪。

公元 102 年，班超回到了洛阳，同年九月，因病去世，享年七十一岁。

风雨飘摇的北匈奴

北匈奴与东汉争夺西域的同时，还受到来自南匈奴、东汉、乌桓以及鲜卑的攻击。日益窘迫和衰落的北匈奴，又发生了内乱。内忧外患的北匈奴，被迫走上了一条漫长的迁徙之路。

公元 83 年，北匈奴三木楼訾部族在大人稽留斯等人的率领下，带着本部三万八千人，两万多匹马，十余万只牛羊，前往五原塞投降了东汉。

如此大规模的叛逃，使北单于在惊慌和无奈之下，又向东汉表示亲善，愿意互市。东汉朝廷趁此互市之机，尽力笼络和优待北匈奴的诸王大人。

东汉释放出来的友好信息，不久就得到了回报。公元 85 年，北匈奴大人车利、涿兵等纷纷南逃入塞，归附东汉。陆续之间，像这样的归降者竟多达七十三批。就在这时，刚刚即位的南单于宣，即伊屠于闾鞮单于（85—88 年在位），也趁北匈奴内乱之际，派千余骑兵到涿邪山一带狩猎，恰遇北匈奴皋林温禺犊王部。双方开战，南匈奴斩杀北匈奴一百多人。东汉奖赏了南匈奴在此次战斗中的有功将士。受此鼓励的南单于宣，不久又派莫鞮日逐王师子率领数千骑兵出塞攻击北匈奴，斩获数千人。

这一时期，逐渐崛起的鲜卑也不断侵扰北匈奴。公元 87 年，鲜卑人攻击匈奴，不但大获全胜，还斩杀了优留单于（？—87 年在位）。这是自蒲奴单于之后继任的北匈奴单于。之后，接任优留单于的是他的异母哥哥，当时北匈奴的右贤王。因为在史书记载中失去其名号，故称北单于（88—91年在位）。北单于在位四年死。北单于的弟弟自立为单于，这就是于除犍单于（91—93年在位）。

而此时，优留单于被杀，北单于庭再次陷入混乱。屈兰、储卑、胡都须等五十八部二十多万人口，八千多骑兵，纷纷前往云中、五原、朔方和北地等郡投降东汉。

北匈奴连年来外患不断、内乱不止，偏偏在这时候，草原又遇特大蝗灾。南匈奴在东汉的赈济下，尚能勉强度日。北匈奴由于四面树敌，无以为继之下，百姓饥饿不堪。再加上单于被杀和几十万人投降，北匈奴实力大减。

公元88年，又是一个特殊的年份。这一年，南单于宣死，老单于长的弟弟屯屠何即位，即休兰尸逐侯鞮单于（88—93年在位）。东汉这边，汉章帝刘炟死，其儿子刘肇即位，即汉和帝（88—105年在位）。

西汉、东汉的三位窦太后

由于当时的汉和帝刘肇还不到十岁，就由汉章帝刘炟的皇后，当时的太后执掌朝政。这就是窦太后。

西汉、东汉前后共出现了三位窦太后，她们有什么关系呢？有，她们本来就是一家人。或者准确地说，她们是一个家族的。窦氏家族是延续了数百年的外戚大家族。

窦氏家族的起源可以追溯到第一位窦太后。她就是汉文帝刘恒的皇后，汉景帝刘启之母，汉武帝刘彻的奶奶。这是位极富传奇色彩的女人。

前文中说到的，在班彪的劝谏下归汉，镇守边塞的名将窦融，就是窦太后弟弟窦广国的七世孙，他在东汉时期官居大司空。章帝朝的窦皇后，现在的窦太后，就是窦融的曾孙女。

这个窦太后，可比不上景帝朝的窦太后。章德窦皇后无子，曾为了巩固自己的地位，便诬陷当时的太子刘庆的生母宋贵人，致使宋贵人自杀，刘庆被废。她又把梁贵人的儿子刘肇据为己有，并立为太子。为绝后患，她反手就设计陷害梁贵人的父亲，致其被杀，梁贵人也因此忧愤而死。

所以，现在这个窦太后能够临朝听政，可以说是踩着别人的血迹一路走来的。究其原因，这与她无子有很大的关系，但其人阴险毒辣是不争的事实。

自章德窦皇后之后，窦氏家族又出了一位窦太后。这位叫窦妙的女子是汉桓帝刘志（146—168 年在位）的第三位皇后，她的父亲窦武是窦融的玄孙。由于汉桓帝刘志没有儿子，做了太后的窦妙和其父窦武选了汉章帝的玄孙刘宏即位，这就是汉灵帝（168—189 年在位）。

现在的窦太后，虽不如上一代的窦太后，但家族中还算人才济济。一手提拔了班超的名将窦固，就是窦融的亲侄子，窦融的弟弟窦友的儿子。

而马上闪亮登场的窦宪则是窦融的曾孙，窦太后的亲哥哥。但这位窦宪，却没有窦融、窦固的品行好。然而，若是论功绩，窦宪在窦氏家族中，又是独特的存在。

勒石燕然

南匈奴的屯屠何单于即位之初，鉴于北匈奴的窘境，他很想趁此机会“破北成南，并为一国”。于是，他上书东汉朝廷，建议汉匈联合进军，共破北匈奴。

屯屠何单于上任伊始，就为统一匈奴而积极做着各种准备。由此能够看出，屯屠何单于野心不小。东汉这边，朝堂意见产生了分歧。耿秉极力主张进兵，但以尚书宋意为首的其他朝臣，都反对出兵。他们的理由明面上是老生常谈的劳师远征、徒劳无功，实际上却把反对征伐匈奴与反对窦氏专权结合在一起。

最后，窦太后力排众议，决定出兵征伐北匈奴。这里面的原因，不排除窦太后本身就出身武将世家，她比那些朝堂上的夸夸其谈之辈自然多出一份豪迈的英武之气。但也不能否认，她希望借征伐匈奴来转移人们反对窦氏兄弟的视线。

窦宪因妹妹窦皇后的关系，而得到汉章帝刘炟的提拔重用。仗着外戚的身份和皇帝的宠信，他飞扬跋扈以致利令智昏。

当时，窦宪看上了汉章帝的妹妹沁水公主的一块园林，就派人以极低的价格买了下来。一次，汉章帝经过这片园林，问到这是谁的园林时，下面的人支支吾吾，欲说还休。弄清真相的汉章帝非常生气，自己妹妹的产业，别人也敢强买强卖，这当真是不想活了吗？

害怕了的窦宪，找到妹妹求情。看在窦皇后的面子上，汉章帝虽然没有治窦宪的罪，但也从此不再重用他。失去权势的窦宪，倒也消停了几年。

对于此事，不管怎么说，窦宪自己不检点是事实；窦宪和公主，或者和公主背后的一帮人关系不好也是事实。直到汉章帝死，窦太后执政的时候，窦宪才重新出山。这次和他一块出山的还有他的三个兄弟。窦家兄弟四人加一个妹妹，彻底掌握了此时的东汉朝廷。

本来权势熏天的窦氏家族就已经遭人嫉恨，窦宪还脑子抽风，自乱阵脚。事情的起因是窦宪派人杀死都乡侯刘畅，嫁祸给刘畅的弟弟刘纲，企图一箭双雕，整死这兄弟俩。

为什么要整死这兄弟俩呢？刘畅是当时齐王的儿子，来京师参加汉章帝葬礼时，与窦太后产生了暧昧关系。窦宪害怕妹妹为了情人而淡化了亲情，日后分去了自己的权力，就决定杀了刘畅，嫁祸刘纲。

没想到妹妹窦太后心痛失去情夫，非要查出真凶替情夫报仇雪恨。她亲自过问之下，真相大白。窦太后一怒之下，将窦宪定为死罪，关进大牢。

狱中的窦宪，自知这次算是真的触碰到妹妹的伤心处了。为了保命，他上书请求率兵讨伐匈奴来赎罪，那意思是好歹让他死在战场上。兄妹毕竟连心，窦太后也实在不忍手足相残，就这样顺水推舟，同意了窦宪的请求。

事实证明，这次主动征伐北匈奴的战略是完全正确的。

不得不说，窦宪确实是出色的将才。

公元89年，仓促之间，并无万全准备的窦宪，纠集京师和十二郡的几万人马，加上边境胡人的军队，再会合南匈奴，开始了征伐北匈奴之战。

联军分三路出击。窦宪与耿秉各率四千骑兵，和南匈奴左谷蠡王师子率领的一万骑兵会合，从朔方的鸡鹿塞出发；度辽将军邓鸿带领八千羌胡骑兵与南匈奴左贤王安国率领的一万骑兵出稒阳塞；南单于屯屠何率军一万出满夷谷。

这里，汉军实际出动的兵力既不多，更不是精锐主力，像度辽将军邓鸿带领的就不是本部人马，而是羌地的骑兵。

一是从时间来看，东汉确实没有充分的准备；二也是东汉故意为之。局势很明显，南匈奴志在统一草原。而邓鸿的本部人马负有监视南匈奴的任务，自然不能轻动。而且，尚书宋意一再劝谏不能出兵，窦太后也不得不考虑南匈奴一旦坐大的后果。所以，东汉这次出兵的指导思想还是“以夷制夷”。

如此来看，东汉这次的出兵规模也就能够理解了。不久，窦宪在稽落山（今蒙古国额布根山）遇到北匈奴主力。他派副校尉阎盘、司马耿夔、左谷蠡王师子率一万余骑兵迎战，大败北匈奴。窦宪率军一路追杀，一直追到私渠比鞮海（今蒙古国乌布苏泊）。

此战，联军斩杀北匈奴名王以下一万三千多人，缴获牲畜百余万头，温犊须、日逐、温吾等八十一部投降，共计二十余万人。

窦宪和耿秉出塞三千余里，登上燕然山（今蒙古国境内杭爱山），刻石以勒汉功，纪功以彰威德。这就是著名的“勒石燕然”。

铭文为随军的班固所作。燕山铭不愧大家手笔，雄浑大气，高亢铿锵。

燕山铭以“蹑冒顿之区落，焚老上之龙庭”的如此功勋，来“光祖宗之玄灵，下以安固后嗣”。正可谓“振大汉之天声……熙帝载兮振万世”。

在这篇铭文中，班固还顺便解释了战争的意义所在，也相当于回答了为什么不能一味地“和亲”妥协。一句“兹所谓一劳而久逸，暂费而永宁者也”，说明白了此战功在当代、利在千秋的道理。

此战，虽然取得了辉煌的胜利，但遗憾的是，北单于逃走了。窦宪显然不想重复当年卫青、霍去病的遗憾，一方面，他在班师回朝时，派司马吴汜、梁讽等人率军继续搜寻北单于的下落，并携带重金，用以招降北匈奴；另一方面，继续用军事手段打击北匈奴。

一拉一打，拉中主要是打。这种策略，是窦宪对北匈奴的主要手段，且贯穿始终。

所以，公元 90 年五月，窦宪又派兵袭取伊吾城，切断了北匈奴与西域的联系。同年七月，窦宪命汉军进屯凉州。如此高压之下，吴汜、梁讽等人不负众望，他们在西海找到了逃亡的北单于。梁讽劝说北单于仿效当年的呼韩邪单于，归附大汉。

北单于实在无奈，就率残部随汉军一起回洛阳。但走到私渠海，他听说汉军已经入塞，于是，就派他的弟弟，北匈奴的右温禺鞮王先行到洛阳，他自己则留在草原观望。窦宪认为，北单于不来是缺乏诚意，就把他的弟弟送了回去。于是，北单于再次遣使到居延塞，请求朝见。

此时的窦宪，一方面，派班固、梁讽等人前去迎接北匈奴的投降；另一方面，也没有拒绝南匈奴想联合汉军攻击北匈奴的要求。

于是，公元 90 年九月，窦宪默许南匈奴派左谷蠡王师子率八千骑兵，从鸡鹿塞出发。同时，汉军在中郎将耿谭的率领下做策应。两军兵分两路，左路绕西海迂回至河云（今蒙古国吉尔吉斯湖西南）北，右路沿匈奴河（今蒙古国拜达里格河）北上，渡甘微河（今蒙古国扎布河），出河云东，乘夜合围单于庭。

疏于防范的北匈奴，在南匈奴的突然袭击下，仓促迎战。混乱中，北单于曾一度受伤坠马，可见当时战况之惨烈。

此战，虽然北单于带着数十名亲兵逃走，但他的阏氏、儿女五人被俘，斩杀北匈奴八千多人，俘虏数千人，连他的单于玺也被缴获。

金微山之战

南匈奴大获全胜，前来投降的北匈奴部众络绎不绝。一时之间，南匈奴人口近二十四万，兵力也扩充至五万多人。此时，另一路迎接北匈奴投降的班固、梁讽等人已没有必要继续前进，便就地折返。

窦宪眼见攻伐北匈奴得手，就因势利导，把彻底消灭北匈奴作为既定目标。这也是在实际形势之下，汉军作出的必要调整。

于是，公元 91 年，窦宪发动了金微山之战，这也是对北匈奴的最后一战。

窦宪得知北单于又把单于庭设在金微山（今阿尔泰山）后，就派右校尉耿夔统领司马任尚、赵博等将，率领八百精锐骑兵，出居延塞（今内蒙古额济纳旗东南）五千余里，直捣北单于老巢。

汉军兵临金微山下，一战彻底击溃北匈奴。北单于再次逃脱，带领残部辗转于乌孙和康居。我们以后说的匈奴西迁入欧，主要就是指这部分匈奴人。

北单于逃走后，他的弟弟，当时的右谷蠡王于除鞬自立为北单于。于除鞬单于率领右温禺犊王、骨都侯等八部共十余万人盘踞在蒲类海。因蒲类海紧邻伊吾，窦宪趁机命耿夔领兵屯驻伊吾，进一步压迫北匈奴。

迫于眼前的形势，北匈奴又遣使示好，请求归附东汉。其间，窦宪被汉和帝刘肇诛杀。在古代，这并不奇怪，属于正常的宫廷斗争。再低调的功臣，也未必能躲过此劫，更不要说像窦宪这样的飞扬跋扈之徒了。

窦宪被杀，东汉的伊吾屯兵被撤。于除鞬单于再次反叛，逃回漠北。公元 93 年，长史王辅和任尚在汉和帝刘肇的授意下，以劝说于除鞬单于投降为名，寻机领兵杀了于除鞬单于，大败北匈奴。

群龙无首的北匈奴，其故地逐渐被新兴的鲜卑人占据。散落各地的十余万北匈奴人，慢慢地融入了鲜卑。日后鲜卑的宇文部、拓跋部和慕容部就是在这时候开始发展强盛起来的。就连日后崛起的柔然，也在这时候不断吸纳、融合散落漠北各地的北匈奴人。

至此，这部分北匈奴人永久性地退出了雄踞大漠的历史舞台，结束了和中原王朝数百年来的对峙局面。

这当中，有无数先辈的努力奋斗、流血牺牲，也包括民族间的相互融合、互补发展。然而，这种标志性的胜利却是在窦宪的手中完成的。

《后汉书》的作者范晔十分认同窦宪的功绩。但客观来说，窦宪之所以不能与卫青、霍去病比肩，不仅仅因为他的品性德行，更重要的是他没有卫青、霍去病那样的家国情怀。一个以家国利益为先，迎击强敌；一个以私利为主，击其穷寇。两者相比，窦宪之所以“后世莫称者”，也是合情合理。

南匈奴再次内乱

随着北匈奴崩溃，南匈奴成为蒙古高原乃至西域地区的一支重要力量。然而，野心勃勃、处心积虑复兴匈奴的屯屠何单于却在这时候死了。

南匈奴再次发生内乱，因为他们的传位方式又出现了问题。

按匈奴的方式，即位的应该是左贤王安国。但由于左谷蠡王师子德高望重，所以南匈奴出现了“国中尽敬师子，而不附安国”的局面。

南单于安国（93—94 年在位）当然不能容忍这样的局面继续下去，但他想的不是用能力和功绩去扭转局面，而是想干脆杀了师子来个一了百了。

有了杀人之心，南单于就积极准备，伺机行动。世上哪有不透风的墙，为了自保，师子不再出席龙城大会，双方公开决裂。

这种局面，东汉朝廷倒是喜闻乐见。你那边不愿团结起来共谋发展，我这边也不介意煽风点火地推你一把。东汉派驻匈奴的监军皇甫稜趁机暗中支持师子，刻意分化匈奴。

客观来说，汉匈双方在这一段时期的做法都有不当之处。匈奴内乱自不必说。东汉刻意推波助澜，看似想以此消耗匈奴的实力，但短视和无能的特点却暴露无遗。

很明显，东汉征伐北匈奴，不是灭族，而是以招降为目的，那南匈奴已经归附，还要去挑唆他们内乱，用意何在？估计当时的东汉朝廷也没有认真考虑过这个问题，他们的主要精力都投到宫廷争斗上去了。

东汉与南匈奴这种藩属关系看似已经确立，但双方都没有好好审视这样的新生关系。东汉还在习惯性地使用连拉带打、分化瓦解的老办法，其中的改变，只是对这种方法在轻重缓急的把握上。所以，但凡有点风吹草动，东汉就会用这样的惯性思维去应对，从来没有想过，或者说就没有能力去驾驭这样一个曾经强大、如今归附的敌国。

南匈奴呢，更是如此。他们虽然臣服，但似乎从来没有忘记自己曾经强盛的过去。一个摆不清自己的位置，另一个缺乏新时期应对的方法，摩擦和冲突怎么会少得了呢？事实上，终东汉一朝，汉匈边境的战火也从未间断。

目前的情况是：在东汉的放任甚至是挑唆之下，南单于与师子的关系发展到剑拔弩张的地步；东汉又陈兵边塞，原意是监视南匈奴的动向，实际上加速了这种矛盾的激化。

终于，双方兵戎相见。南单于的舅舅喜害怕因此招致汉军攻击，祸及自身，就杀了南单于安国。

公元94年，匈奴再次分裂成南北匈奴。南匈奴推立师子（94—98年在位）为单于。而老单于屯屠何的儿子率兵进入漠北，这就是北单于逢侯（94—118年在位）。

逢侯单于把匈奴人分为左右两部，自领右部，屯驻在涿邪山下；左部驻守朔方西北。两者相距数百里，遥相呼应。

自此至曹魏时期这百年间，主要是北匈奴的覆灭，南匈奴的融合，以及东汉与南、北匈奴三方对西域的争夺，其中还夹杂着与乌桓、鲜卑的冲突和战争。

东汉再失西域

再次来到漠北的北匈奴，境遇今非昔比。面对日益崛起的鲜卑，他们的日子实在不好过。所以，北匈奴部众纷纷叛逃归汉。

规模比较大的像公元96年，北匈奴左部叛乱，就有一万多匈奴人来到朔方塞归附东汉。此时的北匈奴，不但饱受鲜卑的欺负，还多次遭受南匈奴的袭击。

苦不堪言、万般无奈的北匈奴，于公元104年遣使入汉，请求“和亲”，恢复呼韩邪故约。东汉按惯例，虽没有答应，但也赏赐了礼物。

不死心的北单于逢侯，转过年来，于公元105年，再次派人请求“和亲”。可见他们的窘迫和急切之情。此时的东汉皇帝刘隆刚满百天，邓太后临朝听政，她也没有答应。

此时的邓太后，即邓绥，汉和帝刘肇的第二任皇后，东汉开国元勋太傅邓禹的孙女。此人颇有家国情怀。承平之世，她做些赈灾济民、休养生息的事，能力还是绰绰有余；但大争之世，尤其面对目前如此纷繁的局面，缺乏大使命的格局，大担当的气魄，仅仅局限于恪守所谓“恭谦肃穆”等良好品德的话，那无论如何是不够的。

逢侯单于见投降不成，漠北又实在没法立足，就把目光投向了西域。此时汉殇帝刘隆夭折，汉安帝刘祜（106—125年在位）年幼，当政的邓太后又无心经营西域。于是，东汉就罢免了西域都护，裁撤了各处的屯田吏卒。这无疑拱手送给了北匈奴占据西域、发展自己，再转而侵扰东汉的大好机会。

昏庸无能的东汉朝廷，仅仅几年就让班超数十年的心血付之东流。逢侯单于当然不会错过这样的机会，他进兵一举占领西域诸国。在西域人力、物力的支撑之下，在以后的十多年间，北匈奴不断入侵东汉边境。

公元117年，逐渐强盛起来的鲜卑打败北匈奴，北匈奴大部分人马并入鲜卑。逢侯单于带领百余骑兵，逃到朔方塞归附东汉，被安置在颍川郡。

逢侯单于之后，北匈奴单于的世系传承中断。但北匈奴中仍有一位呼衍王率部屯驻在蒲类海，控制着西域。

南匈奴反叛东汉

南匈奴这边，自师子被立为单于后，没等到秋后，他就开始了政治清算。他在国内四处缉捕屠杀安国单于余党，致使右温禺犊王乌居战率领数千人反叛。汉军出兵击败乌居战，将收降的两万多匈奴部众安置在安定和北地。

公元 98 年，在位五年的师子死，传位给老单于长的儿子檀，即万氏尸逐侯鞮单于（98—124 年在位）。檀即位后，不仅不断进攻北单于，而且趁东汉邓太后当政之际，勾结乌桓，暗通鲜卑，于公元 109 年反叛东汉。

这也正是南匈奴不甘心臣服的表现，当东汉控制力减弱的时候，他们就会兴兵作乱。

这次反叛源于汉人韩琮的建议。出使东汉归来后的韩琮，告诉南单于：东汉关东地区由于连年水灾，致使百姓因饥饿而死绝，正是出兵的好机会。

不知韩琮是在夸大其词，还是他本来就是在投其所好，反正南单于深信不疑，于是联合乌桓，起兵入侵东汉。

东汉派何熙、庞雄、耿夔、梁慬等人为将，征发边塞十郡和鲜卑数万人马，迎击南单于。南单于见诸军并进，惊恐之下，问韩琮："汝言汉人死尽，今是何等人也？"

如此问话，真让人啼笑皆非。这时候的战斗，哪有以前双方鼎盛时期的烈烈雄风，竟是这般儿戏。大败后的南单于"脱帽跣足"以降。如此自找屈辱，又是何必呢？他属于典型的愚而不安其愚的"杰出"代表。

但此类事件是这一时期的常态。谁让东汉也如此虚弱呢？大家都如此虚弱，那就看谁更虚弱呗。平定这次叛乱之后，崛起的鲜卑又不断侵扰汉境。

公元 121 年，耿夔采用"以夷制夷"的方式，频频征发南匈奴温禺犊王部和新近降汉的北匈奴骑兵，抗击鲜卑。但这样频繁的征兵，导致匈奴人怨声载道。

公元 124 年，在位二十七年的万氏尸逐侯鞮单于檀死。他的弟弟拔即位，即乌稽侯尸逐鞮单于（124—128 年在位）。拔在位的五年时间里，又发生了新投降的北匈奴阿族率部反叛的事件。这其实是东汉"以夷制夷"

政策的副作用。像请来羌人平叛，最后羌人反了；征发乌桓人平叛，最后乌桓人反了；引来鲜卑人平叛，最后鲜卑人也反了。“以夷制夷”，是一个办法，但不能仅仅依靠他们来最终解决问题。

公元 128 年，在位五年的拔死，他的弟弟休利即位，即去特若尸逐就单于（128—140 年在位）。

在休利单于晚年，公元 140 年，南匈奴左部句龙王吾斯、车纽反叛东汉，他们又诱降南匈奴右贤王合围西河郡的美稷城（今内蒙古准格尔旗西北）。东汉这时候就利用乌桓、鲜卑和羌胡的军队去攻击吾斯、车纽。

乌桓、鲜卑虽然与东汉一起攻击南匈奴，但后来也反叛，又联合匈奴别的部族来攻击东汉。在这种频繁的联合和背叛的情形之下，东汉已疲于应对，甚至还采用了暗杀的方法。

公元 144 年，在匈奴监军的中郎将马寔派人刺杀了吾斯，随后出兵匈奴左部，扫荡余党，斩杀一千二百多人。乌桓和羌胡又率众投降了东汉。

值得一提的是，就在这次平叛中，马寔的前任，监军陈龟，继皇甫稜之后，又一次因政策失误而犯下严重错误。面对吾斯、车纽反叛，陈龟不是团结一切可以团结的力量去积极平叛，而是迁怒于南单于休利，斥责他驭下不严，并限期招降叛军。

此时的东汉太弱了，此时的东汉官员也是太没有经验了。陈龟只能拿年老多病的休利单于撒气。被逼得实在没有办法的休利，和他的弟弟左贤王一块自杀。他们的死，似乎还不能让陈龟解气，他又令南单于的近亲全部迁往内郡。东汉朝廷的意思很明显，就是要把他们看管起来，免得以后再反叛。

陈龟的这种直线式思维模式，简单粗暴的做法，其实就是当时东汉朝廷对外政策的缩影。

这下好了，南单于休利和左贤王死，南单于暂时无人为继。休利单于的近亲们又对东汉产生了戒备之心。南匈奴内部变得更加混乱不堪。另外，当时反叛的句龙王吾斯拥立车纽为单于，公开与东汉分庭抗礼。

为了稳定局面，汉顺帝刘保（125—144 年在位）在京都洛阳册立匈奴贵族守义王兜楼储为南单于，即呼兰若尸逐就单于（143—147年在位）。

兜楼储久在中原，册立之后，由东汉护送回单于庭。这种情景与当年西汉护送呼韩邪单于回草原有些类似。相同的是规格礼仪、尊荣排场，不同的是臣属关系，依附程度。

今日的匈奴，已分崩离析到再无兴盛的可能。尽管，他们不断地有人反叛，但正因为这种局部性的各自为战，反而说明他们已处于灭亡的前夜，上演的不过是最后的疯狂。

因为东汉后期皇帝昏庸、朝廷腐败，才致使以后出现了“五胡乱华”。这一时期，由于东汉控制力的减弱，匈奴的内乱，加上乌桓、鲜卑的崛起，形势愈加错综复杂。

班勇再次收复西域

乌桓、鲜卑和南匈奴，本来是东汉的藩属，驻守在东北边境，防御北匈奴。随着北匈奴的瓦解，鲜卑的势力渗透到北匈奴故地蒙古高原。乌桓紧邻东汉东部边境，得到了长足的发展。分占东、南与西北的乌桓、南匈奴和鲜卑，三者之间既相互勾结，侵扰汉境，又互相征伐，战事不断。当年南单于檀反汉的时候，他们不仅就有勾结，而且早在汉安帝刘祜时期，就沆瀣一气。

公元109年夏，屯驻渔阳的乌桓人入侵东汉代郡和上谷。同年秋，驻守雁门的乌桓联合鲜卑及南匈奴，纠集七千骑兵入侵五原，汉兵大败。这边他们联合反汉，那边的东汉又利用分化和招降的鲜卑和南匈奴人，再反过去攻打他们。前文中提到的耿夔讨伐鲜卑，用的就是这种方法。

随着鲜卑势力进一步扩展到乌孙，他们开始插手西域。北匈奴的呼衍王更是依靠西域诸国之力，不断侵掠汉境。

放弃西域的东汉朝廷，开始认识到他们的错误。

公元119年，东汉朝廷派长史索班进驻伊吾，招抚西域各国，车师前王和鄯善王率部归汉。但数月之后，北匈奴呼衍王联合车师后王部的军队，杀了索班，打败车师前王，兵临鄯善。

鄯善无奈，只得向东汉敦煌太守曹宗求救。曹宗率五千人出塞，进攻北匈奴，解了鄯善之围，报了索班之仇。

至此，东汉朝廷又认识到了西域的重要性。这次收复西域的是班勇。真是虎父无犬子，班超的这个儿子，再现了父亲当年在西域的辉煌。

公元123年，事隔班超归汉二十二年之后，他的儿子班勇被任命为西域长史，领兵五百进驻柳中城。这里，班勇一点也不陌生，他就生于此、长于此。而且，曾为避嫌而离开父亲，他独自游历闯荡的那几年，更是对西域各国的风土人情了然于胸。

一切准备工作停当之后，公元124年，班勇首先来到鄯善，顺利地招抚了鄯善王；进而迫降了龟兹、姑墨和温宿三国；随后，征发各国联军万余人，进攻车师前部，打败北匈奴伊蠡王，收降五千余人。

公元125年，班勇征发敦煌、张掖、酒泉及鄯善、疏勒、车师前部兵马进攻车师后部，一战斩杀敌军八千余人，缴获马匹牲畜五万余头，收复车师。

公元126年，班勇率领西域诸国联军进攻北匈奴呼衍王。呼衍王战败，逃到枯梧河。北匈奴两万余人投降。

此战，班勇还俘虏了北单于的堂兄，并让车师王加特奴亲手杀了他。班勇的目的就是让车师与北匈奴结仇，防止以后车师再反复投靠北匈奴。

公元127年，随着焉耆被敦煌太守张朗率军攻破，焉耆王元孟投降，西域全境被再度平定。

北匈奴呼衍王的覆灭

平定西域之后，东汉在西域的主攻目标就是北匈奴的呼衍王。

为防止北匈奴反攻西域，公元131年，东汉在伊吾卢城恢复屯田，实施行政管辖；公元134年，驻车师后部的东汉司马率加特奴手下一千五百人，进攻北匈奴，并在阊吾陆谷大败呼衍王，斩获颇丰，还俘获了北单于的母亲；公元135年，呼衍王率军入侵车师后部。同年秋，攻破车师后部；公元137年，敦煌太守率军攻打呼衍王，在巴里坤一举击溃北匈奴，呼衍王被杀，残部逃走。

十四年后，公元151年，又一位北匈奴呼衍王入侵西域，率三千骑兵进入伊吾卢境内。伊吾卢司马毛恺率五百汉军，在蒲类海东边血战北匈奴呼衍王部，终因寡不敌众，全军覆没。呼衍王乘胜攻下伊吾卢城。敦煌太守司马达率敦煌、酒泉、张掖属国骑兵和汉军共四千人驰援伊吾卢城。北匈奴呼衍王仓皇逃走。

这是北匈奴最后一次出现在西域的土地上。

南匈奴居于塞内

南匈奴这边，单于兜楼储在位五年死。公元147年，居车儿即位，即伊陵尸逐就单于（147—172年在位）。同年，汉桓帝刘志即位。

公元155年至公元158年的数年间，匈奴一再反叛。公元155年，南匈奴左奥鞬台耆、且渠伯德等七千余人起兵反汉，进攻美稷。东羌也出兵响应，进攻安定郡三水县（今宁夏回族自治区同心县东）。

安定属国都尉张奂，此时只有两百余人。他一边招降收拢兵士，一边占据龟兹，切断南匈奴与东羌的联系。在张奂的正确决策下，汉军迅速平定了这次叛乱。

张奂被朝廷任命为使匈奴中郎将，进驻南单于庭美稷，代表东汉中央政府负责匈奴事务。公元158年，南匈奴诸部在休屠各的率领下再次起兵反汉。这次他们联合乌桓、鲜卑，攻掠汉边九郡。

张奂再一次起到了重要的作用，他诱降乌桓，袭击南匈奴诸部叛军，诛杀休屠各部首领，又率南匈奴单于部人马奇袭鲜卑，一举平定了叛乱。

张奂是东汉末年不可多得的名将。他在平定叛乱之后，上书朝廷：以居车儿单于不能治国为由，请求将其废黜，重立左谷蠡王为南单于。

结合以后的使匈奴中郎将张修，擅权杀死南单于呼徵一事也能看出，此时的东汉对匈奴是多么霸道。这也从另一个角度说明了南匈奴为什么会不断反叛，不是他们活得不耐烦了，而是他们活得确实有点憋屈。

东汉硬性指派的单于，确实不能服众。因为不能服众，匈奴曾多次内乱，这似乎成为他们的传统。张奂就是敏锐地看到了这一点，所以他建议重立单于。

而东汉朝廷却没有同意。几代下来，南单于的威信低到连张修都能擅自杀了重立的地步，可想而知，这样的单于在匈奴内部还有什么影响力。

所有这些都在说明，匈奴离消亡不远了。

公元 172 年，在位二十五年的居车儿单于死。他的儿子某即位，即屠特若尸逐就单于（172—178 年在位）。某在位的五年间，曾与使匈奴中郎将臧旻出雁门攻打鲜卑檀石槐，但大败而归。

以此为标志，鲜卑在檀石槐时代发展到鼎盛时期，其疆域西至乌孙，北至丁零，东至鲜卑故地，南到东汉边境。

檀石槐在位期间，曾多次入侵汉境。

公元 156 年入侵云中郡；公元 158 年、公元 159 年、公元 163 年连续侵犯汉境；公元 166 年，更是兴兵数万入侵汉边九郡。在张奂的迎击下，檀石槐才领兵退去。

檀石槐死后，鲜卑又分裂成多个分支。尽管如此，鲜卑已经强势崛起于北方草原。

公元 178 年，某死，他的儿子呼徵即位，这就是第二年就被张修杀了的单于。公元 179 年，东汉又立了当时的右贤王，即羌渠单于（179—188 年在位）。

公元 187 年，前中山太守张纯反叛，汉灵帝刘宏征召南匈奴协助平叛。南匈奴不愿这样无休止地为东汉做炮灰，于是，匈奴右部十余万人起兵，与屠各胡一起反叛。叛军入侵西河，杀郡守刑纪，进攻并州，杀刺史张懿，后又与匈奴左部联合，进攻单于庭，杀了南单于羌渠。

匈奴人把反汉与杀南单于等同，可见，他们是多么憎恨东汉指派的单于。羌渠单于被杀，他的儿子，此时正在参与镇压黄巾军的右贤王于扶罗自立为单于，即持至尸逐侯单于（188—195 年在位）。于扶罗就是后来西晋时刘渊的爷爷。此时的南匈奴，推举须卜骨都侯为单于。可是须卜骨都侯立了一年后就死了。南匈奴人就没有再立单于，日常事务都由年老的部族首领主持。

至于为什么不再推立单于，估计是匈奴内部异常混乱，这个单于实在选不出来了。

于扶罗无奈，只能带领本部数千人马到京师洛阳，想找东汉皇帝为他做主。此时，汉灵帝刘宏已死，即位的汉少帝刘辩只有十三岁。何太后临朝，何进主政。东汉已经天下大乱，有枪就是草头王，哪里还有说理的地方。

回不去草原的于扶罗，只得流落中原，一会儿投靠袁绍，一会儿投靠袁术，最终归顺了曹操。公元 195 年，于扶罗死，他的弟弟呼厨泉即位。呼厨泉虽号称南单于，但此时的他既回不去草原，又无法在中原安身，只好暂时栖身在河东平阳。

安置这部分匈奴的是曹操，他采用的方法是“分而治之”。

曹操自公元 196 年迎回汉献帝，就实际上总揽了朝政。公元 202 年，曹操派钟繇征伐袁尚，围攻平阳时，呼厨泉投降了曹操。

公元 216 年，呼厨泉单于到京城朝见时，被曹操扣留，另派右贤王去卑回去监国。这时候的曹操，可能只是要刻意取消单于这个名号。由于匈奴的不满，曹操又进一步将呼厨泉部众分为五部，分置在五个地方，每部确立一位南匈奴的贵人为帅，并派汉人为司马进行监督。

至此，塞内南匈奴政权实际上已经灭亡。此时，南匈奴的左贤王是刘豹，他是刘渊的父亲。然而，南匈奴的内部并不太平，由于派系和权力之争，刘豹后来被降为右贤王。

鉴于南匈奴内部的混乱和征伐，曹魏政权决定进一步采用“分而治之”的方法，以削弱匈奴的力量。邓艾就是这种策略的坚定支持者。公元 249 年左右，借着刘豹部有人叛乱之机，邓艾建议将其一分为二，给去卑的儿子虚封官职，让他带领一部分人马迁居雁门。

其中到雁门驻守的就有去卑的孙子刘武，刘武就是日后那个赫连勃勃的曾祖父。匈奴这一支就是在这一时期改姓为刘。至于改姓的原因，可能与抗拒曹魏政权“分而治之”的政策有关。但更重要的应该是，此时的匈奴汉化程度已经较深，再用匈奴的名字，确实绕口，也不好记。

邓艾分化刘豹的势力，是曹操“分而治之”政策的延续，而成功实施这个政策的过程，也正是匈奴与汉族逐渐融合的过程。

到了东汉末年，匈奴一分为三：一是北匈奴，二是南匈奴，三是河东平阳的匈奴。

公元220年，汉献帝逊位，曹丕称帝。历史进入曹魏时期之后，匈奴作为一个国家，就此灭亡。但是，这绝不等于说，匈奴作为一个民族，作为一个族群，就此荡然无存。相反，他们不仅在近百年后，又一次掀动风云，而且在当时，塞外南匈奴仍是一如既往地在侵扰中原。

这段时期，之所以我们忽略他们的侵扰，甚至有些人认为：三国时代，边境没有受到侵扰，是因为当时军事力量的强大。这多少有些罔顾了事实。

这里面最可能的原因有两个：一是缺乏史料记载。因为《后汉书》对匈奴的记载终止在这里；《三国志》中又没有匈奴传；《晋书》对这一时期的匈奴语焉不详。二是匈奴应该没有在此时大举入侵中原。

一方面，匈奴在这一时期是客观存在的；另一方面，国家动荡之时，不说国内，至少边境的百姓在承受着巨大的创伤和痛苦。

据记载：晋武帝司马炎（265—290年在位）时，塞外匈奴两万余人因水灾迁入塞内。那在更早的三国时代，怎么会没有散居塞外的匈奴？边境的民众又怎么会不受到侵扰？从蔡文姬被掳到匈奴十二年，直到公元207年被曹操重金赎回一事上也能看出，没有被赎回的又有多少人？看看蔡文姬《悲愤诗》中“马边悬男头，马后载妇女”的情景，真的是“彼苍者何辜，乃遭此厄祸”呀。

然而，这一时期的匈奴，作为一个种族，他们离开故地，分布于不同的区域，逐渐与其他民族融合却是事实。

草原上的匈奴人，由于聚居和通婚，大部分融入鲜卑；还有一部分匈奴人，逐渐和乌桓、丁零、坚昆、乌孙以及羌、氐等民族相融合。而向南迁移的匈奴，不仅散居在中国北部边境，而且也分散进入塞内居住。

尽管在早期，这样的整合过程是个别且缓慢的，但到了后来，不仅规模大，而且进展快。这里面固然有匈奴自己的意愿，但主要原因还是汉人的主动邀请。

不说呼韩邪单于时期，就是光武帝时期，随着匈奴的再次分裂，东汉的政策就已倾向于招抚匈奴入塞。到了东汉末年，因为连年的战争，中原人口锐减，不得不“招抚五胡”入塞。

这时候少数民族的南迁，为日后的“五胡十六国”奠定了基础，提供了动力，成为民族大融合的开端。

曹魏时期，统治阶级采用“分而治之”的政策，对匈奴既安抚、利用又控制、分化，结果是匈奴既融合、发展而又少反叛、侵扰。

西晋“八王之乱”

然而，不到半个世纪的时间，公元265年，曹魏亡，西晋建立。这是一个什么样的朝代呢？一个字，乱；两个字，腐败；三个字，够奢靡；四个字，四分五裂。

总之，人们把能想到的负面词汇用到这个王朝身上，大概都不为过。如果说曹魏算篡位的话，那毕竟还有曹家子弟的南征北战，毕竟还像曹操所说的“设使国家无有孤，不知当有几人称王，几人称帝”那样，虽然不太光明，但也有磊落的资本。

反观西晋，即便是后来的晋明帝司马绍（322—325年在位），当听到王导讲述从司马家族如何排除异己、威逼皇室、结党营私一直到阴谋篡位时，也禁不住吓得浑身战栗，脸贴御床，喃喃自语：“诚如相公所言，国运岂能长久？”是呀，靠如此手段怎么可以立国！

如果说，历朝历代，最起码他们的开国之君都有可圈可点之处的话，那西晋的开国之君司马炎，则应另当别论。

还是以他们的对话来说明西晋统治阶级的腐败程度吧，因为这比任何人的介绍都要生动得多。一次，晋武帝司马炎问大臣刘毅，他能和哪位汉朝的皇帝比。刘毅说是桓、灵二帝。司马炎大惊而色变，认为刘毅太过分了。但刘毅的理由却让司马炎无话可说，他说：“桓、灵卖官，钱还入官库；你卖官，钱入私门。”呵呵，如此看来，你也别生气，你还不如他们。再看这时候的石崇斗富，晋武帝司马炎不仅不禁止，而且还拿出自己私藏的珊瑚树送给舅舅王恺，让他去炫耀攀比。这株珊瑚树却被石崇用铁尺击碎，豪气地拿出一株更大更漂亮的赔偿给王恺。

如此贪婪，如此奢靡，如此挥霍，这帮人是在用自己的实际行动，来报复自己先祖那阴谋狡诈的篡位之举吗？说这话的不是别人，正是后来的晋怀帝司马炽（307—313年在位）。

后来，刘聪问司马炽：“你们家骨肉相残起来，怎么那么厉害呢？”司马炽回答：“我们家这是在‘自相驱除’，为的就是给你腾地方。”

好一个“自相驱除”，晋怀帝司马炽尽管是无奈地说出此语，但也是说清了整个事件的本质。这样的王朝，这样的帝王，还用分析他们为什么亡国吗？亡国对于他们来说，早已万事俱备，东风也迫不及待地来自四面八方。

首先是晋武帝司马炎。他即位伊始，就引来两股东风：一是恢复封建，二是确立典兵制。两者相辅相成，合为一股强劲的东风。

司马炎的初衷是接受曹魏灭亡的教训，目的是让王朝长治久安。所以，他不但封皇族二十七人为王，而且，每个王国都有自己的军队。结果就是国王不但可以割据一方，还可以入朝执政。

周虽封建，但那时民风淳朴，即便如此，周公也费了好大劲，制定了“礼乐”，用以规范社会、人伦秩序。即使如此，春秋战国不也还是乱成一锅粥了吗？秦始皇为什么废封建？汉高祖时又为什么郡县与封建并存？汉高祖到汉武帝这百年间，又被封建折腾成什么样？

这刚刚过去才多少年的事，仅仅因为司马家篡了曹魏，就把原因归结为曹家的各个亲王帮不上忙。事实上，还真的不是帮不上忙的事。

另一股东风，来自晋惠帝司马衷（290—306 年在位）的皇后贾南风。这个狡诈、霸道的女人，非常精明地利用错综复杂的皇族和士族间早已乌烟瘴气的关系，用借刀杀人的方式，夺取了最高统治权。实际上，她的行为，无疑将炸毁西晋这艘破船的导火索点燃。剩下的，就是司马家的子孙相互争斗了。

晋武帝司马炎死后一年，即公元 291 年，“八王之乱”爆发。西晋的皇位，那真是立了废，废了立，立了被杀，废了也被杀。司马家的兄弟子侄，就这样开始了窝里斗，一斗就是十六年。

此时，塞内胡人首领在西晋各个诸侯王的利诱下，率部协助作战。就连塞外的胡人部落，也在这时候纷纷以雇佣军的形式进入中原。

战争几经反复，随着成都王司马颖和河间王司马颙被杀，晋惠帝司马衷被毒死，“八王之乱”结束。司马炽即位，即晋怀帝。五年后，晋怀帝司马炽被刘聪俘获。太子司马邺（晋怀帝之侄）在长安称帝，即晋愍帝（313—317 年在位）。又三年后，晋愍帝投降刘聪，西晋亡。历史进入“五胡十六国”时期。

承继汉朝的刘渊

“五胡十六国”时期的揭幕者是匈奴，他们攻陷洛阳和长安，灭亡西晋。此时，匈奴的首领刘渊已是汉化的匈奴人。

刘渊是老单于于扶罗之孙、曹操任命的匈奴左部帅刘豹之子，自幼作为质子一直生活在洛阳宫中。他饱读诗书、文武双全，早年深受司马昭的赏识和名士们的赞扬。

“八王之乱”时，刘渊也率五部匈奴参与了混战。司马皇族的骨肉相残，使他敏锐地意识到中国再次大一统的国运，怎么也不会落到西晋的肩上。

“要做就做汉高祖和魏武帝”的刘渊，决意举兵反叛西晋。他打出的旗号也颇具政治头脑。因为冒顿单于是汉高祖的女婿，那我们作为汉高祖的外孙和汉皇帝的表兄弟；按匈奴“兄终弟及”的原则，由我们匈奴接管大汉政权，岂不是天经地义？

刘渊把汉匈这点历史拼接得颠三倒四，玩弄得面目全非。刘邦要是泉下有知，不知是哭是笑，因为他怎么也不会想到，五百年后，匈奴会成为自己合法的继承人。

尽管此时汉亡已近百年，但不管怎么样，刘渊用这样的旗号，不到两个月的时间，就招揽将士五万余人。一方面，这再次说明西晋烂得实在扶不起来；另一方面，也说明此时匈奴的汉化程度之深。

公元 304 年，刘渊迁到左国城（今山西离石区东），称汉王。他仿效刘邦，也于五年后（308 年）称帝。称帝后的刘渊，第二年迁都平阳，改元永凤。这完全是仿照汉人的做法。

随后，刘渊东征壶关，南下洛阳。这一时期，汉、胡的叛乱将领纷纷率军投降刘渊。其中就有羯族首领石勒。在大将石勒的帮助下，刘渊迅速扫清西晋在北方的武装力量。

然而，就在刘渊剑指洛阳之际，却抱病身亡。太子刘和即位。他即位之初，就在刘锐和呼延攸的挑唆下，举起屠刀，向自己的兄弟们下手了。

几场血战下来，最后胜出的是刘聪。刘聪，更是汉化了的胡人，不但在西晋京师洛阳长大，而且，他小小年纪，就成为名闻京城的书法家和汉学家。他十五岁习武，力大惊人，能拉三百斤的弓，文武双全，冠绝一时。刘聪在混乱中夺取了皇位，接着把西晋两个皇帝送上断头台，结束了他们的王朝。

公元 311 年，刘聪在洛阳俘虏晋怀帝司马炽；316 年，刘聪又在长安收降晋愍帝司马邺。此时的刘聪，虽然只占领并、雍、青、凉四州，然而，俘虏两位皇帝，攻陷两座都城，从民心和士气来说，励精图治，一鼓作气，平定北方，甚至渡江南下，也有统一中国的可能。

一方面，江北群龙无首，而刘汉又一枝独秀，扫平北方指日可待；另一方面，所谓“衣冠南渡”的北方大族初到江南，立足未稳，连晋元帝司马睿（317—323 年在位）都常常觉得寄人篱下。日后的江南，基本是君臣共治的政治格局。这就是所谓的“旧时王谢堂前燕”。

面对如此江南，刘聪就没有机会吗？然而，刘聪确实没能抓住机会，原因在他自己。

刘聪把能够代表荒淫和昏庸的所有事情几乎都做了一遍：搜罗美女、日夜淫乐；亲近小人、不理朝政；侮辱晋帝、残暴嗜杀。总之，刘聪的所作所为连那些汉化的匈奴人都看不下去了，他们甚至视刘聪为禽兽。

昔日几乎参加了所有战斗，功勋卓著的刘聪，在“暴富”之下，功业未成之际，就堕落到如此地步，真是令人费解。

饱读诗书的刘聪，可能缺乏真正底层的生活经历。看似混迹于当时的“上流社会”，但他还没有完全的归附感，上不能融入，下没有根基，孤魂野鬼一般的灵魂四处游走，无处安放。

这是刘聪的悲哀。

而对于刘渊建立的政权来说，打出承继汉室的旗号，起初并没有错，因为他说得明白：这不是民族战争，只是要反抗西晋的腐朽统治。所以，借此吸引汉族百姓的加盟未尝不可。但他的旗号存在着先天性的缺陷，一个匈奴人，七拐八绕地非要给汉朝续命，无论如何都显得有那么一点别扭。

怎么办？到了刘聪时期，必须要解决这个问题。解决这个问题的核心就是回归自己本来的身份。那无外乎两条路：要么是恢复匈奴旗号，名正言顺地去统一中国；要么就是以彻底汉化了的身份，建立自己的王朝。

其实，这两条路不仅是理论上的分析，更是以后人们的实际操作。看来，必须要走的路还是要一步步走完。摸索过程中的曲折，也是历史一定要人们付出的代价，尽管这样的代价很沉重。

分别实践这两条路的人主要是刘曜、赫连勃勃与杨坚。

而此时的刘聪，完全配不上去承担这样的历史重任。他的倒行逆施，不但使羯族首领石勒拥兵自重，连他的部下也纷纷逃离。更有三万多人马，直接过江，投降了东晋。

公元 318 年，刘聪在风雨飘摇中死去。太子刘粲即位。刘粲更是昏庸和荒淫。外戚靳准反叛，刘粲被杀。石勒与刘曜都以讨伐靳准的名义，进军平阳。

所谓讨伐靳准，最后变成石勒与刘曜之间的相互攻伐。结果，刘汉被一分为二，石勒建立后赵。刘曜在当时的太保呼延宴与太傅朱纪的建议下称帝。公元 318 年，刘曜改元光初，改国号为赵，史称前赵。

刘曜为刘渊的族子，刘聪的堂兄弟，年少时被刘渊收养，曾居住在洛阳，也深受汉文化的熏陶和影响。但刘曜有着比刘渊、刘聪更强烈的匈奴民族意识，他不仅下令改国号为赵，还公开承认自己是匈奴的后裔。

刘曜打出了匈奴的旗号，开始了属于他的实践。这样的做法，也是匈奴在走向完全汉化过程中必然会出现的波折。

刘曜这条路走得通吗？走不通。抛开文明传承和当时复杂的社会关系等因素不说，仅就日益汉化的现实与匈奴身份的割裂这一点，匈奴人就失去了完全的归属感。

对这些问题的模棱两可，势必导致行为的朝秦暮楚，这对于当时环境下的一个政权来说是非常致命的。不但刘曜没有解决这个问题，就算日后的赫连勃勃及沮渠蒙逊也没有解决这个问题。

即位十年后的公元 328 年，刘曜与石勒在洛水以西进行决战。刘曜战败被杀。尽管刘曜英勇善战，但属于他的时代已经过去。

公元 329 年，刘曜的儿子刘熙、刘胤也被石勒部击败杀死，前赵灭亡。从刘渊称王到刘曜被杀，汉化匈奴人的这个政权只存在了短短的二十七年。

打出夏后裔旗号的赫连勃勃

半个世纪后，一个叫赫连勃勃的匈奴人又卷土重来，并高举起复兴匈奴的大旗。赫连勃勃的曾祖父是刘武，刘武是当年曹操扣押呼厨泉单于之后，任命回去监国的右贤王去卑的孙子。

刘武本姓为铁弗。他姓铁弗，是因为他的母亲是鲜卑人。所以，赫连勃勃又兼有鲜卑的血统。到赫连勃勃这一代，改姓为赫连，是因为赫连有天的意思，以天为姓，就是自比为天子。可见赫连勃勃的野心不小。

赫连勃勃建国为夏，占据了今天的陕西、甘肃及内蒙古等部分地区。他称其国为夏，就是根据“匈奴，夏后氏之苗裔也”这句话而来。可见，赫连勃勃有重振匈奴之心，并寻根到“夏后裔”这条线上。

这也没有错，本来他们就是世代混居。从国号上看，赫连勃勃深受汉文化的影响。不过，他的过渡还是稍显生硬。毕竟，他还是以少数民族的身份，去继承中华民族祖先的政治文化传统。说白了，他其实还是有点把自己当外人。

当然，汉化是一个渐进的过程。赫连勃勃就是这个过程中作出重要贡献的人。

淝水之战后，前秦为后秦所灭。公元 391 年，赫连勃勃投奔后秦姚兴部高平公麾下，被任命为安北将军。此时，中国北方地区各少数民族再次纷纷割据称雄。

公元 407 年，赫连勃勃反叛后秦，自称天王、大单于，袭杀高平公，兼并其军队和地盘。随后，他征伐鲜卑族所建的南凉，并吞鲜卑部落，又率军攻打后秦姚兴。

公元 413 年，赫连勃勃修筑统万城，建国大夏。称帝后的赫连勃勃，却没有表现出开国之君应有的霸气，没有想着去开疆拓土，反而只想着如何能够安守一隅。这期间，除了公元 417 年，派军攻占长安；公元 419 年，派叱奴侯率军两万攻打过东晋的毛德祖外，大夏很少有大规模的军事行动。

在当时天下大乱，尤其是北朝的魏、南朝的宋都是劲敌的情况下，赫连勃勃却还想着避乱偷安，真是异想天开。

这一时期的赫连勃勃，似乎嗜杀成性。不知道他心里到底住着怎样的魔鬼。一般而言，杀戮是恐惧的主要表现形式，尤其是对弱者的杀戮。这样看，赫连勃勃不敢对外开战，反倒喜怒无常地杀自己人，极可能就是他的恐惧所致。

公元 424 年，大夏内乱。太子赫连璝率军杀了赫连伦，赫连昌又杀了赫连璝。赫连勃勃倒很高兴地将太子位给了赫连昌。也是，恐惧胆怯的人总是莫名地喜欢那些善于杀戮的人。

一年后，赫连勃勃死，赫连昌即位。公元 428 年，北魏皇帝拓跋焘亲征大夏，赫连昌战败被俘，不久被杀，其弟赫连定即位。公元 431 年，赫连定被北魏所俘，大夏亡。

从公元 407 年到公元 431 年，大夏立国二十五年。这个短命的小国，有着先天不足的因素，再加上他们实在不争气，在那样的乱世之下，昙花一现也就不奇怪了。

沮渠蒙逊建立北凉

除了这两支汉化的南匈奴后裔之外，又一位汉化匈奴人沮渠蒙逊，在这一时期，趁着中原大乱，在甘肃张掖建立北凉政权。这是最后一个汉化匈奴族人的王朝，也是最后一个被北魏灭亡的少数民族政权。

沮渠蒙逊，临松卢水（今甘肃张掖）的胡人。先祖为匈奴左沮渠，后辈就以沮渠为姓氏。这里的沮渠可能就是以前且渠的同音。沮渠蒙逊的先祖能够追溯到左大且渠都隆奇。

沮渠蒙逊也是久居中原，“博涉群史，颇晓天文”，汉化程度虽然比不上刘渊，但似乎比赫连勃勃更深。

沮渠蒙逊虽没有否认自己是匈奴后裔，但表现出来的民族意识并没有像赫连勃勃那样浓厚。所以，他既没有承继汉，也没有接续匈奴。随着形势的发展，时间的推移，他走在接近正确的路上。

沮渠蒙逊本来和他的匈奴部族归附于氐族人吕光建立的后凉国。公元 397 年，因叔伯沮渠麴粥和沮渠罗仇两人被吕光所杀，所以举兵反叛。

沮渠蒙逊的先祖，曾在王莽和光武帝时期，随窦融一起保卫过河西。他以此为号召力，十日之内，聚众万余人。公元 401 年，沮渠蒙逊诛杀和他政见不合的堂兄沮渠男成，并嫁祸给凉州牧段业，并以此为借口，举兵攻灭段业。他接替段业任凉州牧、张掖公，改元永安。

公元 403 年，沮渠蒙逊联合南凉国王秃发傉檀、后秦皇帝姚兴，合力攻灭后凉。

公元 412 年，沮渠蒙逊迁都姑臧，自称河西王。

公元 421 年，攻灭西凉。后沮渠蒙逊又称臣于北魏，受封凉王，史称北凉。

应该说，战场上的沮渠蒙逊勇武而有智慧；外交上，他也能做到刚柔并济。但面对鲜卑的强势崛起，沮渠蒙逊显然老了。

公元 433 年，六十六岁的沮渠蒙逊死，他的儿子沮渠牧犍即位。公元 439 年，北魏拓跋焘率军攻打北凉，沮渠牧犍投降。

自沮渠蒙逊于公元 401 年自称凉州牧，到公元 439 年沮渠牧犍投降，立国三十九年的北凉亡。也就在这一年，随着北魏统一北方，标志着历史上的“五胡十六国”时代的结束。

“五胡十六国”是一个乱成了一锅粥的年代。这个时期起于西晋惠帝，止于南朝刘宋，历时一百三十六年。

这一时期政权的建立者多为少数民族，包括鲜卑、匈奴、羌、羯、氐，合称“五胡”；建立的国家更是多达二十个，有的先后兴替，有的同时并存，简称“十六国”。这“十六国”基本上都在中国北方。

当时划江而治、一分为二的中国，在北方，北魏终结了“十六国”；在南方，刘宋取代了东晋。南北对峙的局面再次形成，历史进入了南北朝时期。

民族大融合

南朝的宋、齐、梁、陈，走马灯一样地一个政权替代另一个政权；北朝却像细胞分裂一样，先分裂成东、西两魏，再由北齐和北周分别替代东魏和西魏，最后是北周灭北齐，北方再次实现统一。

隋取代北周后，南下灭陈，公元 589 年，中国再次统一。

隋朝的开国之君杨坚，是鲜卑化了的汉人，他出身关中高门弘农杨氏，曾追随宇文泰，爵封随国公，赐鲜卑姓普六茹，鲜卑名那罗延（意思是金刚不坏）。

不过，这位普六茹·那罗延晋升为隋王后，就改回了他的汉族名字杨坚，以名正言顺的身份接受了“禅让”，统一了全国。

从杨坚这里可以看出：当时不仅少数民族在汉化，就是汉族人也在少数民族化。这是一个空前的各民族大融合的时代。

当然，率先汉化的是匈奴。自东汉光武帝时期起，匈奴就开始持续南迁，并进入塞内，不但携手东汉帝国共同戍边，而且到了东汉末年，他们还进入中原，协助镇压黄巾军。到了西晋，匈奴更是广泛参与军阀混战。至于建立后赵的羯，建立前秦的氐，建立后秦的羌，对汉文化的热情一点也不亚于匈奴。

像前秦皇帝苻坚甚至堪称汉学家，他一月而三临太学，一句“周公和孔子的传统总算不会在朕这里中断”，让人怎么能够分辨得出他到底是氐人还是汉人？

而鲜卑，汉化的力度更大。这个昔日被冒顿单于灭国的东胡，靠着顽强坚韧的强大生命力，又逐渐崛起于大兴安岭的深山老林。他们走出密林，接管了匈奴人的大漠故地。半个多世纪后，他们部落联盟的大酋长被西晋封为代公、代王。

苻坚灭代，鲜卑经历了短暂的沉寂后，由拓跋珪建立魏国，史称北魏。公元 398 年，北魏迁都平城，向中原文明逐渐靠近。公元 489 年，孝文帝拓跋宏力排众议，连哄带骗地迁都洛阳。这是一个重大的转折点，标志着鲜卑拓跋部的主动汉化。这种自励自发的主动性，带来的是全盘汉化，如说汉话、穿汉服、用汉物、定姓族等强制措施。随着聚居和通婚，民族大融合终于完成。

一个崭新的文明正喷薄欲出。四百年的分裂动荡之后，代表中华文明根基的隋朝，浴火重生出了一个多民族的统一帝国，其中包括匈奴、羯、羌、氐和鲜卑等各个民族。

至此，匈奴作为一个民族在中华大地上已不复存在。几乎就在同时，北匈奴中西迁的那部分匈奴人却在西方续写着属于他们的传奇。曾经一度辉煌到震惊世界的那些匈奴人，又是怎样消失在历史的洪流之中的呢？

第七章
西迁：欧洲再掀风云

中华和罗马两大帝国的第一次接触

公元前 753 年，罗马开始建城；公元前 770 年，周平王东迁洛阳。

中华和罗马两大帝国，两大文明的第一次试探性接触，是在公元 97 年。首先抛出橄榄枝的是东汉定远侯班超，他派甘英率团出使罗马。罗马，那时候的中国人称它为海西国，也叫黎荐，官方称它为“大秦”。

不过，这一次两大帝国却擦肩而过、失之交臂。

当甘英走到今天的伊朗境内时，就被当地人劝阻在波斯湾海岸，理由充分得让甘英一行望而却步：他们说要通过地中海至少要备足三年的粮草，而且在海上飘荡，不但会想家，更会死人。

这样的说法，显然是夸大其词，目的很可能只是怕东汉官方抢了他们的生意。没错，这里的生意，指的是商业贸易。

早在汉武帝时期，张骞三次出使西域，卫青、霍去病打通河西走廊。从那时起，汉帝国就知道罗马的存在。彼时，中国的丝绸早已传到了罗马，并在罗马元老院议员和上流贵妇中风靡一时。

这要归功于“丝绸之路”。汉武帝出于战略目的而打通的一条军事要道，也被商队不断拓展而一路驼铃传响，这是民心所向、大势所趋。

有了这条“丝绸之路”，可以由长安经河西走廊到达现在的新疆。要走南道，就沿昆仑山北麓；若走北道，就沿天山南麓，最后过葱岭（今帕米尔高原），通向罗马。

直到甘英尝试和罗马沟通近百年后，公元166年，才有来自罗马的所谓“使团”，但很可能只是商队的一群人带着象牙、龟甲和犀牛角等“土特产”来到洛阳。

此时，南匈奴正在逐渐入居塞内，而北匈奴却在西迁的漫漫征途之中。两个多世纪后，匈奴人将在欧、亚、非广袤的大地上，挥动起他们的“上帝之鞭”。

西迁的匈奴人，将彻底改变欧洲乃至世界的格局和走向。他们将要驱赶的主要是日耳曼蛮族，他们将要入侵的重点是罗马帝国。

“日耳曼”和“胡”一样都是统称，也是蔑称。就像中国的匈奴和鲜卑不会叫自己是胡人那样，没有哪一个民族会称呼自己为日耳曼人。

但事实上，日耳曼这样的称谓，早在恺撒时代就有了。它实际上包括很多族群，像汪达尔人、西哥特人、东哥特人、勃艮第人、法兰克人、朱特人、伦巴德人、盎格鲁人等。

但匈奴人却令日耳曼人闻风丧胆，更令罗马人谈之色变。正如他们记载的那样：“一个至今为止，不为人知的种族，从遥远世界的角落冒出来，像一阵从高山中骤降的暴风雪，将一切挡在他们面前的物体连根拔起、毁灭殆尽。”

在日耳曼人心中，匈奴人就是两只脚的野兽，是巫婆和魔鬼的后代，具有超人的力量，是根本无法与之抗衡的。这样的判断和说辞，固然是在妖魔化匈奴人，目的只是安慰他们那恐惧的心灵，给其孱弱的战斗力找一块遮羞布罢了。

但有一点，日耳曼人说的没错，就是他们根本不清楚这帮匈奴人到底从哪里来？在什么时候，又是怎么来的？

关于这个问题，可以肯定的是：这些匈奴人离开大漠故地，在长达几个世纪的岁月里，辗转游走在乌孙、康居、奄蔡、大月氏以及大宛、安息、条支、大夏等地。他们在广袤无垠的中亚大草原上完成集结之后，才越过了伏尔加河。

而西迁入欧的匈奴，可以说构成复杂，过程缓慢。构成复杂是因为在各个不同的历史时期，都有匈奴在西迁。因为构成复杂，所以，他们因目的不同、规模所限，才导致部族融合发展的过程十分缓慢。但就是在这样一次又一次的迁徙、融合和征战的过程中，匈奴人才凝聚起了锐不可当的力量。

匈奴西迁的三个阶段

匈奴的西迁，大致经历了三个阶段，分别对应三个不同的时期。第一阶段是匈奴与西汉争夺西域的时期；第二阶段是匈奴建立悦般国时期；第三阶段是匈奴入据奄蔡时期。

先来看在第一阶段匈奴的西迁情况。

头曼单于时期的匈奴，因东有东胡，西有月氏，南有强秦，部族西迁的可行性很小。

冒顿单于和老上单于时期，灭月氏、东胡，定楼兰、乌孙、呼揭等二十六国。随着匈奴的势力逐渐扩张到西域，因为管理、征税和战争的需要，一部分匈奴人移居西域。

从这时候起，开始出现逐渐西迁的匈奴人。这应该说是匈奴人主动的西迁。

到汉武帝时期，西汉用军事和外交两种手段与匈奴争夺西域。匈奴屡受打击之下，逐渐加快向西迁徙的步伐。这是匈奴人被迫的西迁。

到了儿单于时期，由于天灾、人祸和战争等原因，匈奴不得不向西北迁徙。这时候的西迁，匈奴人到达的地方已经接近羌、氐等部落。

此时，重心西移的匈奴，留出东部的大片空间，这间接促使匈奴以东的乌桓、鲜卑部慢慢强盛起来。而他们又反过来直接威胁着后来分裂成南、北两匈奴的北匈奴的生存。

此时，北匈奴的郅支单于不得不再向西北迁徙。他们征伐乌孙、攻败丁零、呼揭、坚昆，最初以坚昆为王庭，最后到了中亚的康居。北匈奴在那里建了郅支城。

康居在今哈萨克斯坦巴尔喀什湖和咸海之间，它的南边就是大月氏。大月氏可能在今天阿富汗的北部。康居的东南是大宛。大宛在今天的费尔干纳盆地。康居的西北是乌孙。乌孙在今天吉尔吉斯斯坦伊塞克湖东南。

从地理位置上看，匈奴第一阶段的西迁，已经靠近或进入了中亚。刚开始，这种迁徙是零星的，即便到了后期，规模也不会太大。

但随着郅支单于被陈汤打败并杀死，之后匈奴的西迁进入第二个阶段。这个阶段分为三个时期。

在这一阶段的前期，郅支单于被杀。然而，陈汤并没有屠杀匈奴残部，这时一定有大量的匈奴人散居于中亚各处。他们为了寻找生存空间，又进一步向西北迁徙。

这一阶段的中期，公元 91 年。北匈奴被东汉窦宪、耿夔彻底击溃，大部分北匈奴人逃到乌孙以西，建立了悦般国。这是规模较大的一次西迁。

这一阶段的后期，是在鲜卑檀石槐时期。檀石槐不但全部占据了匈奴故地，而且出兵西域，势力扩张到乌孙以西。这是北匈奴从大漠草原的最后一次西迁。除了西迁的匈奴人外，留居的北匈奴在这个时期全部融入了鲜卑。从此，大漠草原再无匈奴部族的存在。

这一阶段的匈奴人，在不同的三个时期，主要分三批向西北迁徙。他们最终可能都会合在悦般国。这是匈奴西迁过程中的一个重要历史时期。

日后来看，西迁的匈奴人，大部分居留在中亚的北部，也就是锡尔河以北。所以，我们能够得知，自冒顿单于之后至东汉末年这三百多年间，匈奴人向中亚迁徙的路线应该是：经过乌孙本土或绕过乌孙之北再到乌孙以西。从这里再向西北走，就到了奄蔡。这是匈奴西迁的第三个阶段。

奄蔡，在咸海和里海的北部草原，这里水草丰茂，适宜游牧。东汉时，奄蔡曾经役属于康居。匈奴建立的悦般国也在这一带。

奄蔡因包括阿兰人的居住区，后改名阿兰聊国，也称阿兰。阿兰人属于伊朗人种，他们习惯居住在四轮或六轮的大篷车里。

阿兰本来拥有十多万军队，国力不弱，但面对从悦般逐渐西迁到这里的匈奴人，却逐渐落于下风，因为他们以战车为主的作战方式，实在对付不了灵活机动、来去如风的匈奴骑兵。

大约在 4 世纪上半叶，迁至中亚西部的匈奴人打败阿兰人，杀死他们的国王，改国名为粟特。入据粟特期间，匈奴人不但纳降了部分阿兰人，而且在匈奴西迁的途中，其他游牧部落也不断地加入其中。

匈奴在这一时期得到休养生息，强势发展。至此，那个不知从什么角落突然就冒出来的匈奴，已经再次羽翼丰满。

匈奴，又一次准备西侵。当时是什么样的环境？他们的兵锋又将首先指向何方？

匈奴人驱赶日耳曼部族

罗马帝国的版图一度横跨欧、亚、非三大洲：它东起幼发拉底河，南至北非，西迄不列颠岛，北越多瑙河，可谓盛极一时。

就像大汉帝国周围环伺胡族部落一样，罗马帝国周边也多有日耳曼人，他们在不断地侵扰罗马。

于粟特已历三世的匈奴，在他们的国王忽倪的带领下，就像西汉初年的冒顿单于一样，开始了他的征伐。

冒顿单于在阴山草原崛起后，首先对付的就是强大的月氏和东胡；而后降服了富饶的西域诸国；再转头侵扰大汉帝国。

同样地，忽倪和他的后辈们在南俄罗斯草原上强盛之后，先收拾了强大的东哥特；再征伐西哥特；后进军顿河以西及多瑙河地区，横扫这里的日耳曼人；最后不断地侵扰罗马。

忽倪时期，是匈奴人逼得日耳曼人狼奔豕突的时期。在这里，举两个例子：一个是汪达尔人，另一个是哥特人。

最初，汪达尔人从波罗的海一带迁徙而来，后入侵潘诺尼亚（今匈牙利境内）。在公元270—275年间，汪达尔人曾发动了对罗马的马科曼奈尼战争。

这是在匈奴之前，汪达尔人就开始不断侵扰罗马帝国的标志。

汪达尔人原居于哥特人之西，因受到匈奴人的威胁而西迁时，他们中的一部分人跑到高卢（今法国境内），再到西班牙以至北非，后占据迦太基（今突尼斯境内）。公元455年，匈奴首领阿提拉死后，他们又杀回欧洲，洗劫了罗马。

哥特人，可能最早居住在波罗的海沿岸，后向东南迁移，到达里海附近。直到此时，他们抵达了黑海与亚速海以北。在这里，他们又分为两部：德涅斯特河以西的称西哥特人；东边的，称东哥特人。

日后，西哥特人在匈奴的驱赶下，不得不向西发展，一部分人迁徙到高卢与西班牙；东哥特人则被匈奴征服，居留在意大利，长期为匈奴人服务。

哥特人在被匈奴征伐之前，也是不断地侵扰罗马帝国，同样是打了和，和好了再打的老套路。像3世纪初，哥特人就与罗马人结盟，由罗马帝国出钱，哥特出力，帮着罗马抵抗萨马提亚人的侵扰。

公元244年，罗马帝国不愿出钱了，哥特人就渡过多瑙河，西侵罗马的摩西亚与色雷斯等地。

公元250年，哥特人渡过黑海，侵扰小亚细亚西岸（今土耳其境内）；公元267年，渡过爱琴海，抢掠雅典；罗马皇帝君士坦丁在位期间，双方更是战争不断。

匈奴征服东哥特

公元350年，东哥特在新国王赫尔曼纳里克的带领下，统一了东哥特各部。他们征服了其他日耳曼部族，统治区域南起多瑙河，北抵波罗的海，东起顿河，西至泰斯河。

相对于西哥特的许多散居部落，东哥特可谓强盛一时。此时的格局：匈奴、东哥特、西哥特与罗马，像极了当初草原上的匈奴、东胡、月氏与大汉，都是三足鼎立之后，共同面对一个强大的帝国。

当年的阴山草原，首先出手的是匈奴，他们最先解决的是最强者东胡。今天的匈奴，同样把目标锁定了最强者东哥特。

匈奴在忽倪的带领下，于公元 375 年，大举进攻东哥特。东哥特国王赫尔曼纳里克，虽开疆拓土，但也因残暴而不得民心。

随着东哥特兵败，国王赫尔曼纳里克被杀，东哥特人一部分逃到西哥特，另一部分归降了匈奴。

但此时的东哥特在匈奴的许可下，可以自己选出国王来管理他们的内部事务。一直到数十年后，匈奴人才开始直接管理东哥特。

匈奴逼走西哥特人

此时，匈奴的势力直抵德涅斯特河，与西哥特相接。此时，西哥特有三位“裁判官”。裁判官就是他们国家的首领。

当时，西哥特的三位“裁判官”矛盾不断，冲突频繁。但面对来到家门口、武装到牙齿的匈奴，他们还是暂时团结了起来，率领全国的军队，驻守德涅斯特河西岸，一致防御匈奴。

但就这样提心吊胆地左等右等，就是不见匈奴渡河。说好的进攻呢？忘了还是怕了？都不是。而是匈奴变狡猾了，运用了兵法。匈奴留下少数人在河对岸虚张声势，吸引西哥特大军的注意力，主力却已经在德涅斯特河的上游偷渡成功，再绕道直插西哥特人身后。

这样的仗还怎么打？西哥特溃不成军，少部分人逃入密林深处；大部分人来到多瑙河边，要求进入罗马境内寻求保护。他们表示会遵守罗马法律，保卫罗马边境，利用罗马边境的荒地从事耕种。

当时的罗马皇帝瓦伦斯（364—378 年在位）认为：你们既不添乱，又能自食其力，更重要的是能帮助防御匈奴。再加上他可能也同情西哥特人的遭遇，就答应让他们进入帝国境内。

但进入罗马帝国要首先满足两个条件：一是在渡河前要交出武器；二是西哥特人的儿童要送到小亚细亚接受教育。交出武器是防止西哥特人趁势作乱；变相地扣押儿童为人质是防止日后西哥特人反叛。

看似把事情做得滴水不漏的皇帝瓦伦斯，可能不会想到他的帝国已经腐败到不可收拾。进入罗马国境的西哥特人，仅士兵就达二十多万，连同家属及群众，估计人数在百万以上。面对历史上少见的这次种族大迁徙，不说罗马人没有做好准备而疏于协调和管理，单就他们人为的腐败就令西哥特人无法忍受。

派来管理的罗马官员，不但对西哥特人横加勒索、中饱私囊，而且百般羞辱、任意屠戮。西哥特人在罗马帝国过着牛马不如的生活，以至于到最后卖儿鬻女仍难以生存。

不堪压迫和羞辱的西哥特人，最终掀起了大暴动。

起因是罗马官员与西哥特“裁判官”在一次宴会上，突然听到外面一位西哥特人高喊：宁愿死在战场，不愿长期挨饿。这是压抑已久的声音，也是西哥特人的心声，更是压死骆驼的最后一根稻草。

伴随着这样的声音和意志，西哥特人像闪电划过山顶一般，立即对罗马人发动了进攻。西哥特人咆哮着迅速扫荡了色雷斯（今保加利亚一带）。双方进行了多次战斗，罗马帝国军力损失极大。

这时，各个日耳曼部族纷纷加入西哥特人的阵营。西哥特声威更加壮大。罗马帝国皇帝瓦伦斯不得不亲自率军，前来镇压西哥特人的暴乱。

公元 378 年，双方在阿德里亚堡展开决战。此战，西哥特的重装骑兵将罗马的重装步兵砍成碎块，一万多名罗马士兵战死沙场，皇帝瓦伦斯也被杀。

匈奴入欧，间接加速罗马衰落

到了罗马皇帝瓦伦提尼安一世时期（364—375年在位），他感到罗马帝国疆域广大，就让他的弟弟瓦伦斯统治罗马帝国东部。兄弟二人共同管理罗马帝国。

瓦伦斯死后，继承人狄奥多西一世（379—395年在位）在位末年，西罗马没有皇帝，他又统治了整个罗马。就在他死前，他又将整个帝国再次分开。公元395年，他的长子阿尔卡狄乌斯统治东罗马，首都在土耳其的君士坦丁堡（今伊斯坦布尔）；他的次子霍诺里乌统治西罗马，首都在意大利的米兰。

东罗马帝国又叫拜占庭帝国。这是17世纪西欧的历史学家为了区分古代罗马帝国和中世纪的罗马帝国而引入的称呼。

由于西哥特人的叛乱打击，日后周边的日耳曼人也不断侵扰罗马帝国。帝国分成东、西两罗马后，彼此争权夺利之下又内乱不断。此时，帝国又恰逢天灾、瘟疫。所有这些，致使这一时期的罗马帝国人口锐减、工商凋敝。这个历时数百年，统治欧亚非部分地区的大帝国开始逐步走向衰亡。

在狄奥多西一世时期，罗马帝国与西哥特达成友好协定：罗马帝国把多瑙河南岸的土地划分给西哥特人，承认他们在这块土地上半独立的地位；西哥特人则承诺在自己首领的带领下为罗马而战。

此时的匈奴，不仅控制了从乌拉尔山到喀尔巴阡山之间的辽阔草原，而且，他们在不久之后，又通过喀尔巴阡山山口进入匈牙利，征服了周边的日耳曼部落。匈奴在那里建立了自己的国家。

这是匈奴入欧的最后一站，也是他们在欧洲的大本营。

大量匈奴人进入罗马帝国的时间应该在公元400年之前。因为公元400年，匈奴首领乌尔丁已打败罗马帝国的将军干纳斯，并在多瑙河下游（今罗马尼亚境内）杀了干纳斯。

这件事情的起因是一场宫廷内乱，其复杂和混乱程度比汉朝的宫廷大戏还要热闹。

具体情况是这样的：东、西罗马的皇帝是两个亲兄弟，却也是一对窝囊废，把持朝政的分别是一个哥特人，一个汪达尔人。这两个日耳曼人平时就相互仇视。这次又借助伊利里库姆的归属问题，双方矛盾激化。趁着匈奴入侵罗马帝国边境的机会，西罗马帝国的这个汪达尔人率军进入东罗马帝国。东罗马帝国的实际执政者，这位哥特人当然不愿意。

百般排挤之下，这位率军进入东罗马帝国的汪达尔人心生一计：表面上，他自己返回了西罗马帝国，却把带来的军队留了下来。而且，他把军队交给他手下的一个哥特人统领。

当这位哥特人率领西罗马帝国的军队来到君士坦丁堡（今伊斯坦布尔）时，东罗马帝国的这位哥特人见是自己的同胞率军前来，就放松了警惕，率众出城劳军。

岂不知正中对方的诡计。东罗马帝国的实际执政者，这个哥特人，被他的同胞砍掉了脑袋。这位杀了东罗马帝国实际执政者的哥特人名叫干纳斯。干纳斯领兵进城，顺理成章地成了东罗马帝国的实际控制人。

由于信仰的教派不同，干纳斯并不受东罗马帝国民众的欢迎。而且，干纳斯又与东罗马帝国皇后不和。从民间到皇室，双方的矛盾越积越多，仇恨越来越大。一场动乱，在所难免。

东罗马帝国的公民群起杀死干纳斯带来的士兵。干纳斯仓皇出逃，在多瑙河下游，他找到了匈奴人。干纳斯希望匈奴人能帮他杀回君士坦丁堡。

这样的事匈奴人不是没有做过。当年西哥特与罗马帝国在阿德里亚堡大战时，匈奴就曾帮着西哥特攻击罗马军队。此时，他们的关系真是让人看不懂。什么叫没有永远的朋友，只有永恒的利益。这句话用在这里再合适不过。

前文中，两汉时的投降和依附，多少都有点无奈和羞愧，甚至是愤懑和怨恨，也能让人理解。但此时的背叛和联合，似乎在转脸之间，动起手来没有丝毫的顾忌，需要权衡的也只是利益的大小。而且，大家关注的还只是眼前的利益，至于以后，那就到时再说。

像此时的干纳斯就是这样。他只是走投无路时，给匈奴许诺个利益，等待的则是匈奴权衡这个利益之后的“宣判”。

不管怎么说，干纳斯的“判决”马上下来了：因为他许诺的利益不够，匈奴决定不帮他这个忙。

这个账其实很好算：干纳斯就算回去，也不可能再代表东罗马帝国了，要是他还能代表，那意味着匈奴中任何一个将军都能代表。既然如此，匈奴为什么要为了干纳斯这个废物而得罪东罗马帝国呢？相反，他们会用干纳斯去讨好东罗马帝国，换取比和干纳斯合作更大的利益。

结果是干纳斯的头被匈奴砍了下来，就像不久前他眼都不眨地杀了他的那位同胞一样。匈奴把干纳斯的头献给了东罗马皇帝。

这一时期，各个国家，各个部族之间的分分合合就容易理解了。就像此时，匈奴不仅向东罗马帝国表示友好，而且还与西罗马帝国结盟。

这样做的原因，只可能是匈奴的力量还不够强大。或者，他们还没有做好侵扰罗马帝国这个庞然大物的准备。所以，在东哥特人侵略罗马帝国时，反而是匈奴人替帝国解的围。

其实，这件事情的起因还是匈奴。匈奴对欧洲的影响分直接影响和间接影响：直接影响当然是自己兴兵入侵；间接影响就是匈奴攻击日耳曼各部，驱赶着后者不得不去入侵罗马。

东哥特在被匈奴征服之后，数十年过去，一个叫拉达盖斯的东哥特人又自立为王。他拥有一万二千个贵族战士组成的先锋队，二十万人以上的军队。加上妇女、儿童和奴隶，拉达盖斯统领的民众也达到四十万人以上。

因受到匈奴的驱赶，东哥特人渡过多瑙河后，停留在匈牙利的东部。乌尔丁又率军攻击，他们再次西逃，经阿普尔山东部侵入意大利。虽然拉达盖斯被匈奴赶得不断西窜，但经过波河与亚平宁山的这一路上，却从未遇到过抵抗。如此反差，使拉达盖斯这个“丧家之犬”忍不住口吐狂言，他叫嚣着要焚烧罗马城，杀死元老院的议员用来祭神。

在这样的背景下，按照匈奴与罗马帝国的盟约，乌尔丁率领匈奴骑兵在佛罗伦萨附近打败并杀死了拉达盖斯。当然，匈奴的这次出兵，自然是大肆抢掠，满载而归。

拉达盖斯的西迁，不是一个孤立的事件，它引起了一系列连锁反应。因为他们的到来，数十年前被匈奴攻击而逃到这里定居的汪达尔人、阿兰人等，又不得不再次西逃至高卢和西班牙。

这说明，匈奴虽兵锋未到，但已经间接影响到高卢和西班牙等地。匈奴在乌尔丁时期，不断地侵扰东罗马帝国。他曾经对色雷斯省长说过：“凡太阳所照的地方，只要我愿意，都可以征服。”

这至少说明，乌尔丁此时已经统治了多瑙河以外的所有蛮人。公元408年，乌尔丁侵掠东罗马帝国边地。这次虽然满载而归，但归途中遭到罗马军队的袭击，损失惨重，就连乌尔丁也差点被杀。

传说的原因是，乌尔丁拒绝了东罗马帝国提出的优厚求和条件，激起了东罗马人少见的血性而同仇敌忾。不管原因如何，结果是此战之后，乌尔丁再也没有兴兵侵扰过东罗马帝国。

欧洲的匈奴帝国

数年后，匈奴又出现了两位领袖，他们是兄弟俩，哥哥叫俄塔，弟弟叫卢阿。不太清楚他们与乌尔丁的具体血缘关系（可能为父子），主要原因是缺乏历史记载。但这也不能完全归结为这里没有司马迁、班固、范晔和陈寿等人才，因为这时候的匈奴，客观上说确实组织松散、来源繁杂。

还没有来得及搞清他们现在的情况，又有不知道来自哪里的匈奴人接二连三地涌到了这里，再加上杂居与通婚，匈奴人早就开始了欧化。

但有一点可以肯定，能够成为这一时期匈奴的领袖，一定既有身份又有才干。俄塔就是这样的人，他是最先侵入欧洲中部和西部的匈奴人首领，无疑是这个匈奴王朝的建立者。

这一时期的标志事件就是俄塔率领军队征伐莱茵河边的勃艮第人。在那次战斗中，匈奴初期进展得非常顺利。大胜之下，匈奴遭到勃艮第人的疯狂反扑。俄塔战败被杀。他的王位传给了弟弟卢阿。

卢阿即位后，不断兴兵侵扰东罗马帝国，分别于公元422年和公元426年，两次率军侵略色雷斯和马其顿。东罗马帝国疲于应付之下，被迫向匈奴求和。

这和西汉初年的情况一样。不过，西汉用的是“和亲”的名义，给匈奴送钱送物。东罗马帝国则是用签约的形式详细规定钱、物的数量和其他各项明细。

形式不同，本质一样。正因为本质一样，所以形式只是流于形式。欲壑难平的匈奴，当年他们的先祖不断地要求“和亲”，以此来讹诈汉朝的赏赐和陪嫁；现在的匈奴，却总能找出理由来不断地修改条约，他们层层加码，无非是为了多吃多占。

公元431年，东罗马帝国皇帝狄奥多西二世（408—450年在位）与卢阿一本正经地签订了和约。和约规定：东罗马帝国每年给卢阿缴纳黄金三百五十磅，并允许匈奴人进入几个指定的地方进行互市贸易。

但是写在羊皮上的和约，墨迹还没有干透，卢阿就要修改和约了。

第二年，即公元432年，卢阿为修改和约找到了理由。其实这样的理由俯拾即是，理由的多少只是由你实力的大小来决定。

卢阿的理由是不能容忍有匈奴人逃往东罗马帝国，更不能容忍匈奴部族有谁越过他，而与东罗马帝国单独签约。

你说你管不住自己的人，相反，还迁怒于东罗马，真是霸道至极。但就在卢阿找到理由，准备修改和约的时候，他却死了，由他的两个侄子接替王位，共同执政。这就是哥哥布雷拉、弟弟阿提拉。

这兄弟二人，不仅年轻有为，而且非常团结，共同在位十余年，没有任何证据说明他们闹过分裂。就算布雷拉死后，阿提拉既没有杀他的妻子，也没有按匈奴的习俗娶她为妻。相反，在匈奴会见各国使节时，她还常常参与接待。这在匈奴的历史上，也是不多见的事情。

公元435年，布雷拉和阿提拉就修改和约一事与东罗马帝国的使者进行了谈判。说是谈判，实际上就是通牒。在今天南斯拉夫的马盖斯附近的草原上，双方干脆利落地完成了这次会谈。

据说在会见时，布雷拉和阿提拉拒绝下马，所以东罗马帝国的使者也只好骑在马上会谈。

在马上会见的方式，虽然匈奴人已习以为常，但这种方式对于东罗马帝国使团来说却极具压迫感。不知是不是匈奴故意为之。总之，他们坐在马上很快就宣读完了修改后的条约。

匈奴不仅修改了以前的条款，而且又加上了三条。具体条款是这样的：

一、凡卢阿要求引渡的匈奴叛国者，东罗马帝国须立即抓捕，遣送回匈奴，尤其是避居在君士坦丁堡的两位匈奴部落的王子，必须要用钉子钉死；

二、废除一切与匈奴其他部落订立的条约，承认只有布雷拉和阿提拉才有订立条约的权力；

三、以前每年交付匈奴三百五十磅黄金，以后改为七百磅，因为以前只有一个国王，而现在则有两个；

四、东罗马帝国要在多瑙河开设市场，供给物资；

五、在匈奴的东罗马帝国俘虏，每逃跑一个，东罗马帝国就得被罚款八枚金币。

看看这样的条款，东罗马帝国不仅要管住在匈奴的罗马人，还要管住在自己境内的匈奴人。而且，匈奴的国王变成两个，东罗马帝国的供奉就要翻番。这都是什么逻辑，又是什么法理？

罗马的首部法典刻在了铜板之上，因此得名《十二铜表法》。法制观念如此根深蒂固，以法治国如此源远流长的罗马，当他们帝国的使者卑微地骑在马上，俯首听完匈奴人宣读的条约，不知他们想没想到法律？想没想到其实他们还有辩护权和申诉权？想没想到这样的条约应该由什么人来裁定？又该由谁来保护它的实施？

然而，他们甚至都没有来得及鼓足勇气去讨价还价，就被匈奴人“盛情”地邀请一定要多住几天，好好观摩一下匈奴对塞族与日耳曼部落的屠杀表演。

如此武力震慑之下，这些使者代表东罗马帝国，在条约上迅速签了字。等待的，就是东罗马帝国忠实地履行条约。因为这是对神圣法律和条约的尊重，他们有这样的传统。

面对匈奴，一切都显得那么讽刺和滑稽，一切都变得那么疯狂和颠覆。

布雷拉和阿提拉不断展开军事行动，势力扩张到多瑙河中游，进入德意志的领土。由于匈奴势力的扩张，直接或间接地使盎格鲁、撒克逊、朱特等各种族由欧洲迁到不列颠岛。

在布雷拉和阿提拉时期，匈奴的势力南到里海南岸、靠近地中海一带，北至北海和波罗的海，东至顿河，西达高卢、大西洋沿岸，从小亚细亚到多瑙河、莱茵河流域的部族都臣服于匈奴的铁蹄之下。

这是历史上少见的大帝国，其势力范围比古代的汉帝国、罗马帝国还要大。

“上帝之鞭”

公元445年，布雷拉死，阿提拉成为欧洲匈奴帝国的唯一统治者。即位后，阿提拉把他的王庭建在今匈牙利境内布达佩斯附近。

阿提拉，绰号“上帝之鞭”。当然，这样的绰号是所有恐惧匈奴的人给他起的，而他也的确配得上这样的绰号。

阿提拉曾对罗马人说过，在罗马的广大疆域中，任何安全或难以攻克的堡垒和城市都不存在。因为只要他喜欢，都可以将它们从地面上抹平。他的话虽然狂妄，但主要是为了达到威慑的目的。

阿提拉一点也不浮躁和暴虐，相反，但凡可以在不用兵就能达到目的时，他从不用兵；即使出兵，在战局不利时，他也会果断撤退。他把匈奴“利则进，不利则退，不羞遁走”的传统战术运用得炉火纯青。

阿提拉也有慈祥的一面，那只是在看到他最小的儿子时，才会满面笑容地把他抱起来。他生活简朴，不但用木杯饮酒、木盘吃饭，而且住在简陋的木屋里，可以称得上奢侈的只有一间用石头砌成的浴室。

但阿提拉那矮胖的身材，宽厚的肩膀，扁平的鼻子，尤其是那双冷酷无情、深不可测的眼睛，常常令人望而生畏。他不是恶魔，但也绝不是什么善男信女。他更像一头苍狼，机警、狡黠甚至还相当智慧地判断形势，伺机出击，去获取最大的收益。

阿提拉在入侵巴尔干，兵进君士坦丁堡，逼迫东罗马皇帝纳贡割地求和之后，又把战争的目标转向了萨珊波斯帝国。

当时的萨珊波斯帝国正处于强盛时期。传说，匈奴与波斯的这一战，双方互射的飞箭完全遮住了阳光，可见战况激烈。无法取胜的匈奴，自此将战略目标集中在了西方。

还记得布雷拉和阿提拉共同执政时，和东罗马帝国签订的和约吗？其中有一条，“东罗马在多瑙河沿岸设置市场”。不知是不是阿提拉故意为之，现实是，匈奴的军队赶走并杀死了来这里贸易的罗马人，并攻破了东罗马帝国专门为这样的贸易而建立起来的城堡。

匈奴的理由是：马尔格斯的主教进入匈奴的领地，并偷走了国王的珍宝。不管这样的理由成不成立，总之，阿提拉以此为借口，严厉要求东罗马帝国逮捕主教和同党，并归还赃物。

估计东罗马帝国也是一头雾水，心想怎么什么事最后都能归根到我们这里。可能是被逼得实在没有办法了，于是双方开战。奇葩的是，整个事件的关键人物，马尔格斯主教却派人秘密地联络匈奴，开城投降了。

这一时期，匈奴连续对东罗马帝国发起三次大规模的入侵。他们占领了东罗马帝国的七十座城市，一直深入到达达尼尔海峡和温泉关。匈奴军队所到之处，城市化为废墟，田园成为荒野。面对兵临君士坦丁堡城下的匈奴，东罗马帝国皇帝狄奥多西二世能做的也就是动员劳工，加固城防而已。

虽然不到六十天就加高加固了首都城墙，但面对匈奴的团团围困，东罗马帝国军民还是一筹莫展。无奈，只有采用老办法，那就是签订和约。这次的条约，匈奴提出的价码再次提高。这原本就是匈奴发动战争的最终目的。

公元448年，按条约规定：东罗马帝国割让从多瑙河到色雷斯的大片国土给匈奴；无条件释放匈奴俘虏和所有为东罗马帝国而战的匈奴人；高价赎回被匈奴俘虏的罗马人；每年支付给匈奴的赔偿金再次提升到两千一百磅。

这次东罗马帝国终于想到要讨价还价了。因为，他们早已空虚的财政，实在支付不起这笔巨款。这次，阿提拉倒是很给东罗马帝国面子，答应降低罗马俘虏的赎金。

本来谈判一切顺利，却在临近结束时，突发意外。因为东罗马帝国刺杀阿提拉一事东窗事发。

原来东罗马帝国当权太监克莱萨菲亚斯，此前曾唆使到东罗马帝国的匈奴使团成员艾德孔，让他回去后伺机刺杀阿提拉。这次东罗马帝国使团到访，还专门给艾德孔带来一袋金子，作为活动经费和酬劳。原本满口答应的艾德孔，此时却反悔。他将整个事情的经过，原原本本地告诉了阿提拉，连同这一袋金子，可谓人赃俱获。

不知道艾德孔是不是有意为之，选择在这个时候检举揭发，可谓证据确凿，事实清楚。

当阿提拉派使者把这袋金子挂在脖子上，大摇大摆地走进君士坦丁堡的东罗马帝国皇宫，居高临下地质问狄奥多西二世是否认得这袋金子时，"法制意识"浓厚的狄奥多西二世，知道此时除了认罪，再没有任何辩解的余地。

狄奥多西二世只得再次派出使团，出使匈奴。这次的目的，按我们的成语来说，就是负荆请罪。

认罪要有诚恳的态度。东罗马帝国派出了高级别的使团，其中包括两位贵族执政官，一位财政大臣，一位大将军。

认罪还要有实质的行动，东罗马帝国给匈奴带去了大量的礼品。尽管这已经是东罗马帝国东拼西凑能拿得出手的最好的礼物了。

诚恳的态度加上实质性的行动，让阿提拉转怒为喜，或者说让他喜上加喜。虽然不太清楚原因，但匈奴已经使自己的利益最大化。

阿提拉不仅不再追究此事，而且还放弃了多瑙河以南的大片土地，原因是这里的城镇村庄已经被抢掠一空。匈奴将其归还给东罗马帝国，看似大度且慷慨，实际上是留待东罗马帝国把它们“养肥了再杀”的老套路。

而艾德孔，具体不清楚得到了什么好处，反正他的儿子日后成了意大利的第一位国王。

公元450年，狄奥多西二世死。他的姐姐普尔喀丽亚即位，这是罗马历史上的第一位女皇。她上台不久，就杀了掌握朝政的太监克莱萨菲亚斯，并选了元老院议员马尔西安为丈夫，帮助她统治帝国。

马尔西安是“鹰派”的代表人物。他一贯认为，与其用大量的财物去求和，不如用这些钱来整顿军队，因为只有战争才是解决侵略问题的最好办法。

在这样的指导思想下，东罗马帝国派使团出使匈奴，强硬地表示从此之后不再向匈奴纳贡。

阿提拉出乎意料地同意了东罗马帝国的要求。具体原因不太清楚，但可以确定的是：阿提拉本人绝不固执，绝不在所谓面子上多做纠缠。毕竟此时的东罗马帝国也实在榨不出多少油水了。

游牧民族，尤其懂得不能竭泽而渔的道理。此时的阿提拉，早已将目标转向了西罗马帝国。匈奴之前一直没有打西罗马帝国的主意，有人说是因为弗拉维乌斯·埃提乌斯。

弗拉维乌斯·埃提乌斯，罗马人，他的祖先可能是日耳曼人。但他的父亲曾在西罗马帝国政府工作，后为非洲的伯爵。埃提乌斯本人曾作为人质，在卢阿时期就居留在匈奴的王庭。他不但与卢阿结识，更与布雷拉和阿提拉交好。

早在公元423年，埃提乌斯试图插手西罗马帝国的帝位之争，就曾说服卢阿发兵六万帮助约翰尼斯即皇帝位。约翰尼斯失败后，埃提乌斯又以匈奴为靠山，迫使当时的摄政王普拉西提亚任命他为高卢的军事长官。

埃提乌斯与匈奴的友谊固然很深，但仅仅因此，匈奴就不侵犯西罗马帝国，无论如何都有点牵强。最可能的原因只是匈奴在近处就吃饱了，何必跑那么远呢？

而目前匈奴在近处没得吃了，只有远征西罗马帝国。出师要有名，阿提拉当时找到的借口是为了一批珍宝，即瑟密阿姆一座教堂里的珍宝。

多年前，阿提拉与西罗马帝国就交涉过这批珍宝的所有权问题，但一直没有解决。这次旧事重提，算是为战争做了铺垫。

但就在这个时候，更好的敲诈借口却不期而至。阿提拉收到了西罗马帝国的公主霍诺利亚，设法派人送来的一枚戒指，她表示愿意做阿提拉的妻子。

霍诺利亚是西罗马帝国家喻户晓的人物。十六岁时，她就与宫廷侍卫淫乱而怀孕。她的母亲，太后普拉西提亚盛怒之下，将她送到君士坦丁堡软禁了十年之久。

不知道霍诺利亚为什么要做阿提拉的妻子，可能是美女爱英雄的缘故吧，也不知道阿提拉是否真的喜欢这位公主。总之，在这个节骨眼上，阿提拉欣然同意了这门亲事，并立即派人向西罗马帝国皇帝正式提亲，并着重强调，嫁妆不一定要特别丰厚，只要西罗马帝国一半的土地和百姓就足够了。

这个惹是生非的公主给西罗马帝国出尽了难题。

西罗马帝国赶紧将这个公主再次流放外地，又以公主曾经嫁过人，不能再继承财产为由回绝了阿提拉的提亲。

找到借口而又讹诈不成，结果就是兵戎相见。阿提拉把主攻的目标选定在西边的高卢而不是东边的意大利。这可能是出于避实就虚的考虑。因为意大利是西罗马帝国的中心，而高卢则为外族所占。历年来，居住在高卢的日耳曼人也多与西罗马帝国发生冲突。

公元451年，阿提拉集结了一支号称五十万人的联军，其中包括阿兰人、撒克逊人、勃艮第人、东哥特人等。而西罗马帝国此时的军事统帅埃提乌斯，没有再因为与阿提拉昔日友好的关系而进行外交斡旋。估计他也知道，战争在所难免。友谊在铁骑面前，总是显得那么渺小和低微。

积极备战的埃提乌斯，不仅招揽了大批的凯尔特人、法兰克人、阿兰人、撒克逊人、萨尔马提亚人和勃艮第人等，而且还说服西哥特人，一起组成联军，迎击匈奴。

跨越两千公里而来的阿提拉大军迅速攻下重镇梅斯。但面对奥尔良，匈奴却久攻不下。经过慎重考虑的阿提拉，率军回渡塞纳河，屯兵沙隆平原，等待西罗马帝国联军。

这就是著名的沙隆会战，历史上规模最大的战役之一。

参战的有东亚的匈奴和一些东方民族；中亚的阿兰和其他一些民族；大西洋沿岸的国家和欧洲的一些日耳曼民族等，他们都会聚到这一场东方与西方的战争中。

从另一个角度看，这又好像是一些部族的内战，因为帮助西罗马帝国的阿兰人、西哥特人，与帮助匈奴的阿兰人、东哥特人也即将展开厮杀。这更是一场影响欧洲命运的大决战。

匈奴这边，阿提拉对军队作战前动员：他霸气地要求他的将士，跟随他投出的第一支标枪，勇往直前，否则等待他们的只会是死亡。

阿提拉率匈奴骑兵居中，多国部队分列两翼，右翼由格皮德国王阿达利克统领，左翼由东哥特的三位兄弟统率。

西罗马帝国联军，则由阿兰王桑吉班领兵居中。因为他曾与阿提拉密谋反叛，让他居中也是便于其他军队监督，防止他再临阵反戈；埃提乌斯率军居左；西哥特国王狄奥多里克率军居右；狄奥多里克的儿子托利斯蒙德率西哥特精锐占据中央高地，目的是包抄阿提拉的后路。

公元 451 年 6 月 20 日，这场中世纪的“世界大战”就此打响。

经过一阵弓箭、标枪和投石器的火力压制之后，阿提拉亲率匈奴精锐，对西罗马联军阿兰王桑吉班的中军率先发动了猛烈的进攻。

冲破阿兰人的阵型之后，阿提拉又挥军直指西罗马帝国联军的右路。混战之中，东哥特贵族安德基斯一矛刺死了正在马上指挥战斗的西哥特国王狄奥多里克。

在战斗之前，阿提拉在占卜时，显示他的主要对手将会战死，但匈奴人也会战败。此时，没有哪个匈奴人会相信战败的占卜结果。相反，他们一致认为敌方首领被杀是“上天”帮助他们的结果。信心大增之下，匈奴开始了更为猛烈的进攻。

西哥特人见主帅已死，顿时陷入混乱。高地上的托利斯蒙德看到父亲战死，也率部冲进乱军之中。此时，阿提拉率领的中军由于推进太快，与左右两翼脱节，形成了孤军深入之势。

战局再次发生变化。西罗马帝国联军将阿提拉率领的匈奴骑兵团团包围。趁着夜色，阿提拉下令停止进攻，用战车围成了圆圈防守。

战斗一直持续到第二天凌晨。

托利斯蒙德与埃提乌斯会师后，找到父亲狄奥多里克的遗体。他们在战场上为狄奥多里克举行了葬礼。葬礼结束，托利斯蒙德被推举为新的西哥特国王。尽管这样的葬礼彻底激起了西哥特人复仇的火焰，但他们一次又一次的冲锋，都被躲在战车后面的匈奴人用密集而杀伤性极强的飞箭击退。

就在战局对西罗马帝国越来越有利的时候，埃提乌斯却打起了小算盘。他的想法与当初东汉不完全拒绝北匈奴的态度如出一辙，想的都是不能完全消灭一方，而让另一方坐大。埃提乌斯认为最好的办法就是让这些蛮族保持势均力敌，去相互消耗，而自己可以坐收渔翁之利。

埃提乌斯考虑的是与其打败匈奴，使西哥特强大，不如暂时放过匈奴，不让西哥特大获全胜。如此一来，西哥特和匈奴都不至于危害西罗马帝国了。

这个愚蠢的家伙根本想不到，四年后，把罗马洗劫一空的是汪达尔人，他们就连朱庇特神殿屋顶上的镀金铜瓦都装船运走了。真是防了张三，来了李四，按住了葫芦又起了瓢。

此时，埃提乌斯短短的几句话，就让这个西哥特新国王领兵退出了战场。他假装关切地询问托利斯蒙德：“你父亲死后，不知道你远在后方的那些兄弟会有什么想法？”

一语点醒梦中人。替父报仇不重要，进攻匈奴更不重要，回去骨肉相残，巩固自己的王位才是头等大事。

西哥特突然撤军，阿提拉彻底蒙了，搞不清楚他们葫芦里到底卖的是什么药。以至于在营地困守几天之后，他才下令撤军。

沙隆之战，就以如此戏剧化的方式结束。但战争双方的伤亡十分惨重。一天一夜，估计死亡人数在十六万以上，还有人估计在三十万以上，可见其惨烈程度。

沙隆之战后，阿提拉虽然失利，但退回莱茵河休整一段时间之后，他又开始策划下一场战争。这一次，他避开高卢，把进攻目标指向了意大利。

公元452年，阿提拉又以西罗马帝国公主霍诺利亚的婚事和嫁妆为由，率军西进，从巴尔干翻越了阿尔卑斯山，攻打埃提乌斯。

埃提乌斯没有想到匈奴这么快就卷土重来。在他的小聪明下，西哥特国王托利斯蒙德当时虽然退了兵，但在瓜分战利品时与西罗马帝国闹翻了。这一年中，西哥特都在不断攻打罗马。

此时的匈奴，在意大利可谓长驱直入、战无不胜。大军直到抵达亚德里亚海滨的重镇阿基利亚时，才遭到顽强的抵抗。匈奴强攻三个月，才攻陷阿基利亚。随后，阿提拉又攻占阿尔提纽、孔格迪亚和巴度等沿海城市，将其夷为平地，继而又侵入内地城市，像维星萨、凡罗纳、巴加姆等也惨遭劫掠。米兰和巴维亚主动向匈奴投降，他们答应交出全部财物，来换取城中百姓的生命安全。

据说，凡是阿提拉的马践踏过的地方，连草都永不生长。这样的说法虽然夸张，但也能看出当时人们对阿提拉率领下的匈奴是多么恐惧。

的确，阿提拉时期的匈奴毁灭了许多旧的城市。人们不得不逃到新的地方，去建立新的城市，像现在的威尼斯，就是那时的难民建立起来的。威尼斯代替了阿基利亚镇而成为意大利的名城。

阿提拉率军继续南下，目标直指罗马城。埃提乌斯坐困愁城、束手无策。

此时，挺身而出的是罗马大主教利奥一世，他率领使团来向阿提拉求和。此时，东罗马帝国的援军也到了意大利。再加上灾荒严重和瘟疫流行，匈奴军队已死了很多人。

匈奴确实到了强弩之末，有点打不动了。阿提拉就趁机勒索了大量财物，之后率军撤离。

当然，临走时，阿提拉还没有忘记给下一次战争做好铺垫。他口口声声地要西罗马帝国交出他的“未婚妻”霍诺利亚公主，否则，他还会回来的。

然而，阿提拉再也没有回来，因为上帝收回了他的鞭子。

公元 453 年，阿提拉娶了一位年轻漂亮的日耳曼姑娘伊尔迪科。盛大的婚礼上，阿提拉开怀畅饮、烂醉如泥，然后暴毙在自己的婚床上。

西迁匈奴的消融

而罗马，也正在走向崩溃，替代大一统帝国的是各个林立的小王国。而这些小王国，正是由日耳曼蛮族建立的。加快这个进程的无疑是匈奴，是“上帝之鞭”阿提拉。随着阿提拉的突然暴毙，匈奴瞬间失去了精神支柱，开始走向四分五裂。

最开始是阿提拉的儿子们在内斗。随后，阿提拉生前的外族亲信也公开反叛。

公元 454 年，阿提拉的长子埃拉克在尼达尔河畔与反叛的外族作战时阵亡。匈奴昔日的盟友，各个日耳曼部族纷纷反叛，他们抢夺和瓜分阿提拉的遗产，匈奴帝国土崩瓦解。

阿提拉的另一个儿子顿吉兹奇克带着一支匈奴残兵，企图重建匈奴。他率军进攻东哥特失败，又渡过多瑙河，进攻东罗马帝国，最后兵败被杀。东罗马人将他的头悬挂在君士坦丁堡示众，也算宣告了一个时代的结束。

阿提拉最疼爱的小儿子艾尔纳克，率众逃到多瑙河以南的多布鲁加。没过多久，他就被当地的日耳曼部族消灭。

阿提拉还有两个儿子艾尼祖和乌星拓，他们分别占据东罗马帝国的达西亚和利彭西斯。这时黑海北岸还有一部分匈奴部落，主要是两部分，即库特利格尔和乌特格尔。两部不但不携手同心，反而因为旧恨新仇，加之东罗马帝国的挑唆，相互残杀，战争不断。直到来自亚洲的阿瓦尔部落把他们彻底征服。

就这样，失去阿提拉的匈奴人很快就从历史上消失了。像我国的南匈奴逐渐融为汉人一样，他们也逐渐融入了当地居民，成为雅利安人。

图书在版编目（CIP）数据

细读匈奴七百年：草原帝国的崛起与衰亡 / 崔克顶著.
—北京：中国工人出版社，2022.8
ISBN 978-7-5008-7968-8

Ⅰ.①细… Ⅱ.①崔… Ⅲ.①匈奴—民族历史—研究 Ⅳ.①K289

中国版本图书馆CIP数据核字（2022）第155161号

细读匈奴七百年：草原帝国的崛起与衰亡

出版人	董　宽
策划编辑	葛忠雨
责任编辑	刘广涛
责任校对	丁洋洋
责任印制	黄　丽
出版发行	中国工人出版社
地　　址	北京市东城区鼓楼外大街45号　邮编：100120
网　　址	http://www.wp-china.com
电　　话	（010）62005043（总编室）　（010）62005039（印制管理中心） （010）62379038（社科文艺分社）
发行热线	（010）82029051　62383056
经　　销	各地书店
印　　刷	宝蕾元仁浩（天津）印刷有限公司
开　　本	710毫米×1000毫米　1/16
印　　张	17.25
字　　数	240千字
版　　次	2023年10月第1版　2025年4月第5次印刷
定　　价	59.80元

本书如有破损、缺页、装订错误，请与本社印制管理中心联系更换